Helga Egner (Hrsg.)

Psyche und Transzendenz im gesellschaftlichen Spannungsfeld heute

Mit Beiträgen von Brigitte Dorst, Anna Gamma, Pia Gyger,
Ellis Huber, Verena Kast, Gerhard Marcel Martin,
Lutz Müller, Hans-Rudolf Müller-Nienstedt,
Christiane Nguyen, Wolfgang Paetzold,
Murray Stein

Walter Verlag

Veröffentlichungen der Internationalen Gesellschaft
für Tiefenpsychologie e. V. Stuttgart
Geschäftsstelle: Postfach 1147, D–73201 Plochingen

Diesen Band erhalten die Mitglieder der Gesellschaft als Dokumentation über ihre Arbeit. Der Gesellschaft gehören als Mitglieder an: Ärzte, Seelsorger, Psychotherapeuten, Psychagogen, Psychologen, Pädagogen, Juristen, Sozialarbeiter, im Heilberuf Tätige. Das Thema der Jahrestagung 1999 war «Psyche und Transzendenz im gesellschaftlichen Spannungsfeld heute». Die Vorträge wurden durch Gruppenarbeit vertieft und ergänzt.

Umschlagbild: Corot, Jean-Baptiste Camille, (1796–1875),
Brücke am Narai, 1827.
Öl auf Leinwand 68 x 94,6 cm. National Galerie Canada, Ottawa.

Die Deutsche Bibliothek – CIP-Einheitsaufnahme
Psyche und Transzendenz im gesellschaftlichen Spannungsfeld heute /
Helga Egner (Hrsg.). Mit Beitr. von
Brigitte Dorst ... – Düsseldorf; Zürich : Walter, 2000
(Veröffentlichungen der Internationalen Gesellschaft für Tiefenpsychologie e. V. Stuttgart)
ISBN 3–530–42155–3

Satz: Utesch GmbH, Hamburg
Druck und Bindung: Grafo, S. A., Basauri (Spanien)
ISBN 3–530–42155–3

Inhalt

Vorwort

Mit dem Thema *Psyche und Transzendenz im gesellschaftlichen Spannungsfeld heute* dokumentiert dieser Band nicht nur die 50. Arbeitstagung der Internationalen Gesellschaft für Tiefenpsychologie e.V. Stuttgart, sondern zugleich das Bestreben, sich mit der stets aktuellen Frage nach der Beziehung des Menschen zum Transzendenten und nach der Wirklichkeit und Wirksamkeit der Seele im menschlichen Leben zu befassen – Fragen, welche die 1949 als «Gemeinschaft Arzt und Seelsorger» mit Sitz in Stuttgart entstandene Gesellschaft seit ihrer Gründung unablässig beschäftigt haben. Wiederum besticht die Interdisziplinarität der Beiträge, die anläßlich des fünfzigjährigen Bestehens der Gesellschaft und zu Ehren seines Mitbegründers Wilhelm Bitter mit den Arbeiten von Christiane Nguyen und Wolfgang Paetzold auch zwei Preisschriften des erstmals verliehenen Wilhelm-Bitter-Preises vorstellen.

Die Vortragenden definieren Transzendenz und Transzendieren unterschiedlich; immer aber wird der Begriff mit dem Überschreiten von Grenzen in Verbindung gebracht: ob es sich nun um das Hinüberwechseln von einem Diesseits in ein Jenseits handelt, um die Kontaktaufnahme mit einem Göttlichen oder mit einem die eigene Seele umfassenden kollektiv Psychischen, um den Schritt von der theoretischen Meinungsäußerung hinüber zum gesellschaftlichen und politischen Handeln oder gar um das aggressive Sich-Aneignen fremder Organe in der Organtransplantation.

Murray Stein spricht von «Öffnungen ins Transzendente», bei denen die Menschen mit Symbolen konfrontiert werden und die Wirklichkeit mit den Augen des Unbewußten erkennen. Die Grenzen der Subjektivität und des Bewußtseins werden transzendiert. Daß die Transzendenz der Psyche real erfahrbar ist, daß im Transzendieren eine andere Wirklichkeit sich zeigt, wird eindrucksvoll vorgestellt. Persönliche Transzendenzerfahrungen und die Symbole des Schmetterlings, des Fischs und der Brücke spielen dabei eine ebenso bedeutende Rolle wie die Beziehung zwischen Symbol, Synchronizität und Realität.

Verena Kast definiert Transzendenz unter anderem auch als Hinausgehen über Grenzen der Alltagserfahrung, als Hinausdenken über die Welt als Diesseits oder auch als Entwerfen dessen, was wir in der Zukunft realisieren wollen, sowie als das Ziel des Überstiegs selbst, das Absolute, das Übersinnliche, die Jenseitigkeit Gottes. Die Frage nach dem Wesen der Seele wird von ihr im Sinne von Aristoteles beantwortet, für den Seele auch die Art und Weise ist, wie wir leiblich existieren. Transzendenz und Psyche sind leiblich erfahrbar. In der Multioptionsgesellschaft der Gegenwart sei Transzendieren nun nicht mehr notwendigerweise auf eine andere Wirklichkeit, etwa die selbständige Existenz Gottes, bezogen. Vielmehr sei Transzendenz in den Menschen hineinverlegt und werde anthropologisch begründet. Die Folgen dieser Sicht für das Erleben von Transzendenz werden näher beleuchtet: so der Transzendenzverlust, der sich als Verlust der theozentrischen Seinsgewißheit äußert, auch als Verlust von intensiven Gefühlen oder von grundsätzlicher Geborgenheit im Leben oder einfach als Verlust von Sinn; oder die Transzendenzsehnsucht, das Bedürfnis, etwas erleben und schaffen zu wollen, das aus dem Alltäglichen heraushebt, sich aber besonders auf das Absolute richte, auf starke, religiöse oder numinose Gefühle und immer wieder auf das Selbstsein. Da der Mensch transzendieren müsse, seien wahrscheinlich das Selbst des Menschen und seine Gottesvorstellung dafür die Grundlage, da sie ihn mit der Welt des kollektiven Bewußtseins und des kollektiven Unbewußten verbänden und in seiner Psyche immer wieder jene lebendigen archetypischen Symbole und Erfahrungen konstellierten, die man brauche, um chaotische Lebenssituationen zu überstehen.

Für *Wolfgang Paetzold* ist Transzendenz nicht ohne den Begriff der Immanenz denkbar, was er an einigen Verhaltensweisen der heutigen Gesellschaft untersucht. Transzendenz werde unter anderem verstanden als Überstieg vom Menschen zum absoluten Sein. Doch für das Immanenzerleben lägen Göttlichkeit und Herrlichkeit nicht jenseits, sondern in dieser Welt. Diese Wechselbeziehung wird am Phänomen des Engels nachgewiesen, an dessen Bild der postmoderne Mensch spielerisch Aspekte transzendenter Welten durchlebe, oder am Ersatz der Kirchen durch «Tempel der Moderne», übervolle Stadien, wo die immer noch bestehenden Fragen nach Leben, Schmerz und Tod stellvertretend für die Zuschauer vom Sportler im symbolischen Kampf an der Grenze beantwortet werden und wo wie in den Music halls und bei Rave- und Technoveranstaltungen die Individualität des Einzelnen aufgehoben werde; jeder könne sich in der kollektiven Erfahrung der Masse entgrenzen. Formen destruktiver Selbstentgrenzung sieht der Autor schließlich in dem, was er «Borderline-Kultur» nennt: Gestörtes Selbstbild, Instabilität der Außenbeziehungen und Neigung zu selbstverletzendem Verhalten scheinen sich gegenwärtig auch außerhalb des Klinikbereichs zu häufen, etwa bei schmerzhaften Selbstverstümmelungen, beim Piercing verschiedenster Körperteile, bei Schmuckimplantaten, Tätowierungen usw. Bei all dem gehe es darum, die Grenzen des Körpers und der Psyche zu überwinden, wobei jedoch möglicherweise auch die Grenze zum Tod transzendiert werde.

Anna Gamma und *Pia Gyger* stellen überzeugend dar, wie durch die Begegnung mit dem Transzendenten in Gespräch, Kontemplation und Meditation egoistisches Denken zugunsten sozialem Denken aufgegeben und konkret in ökologisches, gemeinschaftliches, wirtschaftlich-verantwortliches Handeln umgesetzt werden kann. Anna Gamma beschreibt zunächst Lösungsansätze, welche die internationale Gemeinschaft dazu befähigen sollen, schädliche Entwicklungen in Ökologie, Ökonomie, Politik und Wirtschaft zu vermeiden oder in positive Bahnen zu lenken. Pia Gyger kommentiert dann eingehend die sieben spirituellen Aspekte und Leitthesen ethischen Handelns, welche die Grundlage für diese Lösungsanstrengungen und zugleich für die Arbeit im Institut für Spirituelle Bewußtseinsbildung in Politik und Wirtschaft ISPW ausmachen. Bei der Interpretation dieser Leitthesen, die getragen sind von interreligiöser Spiritualität und einem fortdauernden Dialog mit den Religionen, beeindruckt die Eindringlichkeit, mit der die Wege christlicher Mystik und des Zenbuddhismus in ihren Parallelen und Unterschieden verglichen und gelebt werden, nicht nur in den Veranstaltungen des Instituts, sondern auch im konkreten Tun.

Um Transzendieren im politischen Sinn geht es gleichsam auch *Ellis Huber*, wenn er die Umgestaltung des deutschen Gesundheitswesens und dessen Ausrichtung an humanitären Grundwerten anmahnt. Er konstatiert, daß Medizin und Gesundheitswesen wie die übrige Gesellschaft selbst durch das Kulturmuster hierarchisch arbeitsteiliger Systeme gekennzeichnet seien, für die Profitvermehrung und eine gesunde Bilanz oberstes Ziel sind. Es sei aber zu fragen, ob das Gesundheitswesen dem Kapital mit seinen Interessen gehören solle oder nicht vielmehr den Menschen mit ihren Bedürfnissen. Der Autor beschreibt verschiedene Faktoren, die wie in einem Netzwerk integrativ ineinandergreifen müssen, wenn ein marktwirtschaftliches Gesundheitswesen zu einem sozialen werden solle, zu einem kulturellen System von Mitmenschlichkeit, Gegenseitigkeit, Zuwendung und Hilfe: Er spricht vom Wertesystem, von dem das Gesundheitswesen lebt; von der Handhabung der Versorgungsprozesse durch Krankenkassen, Krankenhausträger, durch Ärztekammern, kassenärztliche Vereinigungen und durch die Ärzteschaft insgesamt; von der Beziehung zwischen Hilfesuchendem und Heilkundigem; von der erforderlichen Vereinfachung der Gebührenordnungs- und Überweisungssysteme; von der Notwendigkeit einer raschen und sinnvollen Betreuung der hilfesuchenden Menschen durch ambulante und stationäre, präventive und kurative, rehabilitative und pflegerische Versorgung. Um jedoch das Gesundheitssystem wirklich revolutionieren zu können, sei ein Verständnis für globale und ganzheitliche Zusammenhänge nötig, auch brauche es eine Mehrheit von Ärztinnen und Ärzten, die sich mehr auf die klassischen humanitären Werte stütze als auf das Geld, Führungseliten, die zu einer neuen Gemeinschaftlichkeit zwischen Krankenkassen, Ärzteschaft, Krankenhausträgern und Gesundheitspolitik bereit sind.

Wie Menschen bei einer Organtransplantation ihren eigenen Körper «transzendieren» und welche Probleme dabei virulent werden, betrachtet *Hans-Rudolf Müller-Nienstedt.*. Die Kontroversen um dieses Thema beziehen sich auf Begriffe wie «Recht auf Unversehrtheit im Tode», «Vernutzung der Organe» zum Zwecke bestmöglicher «Wertschöpfung menschlichen Lebens», wobei die Forderung und Vorstellung, daß der menschliche Körper als «Ersatzteillager» zur «Vermarktung» freigegeben werden solle, als inhuman erlebt wird. Daß die Spenderorgane einem Menschen entnommen werden, der lediglich hirntod ist, dessen übrige Lebensfunktionen aber noch intakt sein müssen, weil nur lebende Organe transplantiert werden können, hat die Frage, zu welchem Zeitpunkt ein Mensch als tot anzusehen sei, verstärkt laut werden lassen. Ein zweiter Schwerpunkt des Beitrags sind psychische Aspekte im Zusammenhang mit Transplantationen. Es zeigt sich, daß es nicht nur um Krankheit und Gesundheit geht, sondern wesentlich um Begegnung mit dem Tod und eine grundlegende Neuorientierung. Denn nach einer Transplantation weiterleben heiße, sich der Erkenntnis zu stellen, «daß ich mir etwas aktiv und gegen bisherige Regeln und Tabus verstoßend angeeignet habe». Leben stelle sich als «aggressiver Akt» dar. Daß die Erfahrung, die der Autor mit seiner eigenen Transplantation gemacht hat, Allgemeingültigkeit beanspruchen kann, verdeutlicht er an Fallbeispielen, die Elemente psychischer Verarbeitung der Organtransplantation erkennen lassen.

Der Erfahrung von Transzendenz in zwischenmenschlichen Beziehungen und in der Gesellschaft heute wenden sich die beiden folgenden Beiträge zu. Die Transzendenz der Liebeserfahrung läßt

Brigitte Dorst an Nizamis Märchen von Leila und Matschnun miterleben, aus dem sie längere Abschnitte zitiert. Sie werden einge-
rahmt von Ausführungen zum Verständnis der Liebe heute. So wird
am Beziehungsverhalten des postmodernen Paares demonstriert,
wie die alten Rollenmuster und die geschlechtsspezifischen Positionen der Überlegenheit und Unterwerfung zugunsten einer vor-
sichtigen Distanz aufgegeben werden, um Kränkungen und Enttäuschungen zu vermeiden. Lustlosigkeit, Langeweile, langsames Absterben des Begehrens, Entzauberung und Banalisierung der Liebe
seien der Preis dafür. Eros, Hingabe, Leidenschaft schienen nichts
mehr zu gelten. Vor allem aber seien die spirituellen Dimensionen
des Liebens von einer ganz besonderen Scham besetzt, die es
schwierig macht, über das innerste Angerührtsein, wo die menschliche Liebeserfahrung die Ebene der Transzendenz berühre, Worte
zu finden. Deshalb nimmt die Referentin Zuflucht zu Nizamis Erzählung, wo wie in kaum einer anderen Liebesgeschichte das Eins-
sein von Liebe und Transzendenz wie auch die Erfahrung des Absoluten, die Unbedingtheit der großen Liebe geschildert wird, die
alle äußeren Hindernisse transzendiert. Sie schlägt dann erneut den
Bogen in die Gegenwart und berichtet von Beziehungen, die ebenfalls durch schicksalhafte Liebe ausgezeichnet sind. An ihnen zeige
es sich, daß wirkliche Liebe unsterblich sei und unsterblich mache.
Liebe, Liebender und Liebende seien untrennbar eins. Das sei das
Mysterium der Transzendenz in der Liebe.

Christiane Nguyen befaßt sich vor allem mit der Beziehung zwischen Psyche und Transzendenz und mit dem Bezogensein dieser
Beziehung zur Gesellschaft. Transzendenz, so ihre These, ist in
Beziehung erfahrbar. Eine wichtige Rolle fällt dabei der Spiritualität zu, die heute in einer Lebenswirklichkeit gelebt werden müsse,
die auf vielfältige Weise von Unbezogensein, ungerechten Beziehungen und Isolation gekennzeichnet sei. Dennoch könne Spiritualität nicht darauf abzielen, der Welt zu entsagen, vielmehr solle sie
mit der Welt und zugleich mit dem Göttlichen verbinden. Diese
Prinzipien der Verbundenheit und des verantwortlichen Bezogen-

seins alles Lebendigen zueinander bildeten schon in der Mystik die Mitte des Lebens. Sie seien auch in der Analytischen Psychologie zu finden, nach deren Auffassung Individuation, Selbstwerdung oder Selbstgestaltung im personalen wie im kollektiven Bereich wesentlich in Beziehung vor sich gehen. Selbstwerdung bedeute, die eigenen Fähigkeiten dort verantwortlich einzusetzen, wo sie gebraucht werden. Wesentlich ist für die Autorin auch das Phänomen der Gruppe, die ebenfalls als Ort der spirituellen Bezogenheit erlebt werden könne, als Ort auch der Veränderung, der Wandlung, der Belebung unbewußter Teile und von Ichkräften und der Zentrierung auf das Selbst und schließlich als Ort der Heilung im Sinne einer Ganzwerdung und der Beziehungsaufnahme zwischen Ich und Selbst, zwischen der Seele und dem Göttlichen.

Der Transzendenz im Alltag wendet sich *Lutz Müller* zu. Er habe nach vielen Bemühungen, sich zu verändern, feststellen müssen, daß er später im Alltag immer wieder der gleiche Mensch gewesen sei wie zuvor. Vielleicht seien ja seine Vorstellungen von Veränderung, Wandlung, Transformation, Reifung und Individuation falsch gewesen. Nun aber habe er beschlossen, sich von der ewigen Tyrannei des Müssens, Sollens und des Noch-Nicht zu befreien. Wenn es das Transzendente gebe, dann wolle er es nur noch in dem erleben, was ist, so wie es ist. Später sei ihm bewußt geworden, daß die höchste mystische Erfahrung, die Erleuchtung, die sein kann, im unmittelbaren Jetzt das Ziel und die Erfüllung des Lebens zu sehen. Die ihm vertrauten religiösen und psychologischen Texte sagten ihm zudem, daß wir bereits einen kostbaren Schatz besitzen, daß wir diesen aber erst auf langen Umwegen entdecken. Zu diesem Schatz gehöre die Erkenntnis, daß wir in jedem Augenblick ein vollständiger lebendiger Ausdruck des schöpferischen Mysteriums des Lebens sind, aber auch die Antwort auf die Frage, wie wir diese essentielle Wahrheit vom Wunder unserer Existenz auch emotional fühlen können und warum häufig auch sehr kraftvolle Bilder und Symbole nicht ausreichen, um uns aus unserer Unbewußtheit zu wecken. Oft bedürfe es ja der Krise, einer Notsituation, der Nähe zum Tod, damit wir unser Leben aus einer neuen Perspektive sehen und erkennen, wie wir leben können, um das Mysterium unserer Existenz zu würdigen und zu feiern.

Auch *Gerhard Marcel Martin* geht es in seinem Beitrag um Überschreiten von Grenzen, vor allem aber um Mystagogik, die Kunst, auf diesem Weg die Seele zu begleiten. Mystagogik wird als Einführung in bestimmte religiöse Mysterien definiert, als Einführung in die Geheimnisse des Lebens, als Wegbegleitung in eine umfassend-ursprüngliche religiöse Erfahrung. Mystagogik sei keineswegs nur Sinnerhellung kultischer Vollzüge, sondern darüber hinaus Zuspruch, Geleit, Wegweisung und Daseinserhellung im umfassenden Sinn. Bei der Sichtung mystagogischen Materials ist der Autor auf Grundthemen historischer und gegenwärtiger Mystagogik gestoßen, was unter anderem an 2. Mose 33 verdeutlicht wird: Hier ist Gott das Mysterion oder Geheimnis, das Moses sehen will, zugleich aber auch der Mystagoge, der Führer auf dem Weg in und aus der Krise. Mystagogik wird hier zur Wegbegleitung in der Krise, aber auch zur Inszenierung der Krise. Mystagogen seien demnach immer auch Dramaturgen. Sie intensivierten die Lebenserfahrung, indem sie Kontakte stifteten mit zentralen Todes- und Lebensmächten. An bibliodramatisch-szenischen Proben zum Mosestext wird sodann verdeutlicht, daß Mystagoge und Myste immer auch spirituelle Körperarbeiter sind, denn immer bleibe der Körper der Empfangsort und der Aufführungsort des Transzendierenden. Zuletzt werden mystagogische Wege ohne äußere Begleiter aufgezeigt. Es müsse daher Instanzen im Menschen geben, die das Ich auf den Weg schicken: das «Selbst» und die sogenannten «inneren Führer». Trotzdem sei der, der auf dem Weg des Geheimnisses Gottes und des weltlichen Lebens ist, nicht von der Aufgabe entbunden, schließlich auch sich selbst zu begleiten.

Darmstadt, im März 2000   Helga Egner

Murray Stein

Die Realität der Seele

«. . . daß das Unbewußte die Tendenz
habe, Geist und Stoff nicht bloß äquivalent,
sondern geradezu für identisch zu halten . . .»
(C. G. Jung, GW 9/I § 555).

Nachdem ich an einem Sonntagmorgen viel zu früh für einen Vortrag angekommen war, beschloß ich, in der warmen Sonne spazierenzugehen. Ich vereinbarte mit meinen Gastgebern, um 10.15 wieder da zu sein, da die Veranstaltung um 10.30 beginnen sollte. Es war ein heller sonniger Tag in Arizona, und ich würde ein paar Tage fern vom kalten Chicagoer Februar verbringen. Als ich im hübschen, kleinen, dem Veranstaltungsort angeschlossenen Park spazierenging, konzentrierte ich mich auf die Punkte, die ich in meinem Vortrag betonen wollte. Schnell war ich tief in Gedanken versunken und verlor jegliches Zeitgefühl. Plötzlich aber wurde ich durch einen scharfen Vogelruf direkt hinter mir aus meiner Versunkenheit aufgeschreckt. Es war ein ungewöhnlicher Ton, schwer zu ignorieren und gänzlich anders als der Vogelgesang, den ich zuvor gehört hatte. Der Ruf durchdrang den Panzer meines Unbewußten und erzielte meine Aufmerksamkeit, als wäre er spezifisch auf mich gerichtet. Der kleine Vogel suchte meine Aufmerksamkeit – so schien es mir. Ich fragte mich halbbewußt: «Bin ich in einem Märchen?»

Der Vogel pfiff dreimal und flog dann auf einen Baum gerade vor mir, als wollte er mich vorwärts führen. Er pfiff wieder. Jetzt war ich hellwach, mir fiel ein, daß ich nach der Uhr schauen sollte. Es war genau 10.15. Der Vogelruf hatte mich in die Zeit zurückgebracht. Ich hätte die Veranstaltung verpassen können. Er war der Natur ureigener Wecker.

Für die Naturvölker dieser Welt ist die Erfahrung, daß Tiere zu ihnen sprechen und ihnen größere Bewußtheit anbieten, nichts Ungewöhnliches. Für Freunde der Mythen und Märchen ist das hilfreiche Tier ebenfalls ein bekannter Gedanke. In Wagners *Siegfried* zum Beispiel führt ein kleiner Vogel den Helden auf seiner Reise. In der Bibel ist es Balaams Esel, der die Engel sieht und das Leben des ignoranten Mannes rettet. Für uns gebildete und hoch technisierte Menschen des westlichen modernen (und postmodernen) Bewußtseins allerdings erscheint eine solche Erfahrung unglaublich. Wir haben eine undurchdringbare Wand zwischen dem menschlichen Bewußtsein und dem Rest der natürlichen Welt geschaffen. Um diese künstliche Barriere zu überwinden, das heißt über sie hinwegzuklettern oder sie zu transzendieren, müssen wir Symbole erfahren, die diese scheinbaren Gegensätze in ein einheitliches Ganzes zusammenfügen.

Dieser kleine Arizona-Vogel war ein solches Symbol.

Es gibt bestimmte Momente im Leben – ich nenne sie «Öffnungen ins Transzendente» –, da sind wir mit einem Symbol konfrontiert und erkennen die Wirklichkeit mit den Augen des Unbewußten. Auf dieser Ebene kennt die Psyche keinen Unterschied zwischen Geist und Materie. Sie sind identisch. Träger beider Dimensionen der Realität werden erfahren, als seien sie vom selben Faden gewoben. Vogelgesang und menschliche Gedanken sind Teil eines einzigen Gewebes.

Künstler haben solche Öffnungen ins Transzendente dargestellt, in denen die sichtbare Welt der Sinne und die unsichtbare Welt des Geistes miteinander vereint sind, wie man an Rembrandts Bild *Die Opferung des Isaak* sehen kann. Der Künstler malte den biblischen Moment, als der Engel intervenierte und die Opferung Isaaks verhinderte. Der ganze Engel ist sichtbar und erscheint wie die anderen Objekte spürbar im Gemälde. Die spirituelle Welt wird in diesem Augenblick manifest. Solche Öffnungen zur Transzendenz können auch Unruhe, ja sogar Terror bringen, wie wir an Rembrandts *Belsazars Fest* erkennen können oder auch im *Raub des Ganymedes*, wo der Knabe vor Angst pinkelt, als er zum Olymp der Götter weggetragen wird. Andererseits mag dieser Moment ein Augenblick der Inspiration sein wie in einem Bild, in dem der Heilige Geist Worte der Heiligen Schrift in das Ohr des Evangelisten flüstert. Die transzendente Erfahrung kann auch Trost spenden, etwa in der Szene, als Christus Maria Magdalena in ihrem Schmerz erschien. In solchen Momenten sind die Grenzen der Subjektivität überwunden, das heißt transzendiert, und die Psyche zeigt ihre tieferen Dimensionen.

Ich spreche von der Transzendenz der Psyche, der Wirklichkeit der Seele.

Menschen haben die Erfahrung der Transzendenz der Seele seit undenkbaren Zeiten gemacht. Und doch wundern wir uns immer wieder. Was beweisen sie? Bieten solche Erfahrungen eine genuine Sicht der Realität, oder sind sie lediglich Produkte der menschlichen Vorstellungskraft? Sind sie in der menschlichen Leidenschaft verwurzelt? Im Wunsch nach Unsterblichkeit? In der Projektion? Hat dieser kleine Vogel mich wirklich zur Aufgabe zurückgerufen? Ich möchte das wohl glauben, aber kann ich sicher sein?

Das Wort «Transzendenz» kommt aus dem Lateinischen: *trans* = «rüber, darüber», und *scandere* = «erklimmen, klettern». In der Etymologie dieses Wortes ist ein genaues Bild enthalten. Es bezieht sich auf körperliche Erfahrungen: über Wände klettern, über Zäune springen. Transzendenz bedeutet, daß eine Grenze, eine Abgrenzung, ein Abgrund überwunden ist. Erfahrungen der Transzendenz ignorieren physische, durch menschliches Bewußtsein und seine Bedingungen künstlich geschaffene Wände. Sie zeigen eine andere Realität auf. Materielle und spirituell-geistige Realität – die sichtbare Welt der Körper und faßbaren Objekte und die unsichtbare Welt des Unbewußten, der Psyche, der Seele, des Jenseits – all das gehört zu einem einzigen untrennbaren Ganzen. Dies ist das angebotene Bild, ein einheitliches Feld, von C. G. Jung als «objektive Psyche» bezeichnet.

Wände existieren und müssen überklettert werden, weil das menschliche Bewußtsein sie unermüdlich schafft. Diese Wände sind Artefakte einer notwendigerweise begrenzten Sichtweise, und doch überzeugt uns ihre Realität die meiste Zeit. Zweifel aber spricht: Eröffnet uns Transzendenz denn etwas Wahres? Oder schafft sie verführerische Täuschungen? Wie Sie diese Frage beantworten, sagt viel aus über Ihre grundsätzliche Haltung und philosophische Ausrichtung.

Ich möchte Ihnen eine Serie von Erfahrungen der Transzendenz beschreiben, die ich persönlich gemacht habe. Ich lade Sie ein, mit mir zusammen darüber zu reflektieren. Sie bieten keinen unerschütterlichen Beweis von der Transzendenz der Seele an, und sie werden nicht alle Zweifel und Kontroversen klären. Dennoch haben sie mich selbst veranlaßt, einige meiner tiefsten Annahmen über die Undurchdringlichkeit der Wände, die unser modernes Ichbewußtsein geschaffen hat, in Frage zu stellen.

Vor einigen Jahren ist eine Freundin von mir gestorben. Ich werde sie Magda nennen. Ich kannte sie mehr als zehn Jahre, und im Laufe dieser Zeit haben wir viele tiefgründige Gespräche geführt. Sie war katholisch, tief religiös und glaubte ohne Vorbehalt an die Realität Gottes und an ein Leben nach dem Tod. Ich selbst bin protestantischer Rationalist und habe die starrköpfig eigensinnige Gewohnheit, bewußt Zweifel zu hegen. Ich war also ein Skeptiker, stellte aber weder die Ehrlichkeit ihres Glaubens in Frage noch forderte ich ihre Überzeugungen heraus. Ich hörte einfach respektvoll zu, wenn wir uns auf diese Gebiete begaben.

Magda wurde im Laufe ihres Lebens verkrüppelt und schließlich in den Rollstuhl verbannt. Sie freute sich daran, mir zu erzählen, daß sie, wenn sie tot im Himmel wäre, als erstes dort tanzen wolle. Sie liebte es, sich ihren Körper wieder als ganz heil vorzustellen, zur vollen Beweglichkeit befähigt. Darauf freute sie sich mehr noch als darauf, eigene Verstorbene oder etwa religiöse Größen zu treffen. In ihrer Jugend hatte sie das Tanzen geliebt, und sie betrauerte den Verlust ihrer körperlichen Mobilität und Unabhängigkeit.

Kurz vor ihrem Tod hatte ich gelesen, daß Johannes Paul II. die Heiligsprechung der Edith Stein bestätigt habe und sie im Petersdom heiligsprechen würde. Magda hatte Verbindungen zu Rom, und ich fragte sie, ob sie mir Karten zur Heiligsprechung besorgen könnte. Sie versprach mir, für die Heiligsprechung der Edith Stein Plätze zu besorgen, und ich dankte ihr aus tiefstem Herzen.

Magda war inzwischen an Bauchspeicheldrüsenkrebs erkrankt und starb schnell. Sie hatte die Ärzte gebeten, von Behandlungen abzusehen, und war bereit, ihren Körper zu verlassen. Ich selbst war über den Zeitpunkt ihres Todes enttäuscht, denn ich hatte gerade ein Buch über Transformation beendet und hatte dies mit ihr teilen wollen. Ich wußte, sie hätte es gern gelesen, und wir hätten gemeinsame Gespräche über dieses Thema gehabt.

Meine Frau und ich durften sie am Vortag ihres Todes besuchen. Sie war ab und an bei Bewußtsein und zeigte kaum, daß sie unsere Gegenwart bemerkte, aber ich bin ziemlich sicher, daß sie uns von einem anderen Platz in ihrer Seele aus beobachten konnte. Wir küßten sie zum Abschied und wünschten ihr gute Reise in das Schattental des Todes. Ich wußte, daß sie so gut wie nur möglich auf diese letzte Erfahrung des Lebens vorbereitet war.

Am Tag der Beerdigung erlebten wir eine Überraschung. Der Ort für den Gottesdienst war in eine größere Kirche verlegt worden, und wir waren zur falschen Zeit zum falschen Ort gekommen. Der Gottesdienst sollte einige Stunden später in einem anderen Stadtteil stattfinden. Unser Auto war in einem hübschen Garten hinter dem Beerdigungsheim geparkt. Als wir wegfuhren, bat ich meine Frau, nach hinten zu sehen – etwas war in unser Auto geraten und flatterte am Heckfenster umher. Es war ein heißer Tag in Chicago, und die Fenster und Autotüren waren dicht geschlossen gewesen, weil das Autoinnere durch Airconditioning gekühlt wurde.

Meine Frau drehte sich zum Heckfenster und rief überrascht: «Es ist ein Schmetterling!» «Unmöglich», erwiderte ich, «wie hätte ein Schmetterling in unser Auto gelangen können?» Aber tatsächlich war da ein großer brauner Schmetterling mit kleinen, blauen Farbtupfern auf seinen Flügeln. Er schien entschlossen, die ganze

19

Reise am Heckfenster unseres Autos zu verbringen. Ich öffnete alle Fenster, um ihm die Chance des Entkommens schmackhaft zu machen, aber er weigerte sich, uns zu verlassen. Selbst nach der Beerdigungszeremonie begleitete uns der Schmetterling auf unserem Heimweg. Wir begannen spaßhaft, ihn Magda zu nennen. «Nun, Magda hat beschlossen, mit uns nach Hause zu kommen.»

Als wir zu Hause ankamen, war es dunkel. Meine Frau griff mit ihrer Hand hinter sich, in der Hoffnung, der Schmetterling würde nun die Einladung zum Ausstieg akzeptieren. Er ließ sich jetzt auf ihrer Hand nieder und blieb sitzen. Wir riefen unsere Freundin Joyce, sie möge doch herauskommen und Magda sehen. Sie hatte Magda gut gekannt.

Als wir zusammen unter der Straßenlaterne standen, flog Magda, der Schmetterling, auf den Boden und begann einen erstaunlichen Tanz zu unseren Füßen. Rundherum drehte sie sich in einem Taumel von Bewegung. Plötzlich erinnerte ich mich an Magdas innige Hoffnung, in der Ewigkeit zu tanzen, und es brach aus mir heraus: «Nun, Magda, ich sehe, du hast es geschafft! Du tanzt!»

In diesem Moment war ich kein protestantischer Realist mehr, und mein Agnostizismus war sang- und klanglos verschwunden. Die Grenzen zwischen dieser und der nächsten Welt waren überbrückt. Ich konnte nur glauben, daß wir in diesem Moment in der Zeit wie in der Ewigkeit lebten. Bestimmt war dies Magda – tanzend in der Form eines Schmetterlings. Der Schmetterling flog hinweg, und wir wußten, daß wir von etwas Außergewöhnlichem Zeuge geworden waren.

Am nächsten Morgen rief unsere Freundin Joyce an: «Wißt ihr, was mit dem Schmetterling passiert ist? Er kam in meinem Auto mit mir nach Hause und flog dann in Richtung Dorothys Garten.» Dorothy war eine von Magdas besten und langjährigen Freundinnen.

Ungefähr ein Jahr verging, als ich durch Magdas frühere Intervention die Karten zur Heiligsprechung von Edith Stein in Rom erhielt. Die Zeremonie fand am 11. Oktober 1998 auf dem St. Petersplatz statt. Ich war schon seit einigen Jahren an Edith Stein interessiert. Sie war vom jüdischen Glauben zum Katholizismus konvertiert, in den dreißiger Jahren Karmeliterin geworden und als jüdisch-christliche Märtyrerin 1942 in Auschwitz gestorben. Sie war eine hervorragende Philosophin gewesen und die Lieblingsschülerin von Edmund Husserl. Mein Interesse an ihr war vielschichtig. Ich hatte einige ihrer Arbeiten und verschiedene Biographien über ihr Leben gelesen. Dies sollte die erste Heiligsprechung sein, an der ich teilnehmen durfte. So war ich in einem Zustand hoher Erwartung, als meine Frau und ich uns zusammen mit ein paar römischen Freunden auf den Weg zu unseren reservierten Plätzen machten.

Der Gottesdienst war natürlich tief bewegend. Der Papst, derart gezeichnet von Alter und körperlichem Zerfall, daß er sich kaum aus eigener Kraft vom Petersdom zu seinem Platz auf der Plattform bewegen konnte, leitete für drei Stunden einen Gottesdienst, der ihm sehr viel bedeutete. Er war, wie auch Edith Stein, in Polen geboren und aufgewachsen, und er war intensiv darum bemüht, den historischen Konflikt zwischen Juden und Christen zu heilen. Ritual, Musik, die Menge der siebzigtausend Menschen aus aller Welt, die erhabenen Kardinäle und Politiker zusammen mit dem Papst auf der Plattform – all dies fügte sich zu einem eindrucksvollen Effekt zusammen. Aber nichts hätte mich vorbereiten können auf das, was geschah, als der Gottesdienst sich zum Ende neigte. Als wir zum letzten Gebet aufgestanden waren, begann der Papst seine Segnung in Latein. Ich versuchte, der unklaren Aussprache des Papstes zu folgen. Als er zum Satz kam: «Ex hoc nunc et usque in saeculum» (von nun an bis in Ewigkeit), «ora e sempre» (jetzt und für immer), geschah etwas Erstaunliches. Ein brauner Schmetterling mit blauen Farbtupfern erschien von nirgendwo her und ließ sich auf der aufgeschlagenen Seite nieder. Er setzte sich ruhig auf die Worte «ora e sempre» und blieb sitzen.

Zuerst konnte ich nicht überblicken, was geschehen war. Ich hatte in diesem Meer von menschlichen Gesichtern vorher keinen Schmetterling gesehen und war überwältigt. Woher war dieser Schmetterling gekommen? Wir waren inmitten einer riesigen Menschenmasse mitten in einer gigantischen Stadt, nicht einmal in einem Garten. Ich konnte meinen Augen kaum trauen. Es waren keine weiteren Schmetterlinge zu sehen. Meine Frau rang ebenfalls nach Luft. «Es ist der gleiche Schmetterling», flüsterte sie. Und tatsächlich, die Farben glichen denen des Schmetterlings in Chicago. «Ist dies Magda?» fragte ich mich ungläubig.

Der Schmetterling hob sich in die Luft, als der Papst «Amen» sagte, und verschwand in Richtung Altar, einige hundert Meter vor uns. Meine Phantasie war, daß er sich mit den anderen Geistern und Engeln einreihte, die auf der Piazza di San Pietro an diesem hellen Oktobertag so präsent waren.

Diese und ähnliche Erfahrungen brachten mich dazu, tiefer als zuvor über die Realität der Seele und die Natur von Symbolen nachzudenken.

Es ist Gemeinwissen, den Schmetterling als Symbol für die unsterbliche Seele anzusehen. Im klassischen Altertum wurde weitläufig geglaubt, daß die Seele den Körper im Moment des Todes in Gestalt eines Schmetterlings verlasse. In der Malerei und in Schriften ist die Psyche oft als Schmetterling dargestellt. Im christlichen Gedankengut wird der Körper manchmal als Raupenstadium des Lebens verstanden und der Tod als Metamorphose in einen anderen, wunderbaren Zustand der Seelenexistenz, das Schmetterlingsstadium. Die Azteken glaubten, daß Schmetterlinge die Seele symbolisieren und vom Sterbenden ausgehaucht wurden. «Ein zwischen den Blumen flatternder Schmetterling stand für die Seele des auf dem Schlachtfeld gefallenen Kämpfers» (DS).

Zu sagen, jener Schmetterling repräsentiere Magdas Seele, mag jedoch nicht nur ein metaphorischer Ausdruck sein, das war vielleicht in einem stärkeren und eher ontologischen Sinne wahr. War dieser Schmetterling – ein realer faßbarer Schmetterling mit seiner eigenen Lebensgeschichte in der Welt von Raum und Zeit – nicht mehr als eine Metapher? War er vielleicht ein «Symbol»? Was ist denn ein Symbol überhaupt? Erzählen uns Symbole etwas über die Realität, das wir nicht schon wissen?

Symbole, wie Jung viele Male wiederholte, sind keine «Zeichen». Ein Zeichen ist ein von Menschen gemachtes Bild oder Objekt, das intentional für etwas anderes steht. Zeichen werden gemacht und sie werden von Menschen für spezifische Vorhaben benutzt. Ein Zeichen steht für eine bekannte Bedeutung, sonst ist es wertlos. Die schwarzen Zeichen auf diesem Blatt Papier, die das Wort «Schmetterling» buchstabieren, sind Zeichen für ein Insekt, das im Sommer durch den Garten fliegt. Dieses Zeichen richtet die geistige Aufmerksamkeit auf etwas, das bekannt ist. Wenn ich eine Sprache lesen kann, machen die Zeichen auf dem Papier Sinn. Ein Zeichen beginnt und endet innerhalb des Bekannten. Es enthält kein Geheimnis, sonst wäre das Resultat Verwirrung. Symbole hingegen präsentieren das Unbekannte, keinesfalls das Gewußte. Wenn wir sagten, daß der Schmetterling ein Zeichen für Magdas Seele sei, bedeutete dies, daß wir genau wissen, was ihre Seele ist. Der Schmetterling wäre bewußt dafür geschaffen, ihre Seele zu repräsentieren. Die Menschen im Mittelalter glaubten, daß Gott die Natur auf diese Art be-nutze, aber so denken die meisten Menschen heute nicht mehr. Wir sind uns über Gott nicht mehr sicher.

«Metaphern» nun sind noch einmal etwas anderes als Symbole. Metaphern sind geistige Vergleiche. «Ich gehe angeln» ist ein metaphorischer Ausdruck, der meint: «Ich entspanne mich, ich mache mir keine Sorgen, ich lasse die Arbeit hinter mir.» Metaphern schaffen oft Abkürzungen und verdichten ein ganzes Netz von Bedeutungen in einem Bild oder Ausdruck von einigen wenigen Worten. Sie sind notwendig, bequem und eine kreative Art, seinen Gedanken und Gefühlen Ausdruck zu verleihen. Metaphern sind keine Zeichen, denn sie verweisen nicht auf etwas anderes. Sie kommunizieren Bedeutungen, Inhalte und Vorhaben, und oft öffnen sie neue Wege für Gedanken und Reflexionen. Sie sind Produkte kreativer Imagination. Symbole stehen den Zeichen näher als den Metaphern. Sie sind weder ein Produkt kreativer Einfälle noch in ihrer Natur geistig.

Wie Zeichen sind Symbole Objekte, die auf etwas hinweisen. Worauf sie aber verweisen, ist unbekannt. Sie fangen ein Geheimnis ein und lassen uns mit einem veränderten Gefühl der Wirklichkeit aufgeschreckt zurück. Sie scheinen hinter und über unser Wissen hinauszugehen und das Sichtbare mit dem Unsichtbaren zu verbinden. Sie überzeugen uns von der Wirklichkeit der Seele und weisen über das hinaus, was durch bewußte Maßnahmen und rationale Erklärung gewußt werden kann.

Nicht alle Schmetterlinge haben Symbolkraft. Manche sind einfach Insekten. Es ist wichtig, den Unterschied zu kennen. Man kann nicht einfach sagen, daß der Schmetterling Symbol für die Seele ist oder für die Seele steht. Das würde ihn zum Zeichen verdinglichen. Manchmal ist der Schmetterling ein Symbol, und manchmal ist er es nicht. In Magdas Fall war der Schmetterling ein Insekt, aber er war – symbolisch betrachtet – auch die Seele. Als Insekt machte er Anderes gegenwärtig. In dieser Doppelgestalt wurde das körperliche Objekt, der Schmetterling, zu einer Synthese von Materie und Geist. Dieses «Doppel-Objekt», das den Ausdruck «Symbol» definiert, ist beides, Materie und spirituell Geistiges. Es gibt keine Trennung. Wir können nicht sagen, der Schmetterling ist ein Insekt, das als Zeichen für die Seele steht, weil er in diesem Moment Seele *ist* (ebenso wie er ein Insekt ist). Wir sind in dem Moment auserwählt, die Wirklichkeit so zu sehen, wie das Unbewußte sie sieht. So folgen wir Jungs Beobachtung, daß das Unbewußte keinen Unterschied zwischen Materie und Geist zieht. Sie sind identisch.

Das Wort «Symbol» kommt vom griechischen *symbolon*. *Symbola* sind zwei Teile einer Münze, die von zwei miteinander verhandelnden Parteien gebrochen wird, jede Partei erhält eine Münzhälfte. *symballo*, das Verb, bedeutet «zusammenbringen, vereinigen». Wenn die beiden Münzteile von den beiden Parteien wieder zusammengefügt sind, ist die Ganzheit wieder hergestellt und die Identität bestätigt.

Ein Symbol also bringt zwei getrennte Teile eines Ganzen, Materie und Geist, zusammen. Dies geeinte Ganze porträtiert die Wirklichkeit der Seele. Magdas Schmetterling lehrt uns dieses.

Wenden wir uns einen Moment der Religion zu: Die römischkatholische Kirche versteht die Messe als ein Symbol. In Brot und Wein, der eigentlichen Materie selbst, ist der spirituelle Christus gegenwärtig. Im Ritual der Messe sind Geist und Materie im Symbol wieder-vereinigt. Die protestantischen Reformer dagegen verstanden die Kommunionsfeier als ein Zeichen – als Gedenken an Jesus, der vor langer Zeit für unsere Sünden gestorben ist. Die Messe selbst steht für etwas Wichtiges, das vor langer Zeit geschehen ist. Es wird in der Gegenwart nicht wieder-erschaffen.

Ist ein Symbol nun lediglich das Produkt menschlicher Interpretation? Katholiken verstehen und interpretieren die Kommunion auf die eine Art, Protestanten auf die andere. Und nun? Mit meinen Augen sah ich einen Schmetterling, interpretierte und verstand diesen Sinneseindruck als Magda. Ich hatte zuvor schon viele Schmetterlinge gesehen, und selten sind sie mir als etwas anderes vorgekommen denn als Schmetterlinge. Überwiegend sind Schmetterlinge *Lepidoptera*. Vielleicht habe ich ein- oder zweimal beim Anblick von Sommerwiesen gedacht: «Nun, ist das nicht interessant, daß dies die Seelen von Aztekenkämpfern sind, die über dieses Feld von Rapsblüten flattern?» Aber das war ein gewollter geistiger Akt der Interpretation. Interpretation basiert auf bewußtem Wissen. Trauminterpretationen zum Beispiel vermögen einfach die Zeichen von Traumerleben in die bekannten Theorien von Psychoanalytikern zu übersetzen.

Als ich jenen Schmetterling unter der Straßenlaterne tanzend vor meinen Füßen sah, interpretierte ich ihn jedoch nicht mit Hilfe meines bewußten Wissens und bestimmter Theorien, sondern ich rief spontan und automatisch: «Tanze, Magda, tanze!» Magda war gegenwärtig. Dies war nicht von meinem Wissen abhängig, daß Schmetterlinge traditionellerweise die Seele repräsentieren. Ich hätte das gleiche gesagt und gefühlt, wenn ich ein Analphabet gewesen wäre, der noch nie von solchen Mythen gehört hätte. Magdas Gegenwart war so klar im Tanz dieses Schmetterlings, wie meine Frau in der Form ihres Körpers gegenwärtig war. Magdas Seele hatte einfach eine andere Gestalt angenommen. Für mich war das vollkommen selbstverständlich und klar. Und doch bleiben

Zweifel. Dies alles könnte reiner Zufall sein. War es nicht einfach ein Zufall, daß Magdas Beerdigung mit dem Schmetterling in meinem Auto zusammentraf? Und wiederum ein Zufall, daß sie vom Tanz im Nachleben gesprochen hatte und daß nun dieser Schmetterling zu meinen Füßen tanzte? Und ebenfalls ein Zufall, daß ein Schmetterling am «Jetzt und in alle Ewigkeit» der Heiligsprechung von Edith Stein aufblitzte, deren Teilnahme mir wieder zufällig erst durch Magda ermöglicht worden war? Zufälligkeiten geschehen, seien wir uns darüber im klaren. Doch dies sind eine Menge an Zufällen, die sich alle um das gleiche Geschehen herum bewegen.

Das starke Gefühl der *bedeutsamen* Zufälle, welches uns Schauer über den Rücken jagt, die unfreiwillige Kapitulation der intellektuellen Zurückhaltung mit sich bringt und die Wände der Trennung einreißt – dies ist es, was Jung «Synchronizität» nennt. In der Erfahrung von Transzendenz und Symbol ist das zeitliche Moment äußerst wichtig. Es ist der richtige Augenblick, die ungeheure Rechtzeitigkeit, die einen Kontext für das schafft, was die Griechen *kairos* nennen: Zeit, in dem der einzelne Augenblick wie kein anderer ist, gespickt mit Bedeutungen und Assoziationen. Objekte sind verdoppelt und werden unsichtbare Gegenwärtigkeiten. Die Sinnesdaten, die auf unsere Netzhaut treffen, erzählen uns mehr als die eigentliche Welt der Sinne. Es ist ein Moment der Verkündigung, der Offenbarung. Das ganze Gewebe der Wirklichkeit finden wir vor uns ausgebreitet, Materie und Geist sind nicht getrennt, sondern einzig und eins.

Ein Symbol, im Gegensatz zum Zeichen, zur Metapher, zum Simile oder bloßen Eindruck, bringt die Öffnung zur Transzendenz mit sich. Symbole werden weder gelesen noch interpretiert, sie werden erfahren. Sie sind numinos. Das Symbol überbrückt die Barriere zwischen Materie und Geist, Bewußtheit und Unbewußtem, Zeit und Ewigkeit. Es enthüllt fundamentale Ganzheit.

Was bedeutet dies alles für die Praxis der Psychotherapie, besonders für jene, die vorgeben, mit Symbolen, mit Träumen und anderen, im Unbewußten verwurzelten Phänomenen zu arbeiten? Diese

Frage sollte uns beunruhigen. Haben wir sie wirklich durchdacht? Die meisten Therapeuten leider nicht.

Für mich gilt als erstes: Als Psychotherapeuten müssen wir die Wirklichkeit der Seele mit dem größten Respekt betrachten, besonders wenn wir mit Symbolen umgehen. Um Jung zu zitieren:

«Und was ihm (dem Mythus) immer eine Erklärung oder Deutung antut, das hat man der eigenen Seele getan, und daraus entstehen entsprechende Folgen für das eigene Wohlbefinden» (GW 9/I § 271).

Mit Symbolen umzugehen heißt, mit Objekten zu tun zu haben, die Transzendenz beinhalten und die uns materiell wie spirituell beeinflussen.

Ich möchte Ihnen ein Beispiel vom Auftauchen eines Symbols in der Praxis geben.

Eine Frau, die sich vor mehr als fünf Jahren vor jener Sitzung einer Operation wegen Brustkrebs unterziehen mußte, träumte folgenden Traum:

«Ich bin auf der Golden-Gate-Brücke in San Francisco und merke plötzlich, daß ich von der Brücke in die Bucht falle, die tief unter mir liegt. Ich falle in das Wasser, und es scheint, als sei ich in Ordnung. Aber dann sehe ich einen großen weißen Fisch auf mich zuschwimmen. Er sieht aus wie ein Hai. Ich bin zutiefst verängstigt, daß er mich attackieren könnte. Plötzlich aber gibt es eine telepathische Verbindung zwischen uns, und der Fisch versichert mir, daß er nichts Böses vorhat. Im Gegenteil, der Fisch ‹sagt› mir, daß er mir helfen wird. Auf seinem Rücken sei ein Platz speziell für mich ausgeschnitten, genau meine Paßform, in den könne ich mich ruhig hineinlegen und es mir für die Fahrt bequem machen. Der Fisch wird mich in Sicherheit tragen. Ich erwache zutiefst getröstet und erleichtert.»

Die Patientin hatte wenig spezifische Assoziationen zu diesem Traum. Natürlich kannte sie die Golden-Gate-Brücke, und sie hatte Bilder und Filme über Haie und große weiße Fische gesehen. Ihre Angst vor dem Angriff assoziierte sie mit ihren Sorgen um eine

Wiederkehr der Krebserkrankung. Im Augenblick, so hatten die Ärzte ihr kurz zuvor mitgeteilt, war sie gesund. Aber sie wußte, daß dennoch Risiken bestanden, erneut zu erkranken. In den Assoziationen zum Traum und seinen lebensbedrohlichen Merkmalen reflektierte sie weiter über ihre Bedenken bezüglich Gesundheit und ihre Angst vor dem Tod.

In der amerikanischen Mythologie nehmen die Golden-Gate-Brücke und der große weiße Fisch einen besonderen Platz ein. Sie sind kulturelle Ikonen. Die Golden-Gate-Brücke befindet sich am äußersten westlichen Rand des amerikanischen Kontinents, am äußersten Punkt von dem, was einst die Große Frontlinie gewesen war. Sie steht an einem Ort ausgesuchter Liminalität, an der Grenze zwischen dem belebten Kontinent und dem riesigen unbekannten Gewässer des größten Ozeans der Erde. Die Golden-Gate-Brücke ist an der Schwelle des kollektiven Unbewußten befestigt. Darüber hinaus ist diese Brücke, passenderweise Golden Gate – goldenes Tor – genannt, auch mit dem Tod assoziiert. Viele Selbstmorde geschehen hier. Sie ist ein berühmter Sprungplatz in das große Unbekannte.

Der große weiße Fisch ist der Hauptdarsteller des klassischen amerikanischen Romans *Moby Dick* von Herman Melville. In diesem Roman ist der weiße Wal ein Bildnis für Gott – eine zwiespältige, grauenerregende übergroße Macht, die durch menschlichen Willen weder überwunden noch zerstört werden kann. In der religiösen Bildersprache ist der Fisch ein Sinnbild Gottes. Christus ist vielfach als großer Fisch dargestellt, die Seelen seiner Nachfolger als kleine Fische.

Der Traum beeindruckte die Patientin zutiefst. Die Diskussion der Bilder und die persönlichen und kollektiven Assoziationen addierten Substanz und Gewicht zu einer monumentalen Gestalt. Die Patientin erkannte, daß es ein symbolischer Traum war, einer, der die materielle und die spirituelle Welt zusammenführte. Der große weiße Fisch des Traums war nicht einfach eine geistige Vorstellung, ein Zeichen oder eine Metapher. Er besaß eigene, ontologische Standkraft.

Wenn ein Symbol im Traum manifest wird, nimmt es eine privilegierte Wesens- und Seinsstellung ein. Es ist ein doppeltes Objekt: von geistiger und von spiritueller Wirklichkeit. Diese Dualität drückt sich in dem englischen Wort «Psyche» aus. Wenn etwas «psychisch» ist, überbrückt es die Welt der geistigen Vorstellung und die der nicht-geistigen Objekte. Die Psyche selbst überbrückt die Grenzen zwischen inneren und äußeren Welten, zwischen dem, was, strikt gesprochen, nur subjektiv, und dem, was objektiv ist und über die geistige Welt des Individuums hinaus an Gedanken, Gefühlen und Wahrnehmungen existiert. Für diesen Sachverhalt benutzte Jung manchmal den Ausdruck «objektive Psyche».

Die Patientin trug diesen Traum für den Rest ihres Lebens, das nur noch zwei Jahre über diesen Traum hinaus dauern sollte, aktiv und resolut in ihrem Bewußtsein. Kurz nach dem Traum entdeckte sie einen Knoten unter ihrer Haut und erhielt nach medizinischen Tests die schlimme Nachricht, daß sich der Krebs in die Lunge und andere Organe ausgebreitet hatte. Sie traf die letzten Arrangements für ihre weltliche Lebenszeit.

Was hat es für eine Bedeutung, den großen weißen Fisch ihres Traums als Symbol zu verstehen? Es drückt sich der Respekt für diese Erscheinung aus. Wir müssen ein Traumsymbol, das die sichtbare mit der unsichtbaren Welt und das zerrissene Gewebe zwischen Körper und Geist vereint, respektieren. Der Traum bringt Transzendenz. Die Erkenntnis über die Natur der Symbole schafft Grundlegendes in der Psychotherapie. Zum Beispiel: Wenn wir sagen würden, daß der Fisch die Angst der Patientin vor dem Tod repräsentiere und daß ihre Abwehrmechanismen daraus eine Tröstungsfigur machten, oder einfach, daß er ihren Todeswunsch repräsentiere, so blieben wir strikt im begrenzten Feld von Subjektivität und psychologischen Interpretationen. Hier ließen wir das Traumphänomen selbst wegen einer nahezu verhätschelten Lieblingsidee hinter uns. Die Theorie belehrt uns, daß wir zum Beispiel einen Todeswunsch oder einen Todestrieb haben, und dementsprechend könnten wir annehmen, daß der Fisch, der für die Todesbedrohung im Gewässer des Unbewußten steht, eine Wunscherfüllung anbiete. Oder wir könnten sagen, daß die Patientin, katholisch aufgewachsen und erzogen, wisse, daß Christus durch den Fisch dargestellt wird und daß ihr Traum ihr dieses Bild zur Kompensation ihrer Angst vor den dunklen Wassern des Unbewußten übermittle. Sie ist von Auslöschung bedroht, und der Traum würde sie trösten – eine andere theoriegebundene Interpretation. Oder wir könnten den weißen Fisch als Repräsentation ihrer Mutter verstehen, die für die Patientin in ihrer Kindheit bedrohlich wie auch tröstend war. Die Patientin hatte in der Tat eine höchst ambivalente Beziehung zu ihrer Mutter. Aber all dies ließe den Traum im Bereich der persönlichen Komplexe und Erinnerungsspuren, statt den symbolischen Aspekt des Traums einzubeziehen.

Wenn der Fisch dagegen ein Symbol ist, was dann? Dann hat er einen anderen ontologischen Status, er atmet die Wirklichkeit in einer völlig anderen Art und Weise. Er spricht von einem Tröster, der real ist, dort draußen, an einem Ort hinter den Grenzen der Subjektivität, hinter all dem Gewußten oder Gelernten oder sonst in unserem Wissensbereich Eingefangenen. Der Fisch ist ein Gott, der telepathisch spricht und in seinem Körper einen eigenen Platz für den Körper der Patientin vorbereitet hat. Er bietet ihr an, sie in Sicherheit zu tragen. Der Traum wird zur Offenbarung.

Derselbe Fisch tauchte wiederholt in einer Anzahl von weiterer Träumen auf, während die Patientin die letzten Stufen des Lebens durchschritt und die Qualen von Bestrahlung, Chemotherapie und anderen, der Medizin bekannten Heilmitteln durchlitt. Sie sollte von ihrer Krankheit nicht geheilt werden können. Doch der Fisch blieb in ihrem Bewußtsein gegenwärtig. Er wurde in den dunkelsten Momenten von Verzweiflung und Angst zu ihrem engen Begleiter. Die von ihm angebotene Transzendenz wurde der Boden ihres Seins. Sie kehrte zu ihrem religiösen Glauben zurück, zum Gebet, zum Vertrauen, daß ihre Seele den Körper nach dem Tod verlassen und in einem für sie vorbereiteten Platz Ruhe finden würde. Der Traum hatte ihr gezeigt, daß es im Körper des Fisches einen solchen individuellen, genau nach ihren Bedürfnissen zugeschnittenen Platz gibt. Die Seele ist eigen, und sie bleibt intakt. Die Patientin starb einen schrecklichen körperlichen Tod, aber sie war psychisch in Frieden mit sich selbst.

Sobald ein Traumbild symbolisch erkannt ist, sichert es seine Fähigkeit, Materie und Geist, Sichtbares und Unsichtbares, Bewußtes und Unbewußtes miteinander zu vereinigen. Kürzlich nahm ich an der Beerdigung dieser Patientin teil. Sie wurde vom Pfarrer gepriesen und von vielen Freunden und ihrer Familie geehrt. Für das letzte Lied des Gottesdienstes hatte sie die Gospelhymne *Swing low sweet Chariot* ausgewählt. Deren Worte fangen das Gefühl von schwer erworbenem Vertrauen und Glauben ein:

> «I looked over Jordan and what did I see,
> Coming for to carry me home?
> A band of angels coming after me,
> Coming for to carry me home.»

Sie hatte diesen Engel im großen weißen Fisch ihres Traum kommen sehen. Sie war nun nach Hause getragen worden.

Nicht alle Schmetterlinge sind Seelen, und nicht alle Traumbilder sind Symbole. Die meisten Träume kompensieren einfach in einer alltäglichen Art und Weise die einseitigen Einstellungen des Bewußtseins. Vieles in der Psychotherapie spielt sich auf dieser Ebene des Bewußtseins ab. Probleme werden präsentiert, Lösungen gesucht, psychodynamische Interpretationen gemacht, und all das kann nützlich sein. Aber in der Therapie tauchen Symbole auf. Sie tun dies wie im allgemeinen Leben, mit überraschender und bedeutsamer Zeitlosigkeit, in Momenten des *kairos*, synchronistisch. Sie führen zur Erfahrung der Transzendenz. Wenn das geschieht, dann ist es Zeit, Dinge vom Standpunkt des Unbewußten aus zu betrachten, wo Materie und Geist einfach zwei Aspekte einer Realität sind.

Zwei Wochen nach der Beerdigung der Patientin rief mich ihre Tochter an. Sie wollte mich an einer Geschichte teilhaben lassen. Ihre lebenslange Brieffreundin in Schweden hatte gerade angerufen, um zu sagen, daß sie die Mitteilung über den Tod ihrer Mutter erhalten hatte. Sie saß im Garten, als sie die Post öffnete, und während sie die traurige und überraschende Nachricht las, saß plötzlich ein großer farbiger Schmetterling auf der kleinen Karte. Sie war erstaunt. Wie konnte der sich so einen kleinen Platz zur Landung ausgesucht haben? Von dort flatterte er auf ihren Arm, wo er einige Minuten saß. Plötzlich, sagte sie, sei ihr klar geworden, wer dies war. «Es war deine Mutter, ich bin sicher», rief sie ins Telefon, «so farbig, so wunderschön – genau wie deine Mutter. Und so lebendig.»

Aus dem Amerikanischen übersetzt von Eleonore Lehr.

Verena Kast

Die Transzendenz der Psyche

Transzendenz, sagt Plotin, ist da, «wo die Seele jählings von Licht erfüllt wird.»[1]

psyché heißt im Griechischen: Leben und Lebendigsein, aber auch Bewußtsein, Innesein. Seele als Leben. Wir sprechen also von einem Lebendigsein, das jählings von Licht erfüllt sein kann.

Seele und Transzendenz?

Von Heraklit stammt die Aussage:

«Der Seele Grenzen kannst du im Gehen niemals erreichen, auch wenn du jeglichen Weg auf der Erde zu Ende gehen würdest. Einen so tiefen Sinn hat sie.»[2]

Im Handwörterbuch der Philosophie[3] wird Transzendenz folgendermaßen definiert: der Überstieg, das Überschreiten der Grenze zwischen zwei Gebieten, das Hinausgehen über die Grenzen der Alltagserfahrung, auch das Hinausdenken über die Welt als Diesseits. Es geht um das Überschreiten von Grenzen. Auch das zeitliche über sich Hinausgehen: das Projekt, das, was wir in der Zukunft realisieren werden, wird von den Existentialisten als Transzendenz bezeichnet. Das löste eine Diskussion aus: Gabriel Marcel[4] fragte eindringlich, ob man Transzendenz auch horizontal verstehen dürfe, ob man sie nicht für die Vertikalität behalten müsse. Das ist für das heutige Verständnis von Transzendenz eine wichtige, wenn auch überholte Frage – Transzendenz ist schon lange horizontal geworden.

Aber auch das Ziel dieses Überstiegs wird Transzendenz genannt: das Absolute, das Übersinnliche, die Jenseitigkeit Gottes.

Wovon sprechen wir also, wenn wir von Seele und Transzendenz sprechen? Von zwei Größen, nicht scharf zu bezeichnen, und dennoch fundamental wichtig für das Selbstverständnis des Menschen. Der Mensch bleibt auch ein Geheimnis – noch immer.

Was ist die Seele?

Die Frage, was denn die Seele sei, diese Frage, die hinter allen psychologischen Fragen und Konzepten steckt, wird meistens nicht explizit beantwortet, denn wir meinen doch alle zu «wissen», was die Seele ist, ohne daß wir es wirklich benennen können. Die Frage danach, was denn die psychische Wirklichkeit ausmacht, ist eine Frage, die nie endgültig beantwortet werden kann, sie hat denn auch im Laufe des abendländischen Denkens verschiedene Antworten bekommen, sie braucht immer wieder neue Antworten, und die Antworten differieren auch gemäß den verschiedenen Kulturen. Je nachdem, wie wir Seele oder Psyche beschreiben, sagen wir auch etwas aus über unser Menschenbild.

In Anlehnung an Descartes sind wir es gewohnt, die Seele als etwas vom Körper Unterschiedenes, Innerliches zu sehen, das irgendwie etwas mit dem Bewußtsein zu tun hat. Die Seele: etwas Unräumliches, unterschieden von der räumlichen Welt, den Körpern. Der Körper ist dann gesehen als eine Maschine, die nach mechanischen Grundsätzen funktioniert. Diese Definition, die den Körper und die Seele entkoppelt hat, hat bewirkt, daß sowohl Medizin als auch Psychologie große – wenn teilweise auch zweifelhafte – Fortschritte gemacht haben, aber damit haben wir uns das Leib-Seele-Problem eingehandelt. Wir können diese Definition auch nicht so recht nachvollziehen: Wir erleben uns nicht als Körper, der irgendwie auch noch mit der Seele verbunden ist. Wir erleben uns als eine leib-seelische Einheit. Durch die lange Zeit so erfolgreiche Definition von Körper und Seele durch Descartes faßt zum Beispiel die psychosomatische Sichtweise, und damit eine Sichtweise, in der der Mensch als eine bio-psycho-soziale Einheit gesehen wird, die dem Wesen, der Freude und dem Leiden der Menschen so viel gerechter würde, nur langsam Fuß.

Also ist eine andere Definition der Psyche vielleicht hilfreicher und berücksichtigt die konkrete, erfahrene Existenz des Menschen besser. Eine der modernsten Definitionen von Seele, die auch das Leib-Seele-Problem elegant löst, stammt von Aristoteles und ist etwa 2300 Jahre alt. Für ihn ist Seele nicht nur Innerlichkeit oder Bewußtsein, sie ist «die Art und Weise, wie wir da sind, wie wir leiblich existieren, wie wir einander präsent sind. … Seele ist die Wirklichkeit und Lebendigkeit eines leiblichen Lebewesens.»[5]

Was ist Transzendenz?

Ursprünglich ein philosophischer Begriff, auf eine philosophische Theorie verweisend, meinte transzendent die alles Individuelle übersteigenden allgemeinsten Eigenschaften der Dinge, wie *res = das* Ding, *ens = das* Seiende, *verum = das* Wahre, *bonum = das* Gute, *aliquid = das* Etwas, *unum = das* Eine. Transzendenz war vor allem die Lehre vom höchsten Einen – und deshalb konnte Transzendenz leicht auf Gott übertragen werden. Die Theologie soll sich zunächst dagegen gewehrt haben!

Im Wort Transzendenz steckt das Partizip Präsens – es geht also weniger ursprünglich um einen Ort oder ein Ziel als um eine Aktivität.

In der mittelalterlichen Philosophie wird Gott als das Sein selbst verstanden, das alles endlich-beschränkt Seiende übersteigt, in der Neuzeit ist es der Mensch, der die Grenze sinnlich erfahrbarer Wirklichkeit auf der Suche nach Transzendentem überschreitet.[6] Der Verzicht auf Gott als Transzendenz – und dieser Verzicht kann bewußter oder weniger bewußt sein – bewirkt, daß das gemeinsame Transzendieren in den eingespielten rituellen Formen der Kirche oft zur leeren Geste wird. Das nennt man die Symbolarmut des westlichen Menschen, die beklagt wird. In der Postmoderne ist denn auch ein Transzendenzverlust und allenfalls auch eine Transzendenzsehnsucht auszumachen.

Was verstehen wir unter postmodern?

Postmodern heißt, daß es viele verschiedene Wahrheiten gibt, die nebeneinander bestehen können, daß die großen zusammenhängenden Erzählungen von Religion und Wissenschaft ersetzt werden durch fragmentarische, vorläufige Wissensmodelle. *Anything goes.* Wir sind auch eine Multioptionsgesellschaft: Wir haben unendlich viele Möglichkeiten, die wir ergreifen können, aber immer noch nur ein Leben. Damit kann die Differenz zwischen Wirklichkeit und Möglichkeit quälend groß werden.[7] Mit diesen vielen neuen Möglichkeiten geht der Verlust von Tradition einher. Wir sind eine posttraditionale Gesellschaft. Postmodern heißt aber auch, daß es auch Menschen gibt, die Transzendenz noch immer mit «Gott» verbinden, wobei dieser «Gott» dann jeweils näher umschrieben werden müßte. In Anbetracht dessen, daß niemand mehr *die* Wahrheit hat, sondern daß es verschiedene Wahrheiten gibt, ist es notwendig, daß eine große Toleranz für verschiedene Weltanschauungen und Lebensstile entwickelt wird. Negativ ausgedrückt haben wir es mit einem postmodernen Beliebigkeitsdenken zu tun: *anything goes*, positiv ausgedrückt in einer großen selbstbewußten Bescheidenheit, im Respekt vor dem Denken anderer, im Wissenwollen, was der Andere oder die Andere denn so denkt und glaubt, denn das ist ja nicht mehr vorauszusetzen.

Transzendenz als anthropologischer Begriff

Seit der Neuzeit ist Transzendieren nicht mehr notwendigerweise auf eine andere Wirklichkeit bezogen, die «theozentrische Seinsgewißheit» ist verloren, deshalb rückt der Mensch ins Zentrum.

Man fragt nach dem Wesen des Menschen. Damit ist Transzendenz zu einem anthropologischen Begriff geworden, in dem ausgesagt wird, was der Mensch seinem Wesen nach ist. Das ist heute eine ganz wichtige Frage, die diskutiert wird, heute auch im Zusammenhang mit der Möglichkeit der genetischen Veränderung des Menschen (Sloterdijk). Diese Fragen werden in nächster Zeit immer wieder auftauchen und natürlich immer nur vorläufige Antworten bekommen.

Wilhelm Keller, ein philosophischer Anthropologe[8], sieht «Selbstsein und Transzendenz» als Grundbestimmung des Psychischen und damit des Menschen. Was meint er damit?

Selbstsein, Selbsthaftigkeit: Obwohl der Mensch bestimmt ist durch Natur in ihm (Organe, neuronale Prozesse) und außer ihm (Welt, Mitwelt), ist der Mensch sich selber und hat er sich selber zu sein. Vorgänge in unserem Körper, unsere Emotionen, unser Nachdenken, unser Verhalten: Sie sind immer unsere und in unserer Verantwortung. Aber dieses selbsthafte Sein ist immer auch mehr als alles organische, materielle, energetische Sein, es transzendiert dieses und bleibt dennoch auch immer daran gebunden. In diesem Zusammenhang läßt sich der Begriff der Seele von Aristoteles anfügen: die Seele als die Wirklichkeit des Leibes.

Keller unterscheidet zwei Weisen des Transzendierens: eine ontische Transzendenz und eine funktionelle Transzendenz. Die ontische Transzendenz besagt, daß selbsthaftes Sein immer mehr ist als organisches Sein, aber daran gebunden bleibt. Sie wird unterschieden von der funktionellen Transzendenz, dem Überstieg als einem Bezogensein auf etwas: als Bezogensein auf andere Menschen, als Bezogensein auf Gültiges, auf Normen und auf Ordnungen, die immer neu zu suchen sind, als Bezogensein auf absolute Maßstäbe – und als Bezogensein in der Reflexivität auf sich selbst. Aber auch die Kreativität sieht Keller als funktionelle Transzendenz: Der Mensch verändert mit der Kreativität die Umwelt gezielt, schafft Neues, und dieses Neue wirkt zurück und verändert auch wieder das Selbstsein des Menschen. Die Destruktivität als eine Möglichkeit des Transzendierens hat er noch nicht erwähnt.

Die Sichtweise der Transzendenz als ein anthropologischer Begriff hat Vorläufer. 1841 veröffentlichte Feuerbach die These:

«Das absolute Wesen, der Gott des Menschen, ist sein eigenes Wesen. Die Macht des Gegenstandes über ihn ist daher die Macht seines eigenen Wesens.»[9]

Gott wird von Feuerbach als Projektion begriffen. Das hieße aber auch, daß der Mensch etwas Gottähnliches in seiner Psyche haben muß oder zumindest eine Vision von etwas Absolutem, Transzendentem, das eine solche Projektion erlaubt. Und hier ist eine große Nähe zur Tiefenpsychologie: In Träumen auch von postmodernen Menschen sind Bilder auszumachen, die man als Gottesbilder sehen muß. Diese Bilder sagen nichts darüber aus, ob es einen Gott gibt: Diese Aussage kann die Psychologie nicht machen, aber die Existenz von Gottesbildern – sehr verschiedenen – ist unbestritten. Dabei geht es nicht einfach nur um die Bilder an sich, die sich durchaus mit den alten Symbolen für das Göttliche treffen, etwa dem Mandala, dem Kreis, sondern es geht auch um die damit verbundene Emotion, das Gefühl, Teil eines großen Ganzen zu sein, sinnvoll eingebettet und gehalten zu sein in das Leben als Ganzes.

Wird die Transzendenz nun anthropologisch begründet und verstanden, also in den Menschen hinein verlegt, dann ist Gott um eine selbständige Existenz gebracht.

Sind «Selbstsein und Transzendenz» fundamentale Bestimmungen des Wesens des Menschen, dann müssen beide von großer Bedeutung sein, und sie sind ja auch Gegenstand zumindest der theoretischen Psychologie und der Tiefenpsychologie. Allerdings: Geht es um Leiblichkeit, um Zeitlichkeit, um Beziehung, um Werte des Menschen, um Kreativität, um Destruktivität, so läßt uns das nicht sofort an Transzendenz denken. Zu Unrecht: Denn sogar dann, wenn wir einsam vor uns hindenken, ist da irgendwo ein Du, besteht ein dialogisches Moment, sind wir transzendierend. Das werden wir aber so wahrscheinlich nicht akzeptieren: Denn in unserer Vorstellung gehören zum Begriff des Transzendierens die großen Gefühle, die Sehnsucht nach dem ganz Anderen, Absoluten, und die sind beim alltäglichen Transzendieren zunächst nicht auszumachen, vielleicht überhaupt nicht. Das heißt also: Auch wenn der Transzendenzbegriff sich gewandelt hat, der Mensch notwendigerweise als ein alltäglich Transzendierender verstanden wird, die alten Bedeutungen und Sehnsüchte schwingen immer noch mit und damit die Vorstellungen einer «großen Transzendenz», mit den großen Gefühlen, die sie so vielleicht auch nicht hergegeben hat. Aber als Sehnsucht nach dem Unsagbaren, dem Unendlichen, dem Ganzen sind sie immer noch vorhanden. Möglicherweise aber hat diese «normale», diese so «alltägliche» Transzendenz in sich ein Potential, das noch zu heben ist.

Psyche als Transzendenz

Ich werde einige Situationen des alltäglichen Lebens nennen, in denen sowohl Psychisches als auch das Transzendieren erfahrbar werden.

Psychisches ist sichtbar und damit immer auch Leibliches, denn die Psyche ist die Wirklichkeit des Leibes, wenn jemand so richtig von einer Emotion erfaßt ist, etwa der Emotion der Freude und noch mehr der Begeisterung. Es ist ein leib-seelisches Phänomen, das sich im Falle der Freude und der Begeisterung auch darin äußert, daß ein Mensch sich der Mitwelt und der Welt mehr öffnet, daß er leuchtende Augen hat, eine lebhafte Sprache, eine gut durchblutete Haut. Freude ist sichtbar, Freude eines anderen Menschen ist spürbar, kann sogar anstecken. Und in der Freude transzendieren wir unser Ich, verbinden uns anderen Menschen, einer Sache.

Dasselbe gilt für die Gefühle der Liebe, bei denen das Transzendieren besonders deutlich wird: nicht nur im Bezogensein auf den Menschen hin, den man liebt (der geliebte Mensch kann dann auch zu einem Gott oder einer Göttin werden, zumindest zu Beginn einer Liebe), sondern auch im Bezogensein zu einem «Im-Bereich-der-

Liebe-sich-fühlen» – über die Banalität des Alltags emporgehoben, vielleicht erfaßt von Gefühlen und damit auch in einem anderen Lebensbereich als normal, den man als «heilig» oder als «religiös» empfindet; hier geht es noch um die vertikale Transzendenz, wofür eigentlich die Wörter fehlen. Der Alltag ist dann weit transzendiert in einen Bereich hinein, den normalerweise die Mystiker beschreiben, in einen Bereich des Absoluten.

Erlebbar und sichtbar wird Psychisches aber auch in alltäglichen Begegnungen mit anderen Menschen. Man lebt so vor sich hin, plötzlich begegnet man einem anderen Menschen, ein Blick, ein Wortwechsel, nichts Weltbewegendes – und man spürt doch, wie die Lebendigkeit zwischen beiden zunimmt. Man geht weiter, und ist anders gestimmt als zuvor, man ist animiert.

Aber auch anders: Da spürt ein Mensch, wie auch ihm der Mut verfliegt, weil die Angst des anderen Menschen so sehr spürbar wird.

In einem gemeinsamen Gespräch wächst die Inspiration, oder aber man wird desinteressiert, ärgerlich, dann nämlich, wenn es uns nicht erreicht, wenn unsere Psyche keine Resonanz gibt, keine Resonanz geben kann. Viele Gründe mag es dafür geben, einer aber ist der, daß ein Mensch nicht wirklich sich selber transzendieren kann, daß er bei sich bleibt – oder wo auch immer –, sein Ego allein in den Mittelpunkt stellt. Transzendenz in Beziehungen bedeutet, den anderen Menschen als Du ernst und wahr zu nehmen.

Auch im Leiden wird Psyche erlebbar und sichtbar – zwar immer auch da körperlich: Wir haben dann keinen Antrieb, wir mögen nicht essen, wir können vielleicht nicht schlafen, oder wir schlafen ständig, aber wir spüren, daß unsere Psyche verstimmt ist, ziehen uns zurück.

Die Psyche ist aber auch als Transzendenz erlebbar, wenn wir einen Traum geträumt haben, einen sehr schönen, oder vielleicht noch mehr, wenn wir einen ganz schrecklichen Traum geträumt haben, der uns nachhaltig beeindruckt und uns aus der Bahn wirft. Es erscheint ein Symbol, das für uns über eine lange Zeit hinweg erfüllt, unser Interesse bindet und uns selbst dadurch auch interessant macht. Wer spricht eigentlich zu uns, wenn der Traum zu uns spricht? Natürlich wissen wir, daß der Traum unsere eigene unverfälschte Produktion ist, und dennoch werden wir den Gedanken nicht los, daß etwas ganz Anderes in unserer Seele durch den Traum zu uns spricht, durchaus auch etwas Abgründiges oder auch etwas Erhebendes – etwas, von dem wir spüren, daß es über uns hinausgeht, etwas uns Transzendierendes.

Wir können aber auch erleben, daß wir gestresst und unzufrieden mit uns selber und der Welt vor einem Bild stehen, das uns plötzlich in einen ganz anderen Zustand bringt: Wir sind dann von einem Moment auf den anderen wieder im Lot, sind bei uns, sind gefaßt und ruhig. Die Schönheit hat in uns die Idee der Schönheit angesprochen, hat unser Selbst konstelliert. Woher das kommt? «Von Kunst begeistert: Jene kostbaren Augenblicke genauerer Wahrnehmung, zeit- und selbstvergessener Hingerissenheit»[10] – so Winfried Nonhoff für eine Form des Transzendenzerlebens angesichts von Kunst, die ihrerseits noch wirken kann, Jahrhunderte, nachdem sie geschaffen worden ist. Das Schöpferische im Menschen kann die Zeit in geradezu unwahrscheinlicher Weise transzendieren und in einem Menschen wiederum eine große Resonanz auslösen, ihm Jahrhunderte später zu einem Erlebnis von Transzendenz verhelfen.

Im alltäglichen psychischen Erleben transzendieren wir ständig – und die Emotionen spielen dabei eine zentrale Rolle. Gelegentlich sind es auch religiöse Gefühle, die wir eher in Beziehung zur großen Transzendenz bringen. Aber vielleicht werden alle sehr intensiven Gefühle zu dem, was wir «religiöses Gefühl» nennen, Gefühle, die uns sehr in unserem Selbstsein zentrieren und uns gleichzeitig einem größeren Ganzen verbinden, wie immer wir dieses größere Ganze auch jeweils benennen.

Damit aus einem Gefühl ein religiöses Gefühl oder ein numinoses Gefühl oder ein uns ganz und gar bestimmendes Gefühl wird, muß es intensiv sein, muß es intensiviert werden. Der Mensch sucht immer wieder das Absolute und damit auch die Verbindung mit etwas, das über ihn hinausgeht – das große Ganze –, im ganz

41

intensiven Erleben. Und dieses Erleben ist durch die Emotionen (Stimmungen, Gefühle, Affekte) vermittelt. Die Emotionen steuern nicht nur unser Wissen und Handeln, sie vermitteln uns auch existentielle Intensität.

Transzendenzverlust

Obwohl Transzendenz durchaus erlebbar ist – wo Psychisches erlebbar ist, ist es auch die Transzendenz –, wird der Transzendenzverlust des postmodernen Menschen beklagt und damit verbunden eine Sinnorientierungskrise. Gemeint ist Verschiedenes dabei: der Verlust einer gewissen theozentrischen Orientierung, der Verlust eines Gottes, der für einen verläßlich sorgt, besser als die konkreten Eltern, besser als die Mitmenschen, damit verbunden der Sinnverlust oder der Verlust von intensiven Gefühlen, der Verlust einer grundsätzlichen Geborgenheit im Leben. Aber auch Transzendenzverlust im Sinne des Gefangenseins in der Banalität des Alltäglichen.

Transzendenzverlust einerseits, ja – andererseits aber auch eine neue Transzendenzsuche: im «ultimativen Kick». Wenn es stimmt, daß es bei der Transzendenzsuche um die Intensität der Gefühle geht, dann besteht natürlich die Möglichkeit, daß man diese intensiven Gefühle nur konsumiert, dann müssen sie immer intensiver werden, weil man sich an sie gewöhnt. Das scheint heute unter anderem der Fall zu sein (Extremsportarten, wie etwa das Canyoning). Das ist allerdings von außen schwer zu beurteilen. Die Frage ist, ob diese erfahrenen Gefühle uns innerlich erreichen: ob sie bloß momentan erlebbar sind oder ob sie etwas in unserer Psyche auslösen, meistens im Sinne des Schöpferischen. Lösen sie einen Prozeß aus, dann brauchen sie sich nicht so rasch auf. Das Modell dafür wäre das Interesse: Interessieren wir uns wirklich für etwas, dann kommt uns in dem uns interessierenden Gegenstand eigentlich unsere Innenwelt entgegen. Gestalten wir das, was uns interessiert, dann gestalten wir auch uns selbst, und das, was uns interessiert, wird in der Regel noch interessanter, noch bedeutsamer – und wir brauchen nicht ständig neue und noch aufregendere Anreize, um uns «lebendig» zu fühlen und «Sinn» zu erfahren.

Die Sinnfrage

Solange das Leben als sinnvoll erlebt wird, stellen wir die Sinnfrage nicht.

Sinnverlust, Sinnkrise, Sinnmangel – das sind Schlagworte unserer Zeit. Reklamiert wird die Religion, die angeblich Sinn vermitteln soll. Solange Gott nicht tot war, hat sich die Sinnfrage nicht gestellt, seine Anwesenheit sorgte für die Abwesenheit einer Sinnproblematik.

Aber erleiden wir wirklich einen Sinnverlust? Norbert Bolz:

«Was manche als Sinnlosigkeit erfahren, ist nichts anderes als die Offenheit des Sinnhorizontes, die Fülle der Optionen … Und deshalb heißt ‹Sinnlosigkeit› eigentlich nur: leiden an der eigenen Freiheit, daß alles auch anders möglich wäre.»[11]

Das Problem des Sinnverlusts hat auch damit zu tun, daß wir so viele Möglichkeiten haben oder eine so große Differenz zwischen der Wirklichkeit und den Möglichkeiten.

Das mag ja so sein, es stellt sich dann allerdings die Frage, was das bedeutet. Es ist nicht nur ein Leiden an der Freiheit, es ist ein Leiden daran, nicht zu wissen, was man denn hätte wählen sollen, welcher Entwurf – aufs Ganze des Lebens und auf die Zukunft bezogen – denn der beste gewesen wäre. Und der «beste» in welchem Sinne? Vielleicht sind in meinem Leben plötzlich andere Werte tragend, meine Entschlüsse sind aber auf einen bestimmten Wert hin ausgerichtet. «Wer sagt mir?» Genau in diesem Satz, in diesem Sachverhalt, der mit diesem Satz ausgedrückt ist, ist das Problem verborgen: Wer sagt mir? Niemand. Kein Gott. Vielleicht die Medien? Nicht explizit natürlich, sondern implizit: Man entscheidet sich heute für ... Und gerade da kann dann das Elend beginnen. Was für das «Man» stimmen mag, und das «Man» ist niemand und Jedermann, mag für mich selber sinnentleert sein – auf jeden Fall werde ich in der Gefahr sein, wenn ich diesem Man folge, immer weniger mir selber gerecht zu werden, meinem Selbstsein, meiner eigenen Persönlichkeit. Und im übrigen sind die Medien auch postmodern: Sie geben uns viele Optionen und keine Erfolgsgarantie. Der Erfolg, das wäre das persönliche Sinnerleben.

Aber die zentrale Frage ist: Wie werden wir mit diesen vielen Optionen fertig? Denn letztlich ist es wahrscheinlich gar nicht so wichtig, welche Option wir ergriffen haben: Jede Option hat Vorteile und Nachteile, bringt einen bestimmten Lebensweg mit sich. Es ist wahrscheinlich viel wesentlicher, daß wir uns auf die Optionen, die wir gewählt haben, auch voll einlassen.[12]

Mir scheint bei diesem Erleben von Sinnlosigkeit angesichts von soviel möglichem Sinn aber noch die menschliche Gier zu bedenken zu sein: Wenn es schon soviel Sinn gibt, möchte man allen Sinn haben. Dadurch kann man sich nicht mehr einlassen auf einige wenige Sinnoptionen und verpaßt die Sinnerfahrungen erst recht. Keine dieser vielen, rasch ergriffenen Optionen bringt dann das ultimative Sinnerleben mit sich. Es ist, wie wenn Menschen vor einem riesigen Buffet mit herrlichsten Speisen stehen und einfach alle essen möchten. Meistens macht da der Magen nicht mit. Es ist vielleicht besser, sich auf die Wirklichkeit, «Wieviel kann ich essen?», statt sich auf die Möglichkeiten zu beziehen und die Wirklichkeit zu akzeptieren. Was lacht mich am meisten an, was läßt mir das Wasser im Mund zusammenlaufen, was löst Interesse in mir aus, Resonanz? Auch hier: Ohne das Wahrnehmen der Gefühle geht es nicht. So kommt man vielleicht vom Verschlingen von allem zum Genießen von Ausgewähltem. Anders geht es gar nicht. Aber da ist die Gier. Gierig sind Menschen, die hungrig sind und meinen, nicht gesättigt werden zu können. Es sind Menschen, die zu wenig bekommen haben, und die – vielleicht deshalb – nicht gelernt haben, sich selber zu sättigen.

Noch etwas anderes spielt eine Rolle: Wenn es keinen Gott gibt, dann sind jede und jeder ihres eigenen Glückes Schmied: Das fördert den Neid. Es ist zwar kindlich: Aber haben vielleicht die anderen nicht mehr vom Leben? Und vor lauter Gier nach mehr hat man dann irgendwann überhaupt nichts mehr.

In der Sehnsucht nach einem Sinn zeigt sich aber auch die Verzweiflung, daß das Absolute nicht mehr einfach vorzufinden ist: Wir finden Sinn nicht mehr einfach, sondern wir müssen uns Sinn schaffen. Wir finden nicht mehr einfach die Transzendenz, wir müssen uns die Transzendenz schaffen – und dennoch müssen sich Sinn und Transzendenz auch ereignen.

Es gibt natürlich auch in der heutigen Gesellschaft Erfahrungen von Sinngewißheit: eine geglückte Beziehung, die meistens auch eher glückt, wenn man die Wirklichkeit in den Vordergrund stellt und nicht die vielen idealen Möglichkeiten, geglückte Werke, Ganzheitserfahrungen in der Natur, im Zusammenhang mit Kunst usw.

Es ist zu folgern: Gibt es einen Gott, der für den Menschen verbindlich ist, so stellt sich offenbar die Sinnfrage nicht. Die Sinnfrage ist eine Folge des Transzendenzverlusts und der vielen Optionen im Leben – das hängt zusammen. Ist Transzendenz nicht mehr inhaltlich gebunden und ist sie eine anthropologische Kategorie, also «ein Muß des Menschen», stellt sich das Problem der Freiheit, das Problem der vielen Optionen, also eine große Öffnung des menschlichen Lebens, und damit auch die Angst vor der Freiheit.

Transzendenz und Freiheit

Transzendieren hat einerseits sehr viel damit zu tun, daß wir unser Ich aufgeben können und dennoch in voller Selbstgewißheit leben können. Wir öffnen uns einem größeren Ganzen, der Welt, den Mitmenschen, dem Unbewußten.

Transzendieren heißt andererseits aber auch, daß wir uns von einer emotionellen Besetztheit distanzieren können. Auch in unseren kognitiven Vollzügen transzendieren wir!

Das Transzendieren setzt Freiheit voraus – «Ich kann auch anders.» Wir können uns distanzieren von dem, was unmittelbar gegeben ist, wir können es verändern, schöpferisch sein, wir können uns aus gesetzmäßig gegebenen Abläufen ausklinken. Im Transzendieren realisieren wir aber auch menschliche Freiheit. Gerade in schöpferischen Akten transzendiert der Mensch sich als Geschöpf – er kann auch schöpferisch sein – und erhebt sich über Passivität und Geworfensein in einen Bereich von Aktivität und Freiheit.

Transzendenzsehnsucht

Beklagt wird in der postmodernen Gesellschaft nicht nur der Transzendenzverlust, sondern es wird auch eine große Transzendenzsehnsucht ausgemacht.

Das Bedeutende

Der Mensch hat vielleicht zunächst kein religiöses Bedürfnis, sondern er hat ein Bedürfnis danach, etwas Bedeutendes zu erleben, zu schaffen.

Wann nennen wir etwas «bedeutend»? Wenn es auf etwas hindeutet, wenn wir aufmerken, wenn etwas auf uns einwirkt, das zeitübergreifender und nicht nur für den Moment zu wirken scheint. Es hebt sich heraus aus dem Alltäglichen. Was sind denn so die bedeutsamen Momente in einem Leben? Die *highlights*? Bedeutende Momente sind Momente, an die man sich erinnert, sie deuten unser Leben. Das sind zum einen die Wegmarken, um die herum wir unsere Biographie erzählen, es sind zum anderen aber ganz verschwiegene Situationen, in denen wir uns eins fühlen mit der Natur, der Welt, dem Kosmos, es sind unsere mystischen Momente. Bedeutend mag ein Erleben von Natur sein: immer wieder neu die Weite und die Wildheit des Meeres, eine seltene Blume, verbunden mit dem Glück und der Fügung, sie gefunden zu haben, ein geliebter Mensch, der immer wieder auftaucht und Gefühle hellen Entzückens auslöst, die Geburt eines Menschen, der Tod eines Menschen, bekommen, verlieren. Bedeutsam heißt hier auch: mit Sinn erfüllt. Das Leben ist in den bedeutsamen Momenten als sinnerfülltes erlebbar – obwohl wir diese Momente nicht sinnerfüllt nennen würden, denn wir denken ja meist nicht gleich darüber nach. Diese Momente erfassen uns ganz – und verbinden uns zumindest unserem Leben als Ganzem, werfen eine Deutung auf unser Leben.

Die Transzendenzsehnsucht als solche wird oft projiziert: etwa auf mögliche Erlebnisse in fremden Ländern. Die Transzendenzsehnsucht kann von der Reisebranche sehr gut vermarktet werden. Die ganz andere Erfahrung, die man sich verspricht, die einen ganz und gar ein anderer oder eine andere sein läßt. Kommt man nach Hause, dann sagt man vielleicht: Ich habe nicht gefunden, was ich gesucht habe. Was aber hat man gesucht? Darauf kann man meistens keine Antwort geben, etwas diffus spürt man, daß man eben etwas anderes gesucht hat, es sind meistens Projektionen von großer Erfüllung, die man macht, die mit Absolutheit, Ganzheit, Verschmelzen mit einem größeren Ganzen zu tun haben. Das «ganz Andere» wird gesucht – und auch wenn wir die Phantasien über das ganz Andere zulassen, so ist es nie das ganz Andere, das wir meinen – es gibt dahinter immer noch ein ganz Anderes. Das heißt aber auch, wir sind letztlich auf eine Transzendenz hin angelegt, die immer auch geheimnisvoll bleibt. Die Projektionen aber auf das Alltagsleben, die greifen zu kurz. Vielleicht kann man das ganz Andere gar nie finden, aber immer suchen. Finden wir es aber in gewissen Momenten unseres Lebens – denn andauern wird diese Erfahrung nicht –, dann sind das Momente von «zeit- und selbstvergessener Hingerissenheit», wo «die Seele jählings von Licht erfüllt wird».

Die Sehnsucht nach dem Absoluten

Auch wenn die Transzendenz nicht mehr mit Gott gleichgesetzt wird, der Überstieg geht letztlich immer noch auf etwas Absolutes hin. Wobei dieses Absolute durch die Transzendierenden in der jeweiligen Gesellschaft immer auch wieder neu definiert wird. Etwa im «ultimativen Kick» der sogenannten Abenteuersportarten, wie dem Canyoning, das im letzten Sommer so vielen jungen Menschen das Leben gekostet hat. Was bringt es? «Ich spüre mich, wie ich mich sonst nie spüre, es ist einfach überbordende Vitalität, Seligkeit», so einer, der diese Sportart über alles liebt.

Bei der Sehnsucht nach dem Absoluten geht es um ein Übersteigen nach außen und nach innen – immer wieder mit einem Rückbezug auf das Selbstsein.

Scheler sprach in diesem Zusammenhang vom Menschen als dem «Gottsucher»[13]:

«Der Mensch ist der Träger einer Tendenz, welche alle möglichen Lebenswerte transzendiert und deren Richtung auf das ‹Göttliche› geht, oder kürzer gesagt: er ist der Gottsucher.»

Er meint damit nicht Gott im Sinne einer positiv bestimmten Realität, sondern «die Qualität des Göttlichen oder die Qualität des Heiligen».

Was heißt das?

Die Gottesvorstellung ist ein Symbol. Die Sehnsucht nach der Qualität des Göttlichen, nach der Qualität des Heiligen treibt den Menschen von einem narzißtischen Standpunkt weg und öffnet diesen, die Fixierung auf das Ego wird aufgehoben zugunsten einer Öffnung, einer Öffnung zu den Menschen hin, aber auch zu Erfahrungen in der eigenen Seele, die Ordnung, Zentrierung und Offenheit zu einem größeren Ganzen versprechen, Freiheit. Dieses Symbol, in der Jungschen Terminologie das Symbol des Selbst, ist wahrscheinlich die Grundlage für das Transzendierenmüssen des Menschen, ohne je an einem Ziel anzukommen. Deshalb ist es auch verständlich, daß das Reich des Lichts dann ins Jenseits projiziert wird – obwohl es durchaus diesseitig ist.

Die Gefühle, die in diesem Zusammenhang erlebt werden, sind religiöse Gefühle.

Religiöse Gefühle – religiöse Bedürfnisse

Religiöse Bedürfnisse gehören zum Wesen des Menschen. Aus der Geschichte der Kultur wird deutlich, daß der Mensch schon immer eine Beziehung hatte zu etwas, das ihn übersteigt, zu einem Absoluten hin. Das wird besonders in den Grenzerfahrungen des Lebens, wie Tod und Geburt, sichtbar. Der Mensch hat dieses religiöse Bedürfnis einfach, es ist archetypisch. Man kann nicht nicht religiös sein,[14] und das Absolute ist auf alle Lebensbereiche projizierbar: auf Macht, auf Sexualität, auf Geld, auf Natur usw. Alles kann im Grunde genommen «vergottet» werden und dann auch die totale Hingabe fordern.

Dadurch, daß die Transzendenz bei vielen Menschen immer noch mit «Gott» in Verbindung gebracht wird, den es für sie nicht gibt, gerät das Bedürfnis nach Transzendenz in den Schatten und wird projiziert und damit auch maskiert. Das Absolute, das Ganzmachende, das Heilmachende und die Beziehung dazu wird projiziert, dadurch entstehen Fundamentalismen, Absolutismen. Vieles wird absolut gesetzt: etwa eine Diät, die man am besten mit einer Gruppe Gleichgesinnter befolgt. Denn das große Ganze, dem man angehören möchte, wird leicht auf eine Gruppe projiziert. Die religiösen Rituale wurden und werden oft in einer Gemeinschaft vollzogen, und auch dieses fehlt heute weitgehend. Zwar schauen viele Menschen die gleichen Fernsehprogramme an, aber eben nicht gemeinsam. Emotional intensive Lebenssituationen, die gemeinsam erlebt werden, sind heute die Sportveranstaltungen: der Fußballplatz als die neue Kirche.

Die alte himmlische Seligkeit soll im Erdendasein sich verwirklichen lassen[15], die Transzendenz ist nicht mehr in der Vertikalen, sondern in der Horizontalen herzustellen. Wenn es keine Heilserwartung mehr gibt, dann muß man sich das Heil schaffen. Und viele «wissen» heute, wie das Heil zu schaffen und zu vermarkten ist, und noch mehr sind froh, wenn sie endlich jemanden gefunden haben, der oder die weiß, wie «es geht». Transzendenz wird so auch auf die Zukunft projiziert: Diese wird geradezu numinos: *fascinosum et tremendum* – wie früher Gott. Und wie man gut sein mußte, um vor einem Gott bestehen zu können, muß man jetzt immer besser sein, um dann irgendwann die gelobte Zukunft gut zu erreichen. Daß man damit ständig die Gegenwart entwertet, das, was ist, das, was wir schaffen, damit uns selbst – daran denken wir nicht.[16]

Wo also hin mit den religiösen Bedürfnissen? Wenn sie nicht projiziert sein sollen und wenn sie uns dazu verhelfen sollten, in einer wirklichen Gegenwart und nicht in einer möglichen Zukunft zu leben?

Die religiöse Erfahrung ist für Jung von großer Bedeutung. Wie wesentlich sie für ihn war, kann man dem folgenden Zitat entnehmen:

«Wenn wir die psychologische Struktur des religiösen, das heißt des ganzmachenden, heilenden, rettenden, allesumfassenden Erlebnisses zu definieren versuchen, so scheint die einfachste Formel … die folgende zu sein: *Im religiösen Erlebnis begegnet der Mensch einem seelisch übermächtigen Anderen.*»[17]

Und nur das Übermächtige, welchen Ausdruck es auch annimmt, fordert den Menschen als Ganzes heraus und zwingt ihn, «als Ganzheit zu reagieren»[18].

Als Ganzheit zu reagieren ist wohl das Äußerste, was ein Mensch zu tun vermag, und ist etwas, das dem Menschenleben die wesentlichste Sinnerfahrung und Existenzerfahrung vermittelt. Das kann man erleben, wenn etwas ganz Einschneidendes im Leben eines Menschen sich ereignet, etwa der Tod eines geliebten Menschen, und er trotz allem nicht untergeht, sondern ungeahnte Kräfte und Seiten nach und nach neben dem Schmerz sichtbar wer den. Erich Fromm sagte in diesem Zusammenhang: «Sich ganz zu geben ist der einzige Weg, selbst zu sein»[19] – eine wichtige Form der Transzendenzerfahrung.

Der äußeren Erfahrung, auch der wissenschaftlichen Erfahrung, muß in der Sicht von Jung eine innere Erfahrung entgegengestellt werden, und das ist die religiöse Erfahrung. Dabei sieht er das Unbewußte als eine zunächst faßbare Quelle religiöser Erfahrung, wendet sich aber dagegen, daß das Unbewußte «mit Gott identisch oder an Stelle Gottes gesetzt» wird.[20]

In seinem Alterswerk, dem *Mysterium Coniunctionis*, spricht Jung von der «religio» als einem ständigen Fließen des Interesses zum Unbewußten hin, eine Art von ständiger Aufmerksamkeit, die man auch Andacht nennen könnte und die es ermöglicht, daß unbewußte Inhalte leichter im Bewußtsein erfahren werden können.[21] Heute könnte man diese Aussage dahingehend ergänzen, daß das Fließen des Interesses vom Bewußtsein zum Unbewußten und vom Bewußtsein zur Welt hin sich ereignen sollte.

Die religiöse Erfahrung verbindet den Menschen einer Sphäre, die jenseits des Bewußtseins ist. Jung braucht dafür oft den Ausdruck: «empirisch-transzendent». Das Göttliche ist empirisch, denn es ist Inhalt der Erfahrung, es ist aber auch transzendent in dem Sinne, daß es eine Verbindung zu etwas ist, das über das Bewußtsein hinausgeht.

Lebendige Symbole

Die großen religiösen Symbole gehören zur Welt des kollektiven Bewußtseins und des kollektiven Unbewußten: Sie sind uns zugänglich und haben in sich eine Verbindung zum kollektiven Unbewußten, was auch wieder bedeutet, daß der Mensch eine Verbindung zu seinen Wurzeln und den Wurzeln des Menschseins hat. Die Erfahrung von religiösen Symbolen ist eine archetypische Erfahrung. Das heißt, in der Psyche konstellieren sich immer wieder jene Bilder, die man braucht, um chaotische Lebenssituationen zu überstehen, sehr oft sind es Bilder von Neuanfang (Schöpfungsmythen). Eine solche Verbindung könnte in einer Zeit der Orientierungslosigkeit, in einer Zeit, in der man sich fragt, was denn letztlich noch gültig ist, was trägt, sehr wichtig werden.

Was aber, wenn die Symbole nicht mehr lebendig sind, wenn sie uns eben nicht mehr unseren Wurzeln verbinden, wenn die religiösen Symbole Studien- oder Kunstobjekte geworden sind? Wenn sie nur noch intellektuelles oder ästhetisches Interesse zu wecken vermögen? In der analytischen Arbeit wird der Analysand oder die Analysandin daraufhin ausgerichtet, sich mit den Symbolen, die sich in der Psyche zeigen, zu konfrontieren, sie zu akzeptieren, sie zu meditieren und zu gestalten. Die Analyse muß zu den persönlich bedeutsamen Symbolen hinführen. Und diese können zu verschiedenen Zeitpunkten des Lebens verschieden sein. Und das, so sagt Jung, bedeute auch, daß der Mensch seine Seele wieder finde.

Was ist nun aber ein lebendiges Symbol?

Ein lebendiges Symbol ergreift einen Menschen emotionell, bedeutet etwas, gibt den Eindruck der Bezogenheit auf dieses Symbol, was immer auch ein Aspekt der Konzentration ist, und es stimuliert das Denken und die Phantasie, es weist in die Zukunft. Es will etwas vom Menschen, der dieses Symbol erlebt, oft die Gestaltung, oft die praktische Verwirklichung im gelebten Leben. Ein Symbol hat seine Zeit. Haben wir lange genug mit einem Symbol gelebt, dann tritt es in den Hintergrund, andere Symbole treten in den Vordergrund, sind emotionell bedeutsamer, bringen besser zum Ausdruck, welche Lebensthemen oder welche Menschheitsthemen im Moment aktuell sind. Nach Jung hat das lebendige Symbol «lebenerzeugende und -fördernde Wirkung»[22]. Die emotionale Ergriffenheit durch das Symbol wird in der Regel als «religiös» bezeichnet, und diese vermittelt auch die Sinnerfahrung. Der Mensch kann sehr viel durchstehen, wenn er den Eindruck hat, daß das, was er tut, Sinn hat. Jung: «Es ist Zweck und Bestreben der religiösen Symbole, dem menschlichen Leben Sinn zu verleihen.»[23]

Was muß aber geschehen, damit zum Beispiel aus einem Stein

ein beseelter Stein wird? Gibt es eine Möglichkeit, zu lebendigen Symbolen zu kommen, auch wenn sie einem nicht gerade aus den Träumen entgegenkommen?

Der Stein muß in Verbindung gebracht werden mit etwas Bedeutsamen im Leben, er muß in einem emotional bedeutsamen Kontext stehen; welche Emotion das ist, scheint weniger eine Rolle zu spielen. Diese Bedeutsamkeit können wir vorfinden, dann brauchen wir sie nur wahrzunehmen, oder aber wir können sie schaffen. Wir können um einen Stein herum unsere Phantasien weben, bis er in einem bedeutenden Kontext steht, und dann werden sich auch die Emotionen einstellen. So finden wir beseelte Steine in Irland, in der Bretagne, die in einem uralten religiösen Kontext stehen, zu denen wir in Beziehung treten. Spüren wir eine Resonanz in unserer Psyche, dann werden wir sie beseelt nennen, spüren wir keine, werden wir sie vielleicht mit Unverständnis betrachten. So gibt es auch beseelte Steine im persönlichen Leben, beseelt durch einen bestimmten emotionalen Kontext der Bedeutsamkeit, durch den Fundort, den damit verbundenen Lebenszusammenhang usw.

Unsere Psyche erlaubt es, lebendige Symbole zu schaffen. Und es wäre wohl sinnvoll, wenn wir Menschen uns über für uns lebendige Symbole mehr austauschen würden – das wäre eine Möglichkeit, der Symbolarmut entgegenzuwirken: uns gegenseitig mit lebendigen Symbolen anstecken. Vielleicht bietet in Zukunft auch das Internet einen Raum dafür.

Es ist nun aber nicht einfach so, daß man anstelle eines Gottes das Unbewußte setzen kann, daß man seine eigenen Träume und Phantasien konsumierend einfach so zu Sinnerfahrungen kommen könnte. Diese sind Folge einer intensiven, unermüdlichen Auseinandersetzung zwischen dem Bewußtsein und dem Unbewußten – und wenn man Glück hat, dann ereignet sich immer einmal wieder so etwas wie Sinnerfahrung. Dabei sind natürlich Techniken ein Gewinn, die helfen, sich dem Unbewußten gegenüber zu öffnen, wie Imagination, Meditation und alle Arten von Konzentrationsübungen, Methoden, die dem Unbewußten Gelegenheit geben, sich auszudrücken, wie Malen, Musik usw. Aber sie sind nicht das Ziel.

Zusammenfassende Thesen

Wir Menschen können und müssen transzendieren. So sagt Scheler: «Er (der Mensch) ist ein Ding, das *sich selbst und sein Leben und alles Leben transzendiert.* Sein Wesenskern … ist eben jene Bewegung.»[24] Das ist natürlich auch der Grund, warum Menschen ständig alles Mögliche erfinden, immer noch weiter gehen, weiter gehen müssen.

In diesem Bedürfnis nach Transzendenz liegen Wurzeln der Kunst, der Religion, der materiellen Produktion, der Liebe, der Bezogenheit unter Menschen, auch weltweit.

Der Mensch muß über sich hinausgehen und sich dabei ganz einlassen, um ganz Mensch zu werden.

Dadurch aber, daß wir mit dem Wort Transzendenz meistens die ganz große Transzendenz verbinden, werden die Möglichkeiten des alltäglichen Transzendierens für diese Erfahrung des Absoluten entwertet. Dabei läge gerade im alltäglichen Transzendieren der Rohstoff für Erfahrungen des Absoluten. Wie wäre es, wenn wir in der Beziehung zu einem Du dieses Du ab und zu als «absolutes Du» sehen würden?

Was bringt die Anthropologisierung der Transzendenz? Die Unsicherheit des Menschen wird akzeptiert. Dem Menschen eröffnet sich ein großer Horizont von Möglichkeiten, die er ergreifen kann und die die Intensität der Selbsterfahrung steigern. Die großen alten Gottessymbole können in veränderter Form in der eigenen Psyche wiederentdeckt werden. Die Projektionen der alten großen Transzendenz auf Innerweltliches müssen enttarnt werden. Transzendenz nach außen und nach innen ist möglich. Aber es braucht die Konzentration auf das, was jetzt Resonanz auslöst in uns, jetzt, in der Gegenwart, und die Hingabe daran. Und dazu braucht es eine Kultur des Umgangs mit Gefühlen, so daß wir auch mit intensiven Gefühlen umzugehen lernen, und es braucht eine Wertschätzung der Gefühle. Und dann mag es sich ereignen: das Lebendigsein, wo die Seele jählings von Licht erfüllt wird.

Anmerkungen

1 Holzhey Helmut (1979) Transzendenz. In: Condrau Gion (Hg) (1979) Transzendenz, Imagination und Kreativität. Die Psychologie des 20. Jahrhunderts, Band XV, Kindler, Zürich, S. 9.

2 von Uslar Detlev (1999) Was ist Seele? Königshausen & Neumann, Würzburg, S. 9.

3 Hoffmeister Johannes (1955) Wörterbuch der Philosophie. Felix Meiner, Hamburg.

4 Gabriel Marcel (1992, 1949/1950) Das Verlangen nach Transzendenz. In: Gabriel Marcel, Werkauswahl, Band I, Hoffnung in einer zerbrochenen Welt? Ferdinand Schöningh, Paderborn.

5 von Uslar Detlev (1984) Konzepte des Psychischen in der Geschichte des Abendländischen Denkens. In: Kindlers Enzyklopädie Der Mensch, Band IV, Kindler, Zürich.

6 Vgl. Holzhey (s. Anm. 1) S. 7–42.

7 Gross Peter (1994) Die Multioptionsgesellschaft. Edition Suhrkamp, Frankfurt/M.

8 Keller Wilhelm (1975) Philosophische Anthropologie – Psychologie – Transzendenz. In: Gadamer Hans-Georg, Vogler Paul (Hg) (1975) Philosophische Anthropologie, Erster Teil, Thieme, Stuttgart, S. 3–43.

9 Feuerbach Anselm, in Holzhey (s. Anm. 1) S. 20.

10 Nonhoff Winfried (1998): Hingerissen in jenen kostbaren Augenblicken – In: Publik-Forum Extra (1998) Verzaubert vom Unbekannten, S. 6 f.

11 Bolz Norbert, zitiert in Weis Hans-Willi (1998) Exodus ins Ego. Benziger, Zürich, Düsseldorf, S. 105.

12 Psychologisch gesehen können wir unter den verschiedenen Optionen nur gemäß unseren Komplexen, und die bestimmen die Wahrnehmung, auswählen. Also ganz falsch kann unsere Wahl nicht sein – aber mehr oder weniger mühsam. Nehmen wir einmal an, jemand trifft alle Entscheidungen aus narzißtischen Motiven heraus: das wird immer unbefriedigend sein, denn die narzißtische Befriedigung wird sich nicht einstellen. – Aber das ist dann letztlich das Thema, an dem dieser Mensch arbeiten wird, arbeiten muß.

13 Scheler Max (1980) Der Formalismus in der Ethik und die materiale Wertethik. Francke, Bern, München, S. 296.

14 Gross Peter (s. Anm. 7) S. 248.

15 Ebd., S. 371.

16 Ebd., S. 405.

17 Jung Carl Gustav, Ein moderner Mythus, in: GW 10, § 655.

18 Ebd.

19 Fromm Erich, GW 9, S. 387.

20 Jung Carl Gustav, Gegenwart und Zukunft, in: GW 10, § 565.

21 Jung Carl Gustav, Mysterium Coniunctionis, in: GW 14/1 § 186.

22 Jung Carl Gustav, Definitionen, in: GW 6 (17. Aufl 1994), § 824.

23 Jung Carl Gustav, Die Funktion religiöser Symbole, in: GW 18/I, § 567.

24 Scheler Max (s. Anm. 13) S. 293.

Wolfgang Paetzold

Psyche und Transzendenz im gesellschaftlichen Spannungsfeld heute*

1. Transzendenz und Psychologismus

«Es ist ein Irrtum, bei der Erkenntnis des Menschen zu verfahren, als ob alle Erkenntnisse von ihm auf einer Ebene lägen, als ob wir den Menschen als Gegenstand vor uns hätten, der einer sei und dessen Sein in seinen Ursachen und Wirkungen wir als Ganzes erkennten» (Karl Jaspers)[1].

Je nach Charakterstruktur und lebensgeschichtlicher Erfahrung orientiert sich der Einzelne entlang des ihm von seiner Kultur zur Verfügung gestellten metaphysischen Koordinatensystems. Er variiert für sich innerhalb der gesellschaftlich erlaubten Toleranzbreite die Koordinaten Immanenz und Transzendenz, deistische Personalität, pantheistische Apersonalität, skeptizistischen Agnostizismus und atheistischen Materialismus. Je nachdem wie permissiv oder restriktiv die Gesellschaft sich in ihren metaphysischen Angeboten verhält, verläuft diese Orientierung mehr oder weniger erfolgreich.

Häufig wird die dreifache narzißtische Kränkung des Menschen durch die Moderne betont: Kopernikus, Darwin und Freud rückten den Menschen aus seiner anthropozentrischen Sonderstellung, die mangelnde metaphysische Geborgenheit in Folge der Aufklärung verstärkte diese Verunsicherung. Denn trotz der Schuld- und Sühnethematik der christlichen Kultur ist nicht zu übersehen: Religion stellt den Selbstwert, die narzißtische Homöostase des Menschen sicher, der ansonsten sinnlos in dem, was er als All beschreibt, verlorenginge. Deutlich zeigt sich dieser Unterschied im Vergleich

zwischen Schopenhauer und dem sufistischen Mystiker Al Ghasali. Zunächst Schopenhauer[2]:

«Im unendlichen Raum zahllose leuchtende Kugeln, um jede von welchen
etwan ein Dutzend kleinerer, beleuchteter sich wälzt, die inwendig heiß,
mit erstarrter, kalter Rinde überzogen sind, auf der ein Schimmelüberzug
lebende und erkennende Wesen erzeugt hat; – dies ist die empirische
Wahrheit, das Reale, die Welt. Jedoch ist es für ein denkendes Wesen eine
mißliche Lage, auf einer jener zahllosen im gränzenlosen Raum frei
schwebenden Kugeln zu stehen, ohne zu wissen woher noch wohin, und
nur Eines zu seyn von unzählbaren ähnlichen Wesen, die sich drängen,
treiben, quälen, rastlos und schnell entstehend und vergehend, in anfangs-
und endloser Zeit: dabei nichts Beharrliches, als allein die Materie und die
Wiederkehr der selben, verschiedenen, organischen Formen, mittelst ge-
wisser Wege und Kanäle, die nun ein Mal da sind.»

Al Ghasali, ein islamischer Philosoph und Sufi, der als Kenner
der entindividualisierten metaphysischen und kosmologischen
Theorien des Hellenismus galt, führt dagegen an[3]:

«Wisse: Der Mensch ist nicht zum Scherz und für nichts erschaffen, sondern hoch ist sein Wert und groß seine Würde. Wohl ist er nicht von Ewigkeit her, aber für die Ewigkeit ist er bestimmt; wohl ist sein Leib irdisch
und von der niederen Welt, doch sein Geist ist aus der oberen Welt und
göttlich (…).»

Es stellt sich jedoch die Frage, ob das metaphysische Bedürfnis
durch die psychodynamische oder charakterologische Verortung
ausreichend erklärt ist. Die Frage nach der Motivation mag von
unsystematischem Denken mit der Frage nach der Begründung
gleichgesetzt werden. Das Motiv einer Frage gefunden zu haben,
beantwortet jedoch noch nicht die Frage selbst. Die Frage des
Kindes, «Wo werde ich sein, wenn ich sterbe?», läßt sich zwar aus
der offenen und suchenden Konstitution des Kindes erklären. Die
Suche nach dem kindlichen Motiv schützt jedoch nicht vor dem
Dilemma der richtigen Antwort: «Du wirst sein, du wirst nicht
sein», oder: «Ich weiß nicht, was sein wird.» So wie im Alltags-

leben die Psychologisierung des Anderen vor den Zumutungen seines Handelns schützt und ihn aus der Gleichberechtigung drängt, sobald der Psychologisierende für sich Deutungsmacht behauptet, so schützt im metatheoretischen Raum die Psychologisierung der metaphysischen Fragen vor den Zumutungen, die metaphysisches Denken an die Existenz des Einzelnen nach wie vor richtet.

Der Psychologismus der Moderne geht von der Ansicht aus, daß wahr jenes Denken sei, welches demjenigen Denken folgt, das nach den Gesetzen der psychologischen Ursachen als normal (ethische Wertung oder statistische Definition) und als richtig (erkenntnistheoretische Setzung) bezeichnet wird. Wenn diese Setzung oder Wertung nicht als relativ und vor allem reduktionistisch erkannt, sondern für den letzten Kenntnisstand gehalten wird, kann sie unwissentlich zum wissenschaftlichen Dogma werden. Dies gilt zum Beispiel für den Bereich der Humanmedizin. Da der reduktionistische Charakter in der naturwissenschaftlichen Basisausbildung nicht transparent wird – das Modell ist nie die Wirklichkeit, sondern nur ein *tertium comparationis* –, kann bei der Beschäftigung mit geisteswissenschaftlicher Materie die notwendige relativistische Flexibilität erst recht nicht gelingen.

Für transzendente Erfahrungssuche gab es seit jeher unterschiedliche psychologische Begründungen (zum Beispiel narzißtische Selbststabilisierung, schizoide Neigung zur Abstraktion und anderes). Diese Begründungen sind interessant, liefern jedoch keine inhaltlich neuen Auskünfte, solange sie Transzendenz und Psyche nur in ihrem formalen Verhältnis zueinander sehen. Die Frage «*Warum* geschieht transzendente Erfahrung?» ist für die vorliegende Arbeit nicht die primäre Frage. Sie würde die Gefahr zu groß werden lassen, nur das wiederzufinden, was der Fragende an Wissen an sie heranträgt. Beantwortet werden soll vielmehr die Frage «*Wie* geschieht transzendente Erfahrung?» Beides sind intrapsychische Fragestellungen, die erste fragt nach der Ursache, die zweite nach der konkreten Realisation heute.

Im folgenden wird versucht, sich den Begriffen Transzendenz

und Psyche von zwei Seiten zu nähern. Um zu beantworten, wie transzendente Erfahrung heute gelebt wird, soll zunächst ein empirischer Teil der Arbeit den heutigen Gebrauch des Begriffes veranschaulichen (Teil 2). In Verbindung mit diesen empirischen Ergebnissen soll im Hauptteil der Arbeit der versteckte transzendente Gehalt gegenwärtiger gesellschaftlicher Erscheinungen verdeutlicht werden und aufgezeigt werden, welche destruktiven und gelingenden Anteile damit verbunden sind (Teil 5). Bevor dies möglich wird, ist es jedoch notwendig, einige Begriffe kurz anhand ihrer wechselnden philosophiegeschichtlichen Bedeutung zu beschreiben (Teil 3), damit entschieden werden kann, in welchem theoretischen Zusammenhang sie in dieser Arbeit Verwendung finden (Teil 4). Der Autor hofft, den Leser für diese Mühen der Ebene im Hauptteil der Arbeit ausreichend zu entlohnen.

2. Eine kleine Empirie

Es ist ebenso wenig möglich, den theoretischen Begriff Transzendenz durch Empirie inhaltlich zu erfassen, wie auch eine rein induktiv vorgehende Erforschung des Begriffes Psyche zum Scheitern im Fragment verurteilt wäre. Es ist jedoch durchaus möglich, die gegenwärtige Verwendung des Wortes zu untersuchen, um diese später dem Spektrum von Verwendungsmöglichkeiten gegenüberzustellen. So läßt sich das Verhältnis von Gebrauchtem (Transzendenz) und Gebrauchendem (Psyche, Gesellschaft) beschreiben.

Es wurde versucht zu bestimmen, in welchem thematischen Zusammenhang der Begriff Transzendenz in den fünf Publikationen *Frankfurter Allgemeine Zeitung* (FAZ), *Süddeutsche Zeitung* (SZ), *Frankfurter Rundschau* (FR), *FOCUS* und *DIE ZEIT* erschien. Für den Zeitraum vom 01.01.1999 bis zum 31.03.1999 wurden mittels EDV-gestützter Stichwortsuche im Hausarchiv einer Tageszeitung 17 Artikel ermittelt, in denen der Begriff ein- oder mehrmals Verwendung fand. Die deskriptive Statistik zeigt folgendes Bild: Entsprechend dem differierenden redaktionellen Anspruch verteilten sich die Publikationen unregelmäßig auf die jeweiligen Zeitungen beziehungsweise Zeitschriften. Von den 17 Artikeln fanden sich fünf in der ZEIT, fünf in der FAZ, je drei in der FR und SZ sowie ein Artikel im FOCUS. Der Begriff Transzendenz wurde nur als Substantiv in die Suchfunktion eingegeben. Vorhergehende Stichproben ergaben, daß der Begriff in seiner adjektivischen oder adverbialen Verwendung eine Aufweichung erfährt, die der Fragestellung nicht gerecht wird. Alle Artikel konnten eindeutig einer der im folgenden genannten thematischen Rubriken zugeordnet werden. Nur bei einer umfangreicheren Arbeit[4], einer Rezension mehrerer Bücher, kam der Begriff Transzendenz in zwei gesonderten Themenzusammenhängen vor (gekennzeichnet durch 4a und 4b). Vor der Zuordnung wurden die thematischen Rubriken «Philosophie», «Religion» und «Kunst» definiert. Andere möglichen Rubriken wie «Gesellschaft» oder «Medizin» hätten jeweils nur Teilaspekte des thematischen Zusammenhangs erfaßt, auf sie konnte daher verzichtet werden. Als Ergebnis zeigte sich: Auf «Philosophie»[4a, 5, 6, 7, 8] und Religion[4b, 9, 10] entfielen nur 7 der 17 Artikel, die übrigen 10 Publikationen konnten zweifelsfrei dem Bereich «Kunst» zugeordnet werden. Dabei beanspruchte der Bereich Film- und Videokunst mit 6 Veröffentlichungen[11, 12, 13, 14, 15, 16] den Großteil der Nennungen für sich, der Bereich Theater wurde zweimal mit Transzendenz in Verbindung gebracht[17, 18], bildende Kunst[19] und Musik[20] wurden je einmal genannt. In den meisten Artikeln nimmt der Begriff Transzendenz eine wichtige Rolle als vermittelnder Schlüsselbegriff ein.

Aus der Stichprobe kann zwar nur bedingt auf die Grundgesamtheit aller Publikationen geschlossen werden. Dennoch läßt sich vermuten: Dem öffentlichen Diskurs folgend, findet die Vermittlung von Transzendenz zu einem wesentlichen Teil im Bereich der Kunst, der Ästhetik, statt. Wie ist diese ästhetische Vermittlung von Transzendenz zu verstehen, und wo ist sie zu finden? Welche Bereiche transzendenter Erfahrung lassen sich jenseits des klassischen philosophisch-religiösen Wertekanons ausfindig machen?

Und lassen sich Kriterien für ein Gelingen oder Mißlingen dieser Erfahrung finden? Vor Beantwortung dieser Fragen ist zunächst noch eine kurze Arbeit am Begriff hilfreich.

3. Notwendige Definitionen

In der wörtlichen Übersetzung bedeutet Transzendenz «Übersteigung» oder «Überstieg». Die philosophische Bedeutung des Begriffs ist je nach Textzusammenhang durchaus unterschiedlich. Erkenntnistheoretisch bedeutet Transzendenz zunächst Unabhängigkeit vom Bewußtsein. Der Gegenstand zeigt sich nicht als vom Bewußtsein geschaffen, gesetzt. Für diese Begriffswahl verhält sich schon die Außenwelt zur Bewußtseinswelt transzendent. Auf das psychische Binnenleben bezogen, läßt die Definition von Bewußtsein als dem Wissen um das eigene Sein die Frage zu, inwieweit im Rahmen dieses erkenntnistheoretischen Transzendenzbegriffs nicht bereits der Traum und auch das unbewußte Erleben im tiefenpsychologischen Sinn der Transzendenz zuzuordnen sind. Dies erscheint der Definition nach zwar als möglich, klingt jedoch befremdlich und entspricht nicht dem aufgeklärten abendländischen *common sense*. In anderen Kulturen *ist* Traumerfahrung jedoch Tranzendenzerfahrung. Der Traum *ist* göttliche Welt, oder auch umgekehrt *ist* unsere Welt die transzendente, göttliche, geträumte Welt. Das schönste Gleichnis dieser Antinomie findet sich im Schmetterlingstraum des Tschuang-Tse[21]:

«Ich, Tschuang-Tschou, träumte einst, ich sei ein Schmetterling, ein hin und her flatternder Schmetterling, ohne Sorge und Wunsch, meines Menschenwesens unbewußt. Plötzlich erwachte ich; und da lag ich: wieder ‹ich selbst›. Nun weiß ich nicht: war ich da ein Mensch, der träumt, er sei ein Schmetterling, oder bin ich jetzt ein Schmetterling, der träumt, er sei ein Mensch? Zwischen Mensch und Schmetterling ist eine Schranke. Der Übergang Wandlung genannt.»

Nach dem Film *Wo die grünen Ameisen träumen* von Werner Herzog ist die Welt laut einem Mythos der australischen Aborigines der Traum von Ameisen, die nicht geweckt werden dürfen, um den Traum nicht zu durchbrechen. Als Traummetapher der Moderne zeigt der Film *Die Truman-Show* (1999) das Leben des Protagonisten, das – statt vermeintlich authentisch – nur Darstellung und virtuelle Welt eines voyeuristischen Show-Programmes ist. Dieses wird von einem Millionenpublikum verfolgt, welches in einer doppelten Brechung wiederum der Kinozuschauer beobachtet, der daraufhin ins Grübeln geraten könnte: Außenwelt, unabhängig vom Bewußtsein, gerät zum paranoiden Alptraum. Als weiteres, real sich entwickelndes Bewußtsein wird von manchen das globale, sich selbst organisierende, möglicherweise in naher Zukunft selbstreflexive Internet angesehen.

Mit dem Traum und der virtuellen Welt wären transzendente Welten also bereits gegeben, doch widersprechen diese Zuordnungen derjenigen europäischen metaphysischen Tradition, die Transzendenz nicht nur als Unabhängigkeit vom Bewußtsein definiert, sondern neben der Übersinnlichkeit der Transzendenz vor allem deren Unerfahrbarkeit fordert. Trotz der transzendenten Vermittlerrolle des Traumes zwischen Mensch und Gott in der Bibel, hatte der Traum aufgrund dieser philosophischen Inkongruenz keinen bedeutsamen Platz im mittelalterlichen scholastischen Begriffsinventar. Denken, das auf das Unerfahrbare gerichtet ist, heißt Spekulation. Je nach philosophischem Standpunkt ist spekulatives Denken entweder Kern der Philosophie oder Sündenfall der Philosophie. Spekulatives Denken faßt den Begriff der Transzendenz weiter als rein erkenntnistheoretisches Denken. Spekulatives Denken findet Transzendenz in der Seinsordnung als «Überweltlichkeit». Die Seele oder Psyche des Menschen könne daran teilhaben, da sie durch ihre Geistigkeit die sichtbare Welt übersteige[22]. Gegen diesen metaphysisch-theologischen Standpunkt setzt Karl Jaspers in seiner Existenzphilosophie:

«Das Umgreifende zum Gegenstand zu machen und wieder als etwas Erkennbares zu behandeln, ist eine Grundverkehrung unseres Denkens.»[23]

Dennoch sei die Beschäftigung damit nicht sinnlos, denn «unser Denken kann mehr berühren und vergegenwärtigen, als es zum Objekt der Erkenntnis machen kann. Diese Vergegenwärtigung vermehrt nicht das Wissen von Gegenständen, sondern lehrt uns, den Sinn und die Verwendbarkeit dieses Wissens in seinen Grenzen zu sehen» (ebenda).

Existenzerhellung durch die Grenzerfahrung der Überweltlichkeit, des Umgreifenden – dieses Programm reichte der theologischen Metaphysik nicht aus. Das abendländische metaphysische Denken mußte in der hellenistischen Tradition zunächst die Spannung zwischen immanentem und transzendentem Gottesbegriff austragen: Während die stoische Philosophie Immanenz postulierte, also das völlige Aufgehen Gottes in der Welt, behauptete die platonisch-aristotelische Tradition die Transzendenz Gottes, im Sinne einer reinen Geistigkeit und völligen Trennung von der Welt. Probleme bereitete der neu-platonischen Philosophie nun, wie sich die Wirkung des Göttlichen auf die Materie vermittele. Einerseits wurde versucht, Zwischenstufen zu etablieren, andererseits wurde der Gottesbegriff selbst zunehmend abstrakter und eigenschaftslos, um zur Sicherung der Trennungstheorie dem Begriff des Göttlichen keine Welthaltigkeit zuzuschreiben. Im Sinne einer negativen Theologie definierte Philon Gott als eigenschaftslos, und Plotin sah nur noch reine Transzendenz, namenlos, gestaltlos ohne Bewußtsein und Tätigkeit, jenseits alles Geistigen, jenseits allen Seins. Einzig der Begriff des Unendlichen blieb als höchste Eigenschaft des Metaphysischen oder Göttlichen noch übrig[24]. Die Erfolgsgeschichte der christlichen Metaphysik ist nun eng mit diesem Verwehen des metaphysischen Erlebens im Unendlichen verbunden. Die christliche Lehre verweigert die absolute Abstraktion. Als reiner Geist sei das Transzendente ein persönliches Wesen, mit dem der Mensch in eine persönliche Beziehung treten kann. Mit dieser Formel wurde eine Vermittlung von Immanenz und Transzendenz versucht. Dadurch gelang es der christlichen Lehre, trotz der archaischen Didaktik ihrer Urtexte, die hellenistischen Gebildeten aufzufangen und einzunehmen, die der herrlichen, aber unpersönlichen Konstrukte müde geworden waren. So berichtet Augustinus erleichtert[25]:

«Die platonischen Bücher hatten mich aufgefordert, die unkörperliche Wahrheit zu suchen. Mit dem Geist erfaßte ich jetzt dein Unsichtbares auf dem Weg über das, was gemacht ist; aber zurückgestoßen erfuhr ich auch, was anzuschauen mir die Finsternis meiner Seele noch verwehrte. Ich wußte nun mit Gewißheit, daß du bist und daß du unendlich bist, ohne über endliche oder unendliche Räume ausgegossen zu sein (...).»

Die psychische Geborgenheit, die die christliche Kirche gegen die Kälte der Abstraktion setzte, konnte in den folgenden Jahrhunderten jedoch nicht darüber hinwegtäuschen: Es war bereits einmal weiter gedacht worden. Das ungeklärte Verhältnis von Immanenz und Transzendenz, das persönliche Verhältnis zu Gott – die Schwäche dieser Metapher machte das Dogma notwendig und den Scheiterhaufen.

4. Transzendenz, Psyche und ästhetische Erfahrung

Im zweiten Teil dieser Arbeit wurde gezeigt, daß der Begriff Transzendenz heute zu einem wesentlichen Teil im Bereich der Kunst, der Ästhetik diskutiert und verhandelt wird. Wie läßt sich für diesen Bereich das Vermittlungsproblem beschreiben? Wir sahen, daß die Frage der Verbindung von Sein und Seiendem, von Gott und Mensch als Kernproblem der hellenistischen Philosophie auch der mittelalterlichen Scholastik erhalten blieb. Als hilfreiche Bestimmungen gibt uns die scholastische Metaphysik nun die Transzendentalien an die Hand. Transzendentalien werden als unmittelbar aus dem Wesen des Seins folgend gedacht. Damit können sie die Funktion übernehmen, zwischen absolutem Sein und dem Seienden zu vermitteln. Schon Thomas von Aquin hat als Transzendentalien

Einheit, Wahrheit und Gutheit bestimmt. Die Einheit ist Garant des Absoluten, Wahrheit und Gutheit bestimmen den Wert. In neuerer Zeit wurde die Transzendentalie Schönheit hinzugefügt, die den in sich ruhenden Zusammenhang von Einheit, Wahrheit und Gutheit garantiert. «In der Schönheit kommen das Sein und der Geist zur Ruhe, weil sie sich vollkommen selbst gefunden haben.»[26] Nun ist der Begriff Schönheit nicht immer oberstes Ziel im Wertekanon der heutigen Kunst. Doch sobald von Transzendenz die Rede ist – dies zeigte sich auch bei der inhaltlichen Analyse der in Teil 2 genannten Artikel –, geht es in der Tat um Einheitserleben, um Wert (unmodern: Wahrheit und Gutheit), um die Ruhe der Seele, der Psyche, die Ruhe des Geistigen im Sein der Welt. Der Begriff Schönheit wird oft leicht denunziatorisch in die Nähe von Unechtheit und Kitsch gerückt. Die Wahrnehmung der Welt ist nicht mehr ungebrochen, und der Sprachgebrauch favorisiert für den Bereich des Künstlerischen daher den Begriff Ästhetik. Das Gebrochene, wenn es auch nicht «schön» ist, darf ästhetisch sein. Auch die Grenzerfahrungen von Traum, Rausch, mystischer Ekstase und Meditation, die wiederum in anderen Kulturen als Königsweg zu transzendenter Erfahrung gelten, lassen sich eher dem Bereich Ästhetik zuordnen. Es handelt sich bei diesen Wegen nicht um Theorien der Transzendenz, sondern um transzendente Praktiken: Diese zeigen sich in den Weltreligionen in unterschiedlichsten Traditionen, so im Sufismus des Islam, im Buddhismus (transzendent vor allem im Mahayana-Buddhismus und Tantra), in den schamanistischen Naturreligionen und im ekstatischen katholischen Mystizismus.

Auch in Nietzsches Ästhetik zeigt sich eine ähnliche Zweiteilung: Auf der einen Seite stehe die Schönheit des abgegrenzten, klaren Appollinischen, auf der anderen Seite die Erfahrung des unabgegrenzten, rauschhaften, ich-vergessenen Dionysischen, schreibt er in seinem Frühwerk *Die Geburt der Tragödie aus dem Geiste der Musik.* Die Metaphysik der Kunst liege darin, daß nur als ästhetisches Phänomen das Dasein und die Welt ewig gerechtfertigt sei, der Künstler sei apollinischer Traumkünstler oder dionysischer Rauschkünstler, und erst die Vereinigung beider Zustände erlaube ihm, daß sich «sein eigener Zustand, d.h. seine Einheit mit dem innersten Grund der Welt *in einem gleichnisartigen Traumbilde* offenbart»[27]. Dieses Erleben erscheint bei Nietzsche nun primär als eine immanente Seinserfahrung. Können diese seelischen Grenzzustände aber ohne weiteres in einen transzendenten Zusammenhang gebracht werden? Wie wir sahen, ist der Transzendenzbegriff kontextabhängig. Was Transzendenz im Kontext des Psychischen bedeuten soll, ist damit zugleich eine Funktion dessen, was jeweils den Begriff von Psyche ausmacht. Der moderne Begriff von Psyche hat nicht mehr viel mit der aristotelischen Entelechie, dem Lebensprinzip, der Lebensseele gemein. Die Entelechie, der Kern und Grund aller Vitalität, die das Organische zielgerichtet belebende Idee, war Basis des scholastischen Seelenbegriffes. Aus diesem leitete sich der aufgeklärte Begriff von Psyche ab – dessen Zentralbegriffe waren Bewußtsein, Selbstreflexivität, Vernunft und auch freier Wille –, weiterhin derjenige psychologische Seelenbegriff, der im Seelischen die Zusammenfassung und Einheit aller ich-generierenden Prozesse sieht.

Die Idee von der Einheit des Ichs, des Psychischen, war jedoch noch nie konsensfähig. So wurde im Buddhismus und in der Philosophie Schopenhauers, in der Aktualitätsphilosophie Wundts und Bergsons und in Nietzsches Psychologie der fragmentarische, prozeßhafte Charakter des Psychischen betont. Mit Nietzsche und Freud wurde die selbst-bewußte Ich-Einheit wieder mit ihrem vegetativ-vitalen, sinnenhaften Gedächtnis verbunden, eine Zuordnung, die durch die Neurophysiologie später bestätigt wurde. Historisch gesehen erfuhr der Begriff Psyche im westlichen Kulturkreis also zunächst eine Einengung, um anschließend wieder erweitert zu werden. Als Folge dieser ideengeschichtlichen Relativität des Begriffs Psyche kann letztlich unter Transzendenz nun jeder Prozeß verstanden werden, der über die Grenzen des engen Ich-Begriffs hinausführt, und – nach Ken Wilber in einer «Evolution des Bewußtseins» – zu einer zunehmenden Erweiterung der Erfahrung führt. Wilber schreibt[28], im Sinne eines Kontinuums seien therapeutische und religiöse Techniken in der Lage, zunehmend die Grenzerfahrungen zu erweitern, die Grenzen abzubauen, zunächst zwischen dem Ich und den Schattenaspekten der Psyche, zwischen dem Körper und der Psyche, weiterhin zwischen dem Gesamtorganismus und den transpersonalen Bereichen, bis hin zum Aufgehen des Ichs im transzendenten mystischen Einheitsbewußtsein.

Aus der Sicht der Psyche ist der beschriebene Entwicklungsweg immer Transzendenz, aus der Annahme eines von der Welt getrennten göttlichen Seins immer Immanenz, solange die «letzte Seinserfahrung» nicht berührt wird. Der Umschlagpunkt von Immanenz in Transzendenz wechselt also je nach metaphysischem Standpunkt des Betrachters. Die Unterscheidung macht jedoch nur aus interpsychischer theoretischer Sicht Sinn. Aus der Sicht der intrapsychischen individuellen Erfahrung gehen immanente und transzendente Praxis ineinander über. Ich-auflösende «dionysische» ästhetische Praxis kann daher dann als transzendente Praxis gelten, wenn mit der Auflösung des Ichs im Rausch, in der Trance, im Traum und in der Meditation die Vermittlung von ich-überschreitenden Aspekten von Welt oder Sein gelingt.

5. Transzendente Praxis in der Borderline-Gesellschaft: Engel, Raves und anderer postmoderner Bedarf

«Wer wenn ich schriee, hörte mich denn aus der Engel
Ordnungen? Und gesetzt selbst, es nähme
Einer mich plötzlich ans Herz: ich verginge von seinem
stärkeren Dasein. Denn das Schöne ist nichts
als des Schrecklichen Anfang, den wir noch grade ertragen,
und wir bewundern es so, weil es gelassen verschmäht,
uns zu zerstören. Ein jeder Engel ist schrecklich.»
(Rainer-Maria Rilke)[29]

Wo realisiert sich nun transzendente Erfahrung in den gesellschaftlichen Moden und Ausdrucksformen, in der gesellschaftlichen Ästhetik? Und handelt es sich hierbei um gelungene oder mißlungene transzendente Praxis? Die Kirchen stehen heute leer, zumindest in Mitteleuropa, und das amerikanische Nachrichten-magazin *Newsweek* fragt auf einem Titelblatt[30]: «IS GOD DEAD? In Western Europe, It Sure Can Look That Way».

Was ist zu beobachten in *Western Europe*? Die Tempel sind zum Bersten gefüllt, doch sind die Tempel unserer Zeit die Stadien des Sports und der Musik. In ihnen werden intensiv symbolische Handlungen zelebriert, die Individuation wird aufgehoben, der Einzelne kann sich in der kollektiven Erfahrung der Masse ent-grenzen. Die Gegenwartskultur wäre eher ohne das Feuilleton denkbar als ohne das Stadion. Die sportliche Handlung ist in ihrem kommunikativen Aspekt im wesentlichen symbolische Handlung. Olympia war zunächst göttlicher Kultort, auch das Fußballspiel entstand in Irland und Britannien aus einem Kultlauf entsprechend dem Sonnenlauf vom Osttor zum Westtor einer Siedlung. Das Symbolische, das Sichtbare als Zeichen unsichtbarer Wirklichkeit, findet sich als wesentliches Element der Anziehung im öffentlich dargebotenen sportlichen Akt. So ist die Leistung, die dem Körper abverlangt wird, keine einem realen Zweck dienende Leistung, kei-ne Arbeit, keine Aufgabe, die im Sinne eines Mehrwerts die Kör-perleistung belohnt. Wesentlicher Aspekt der sportlichen Handlung ist vielmehr der symbolische Sieg über die Körperlichkeit, das Überwinden der eigenen Grenzen, der physischen und der psychi-schen Grenzen. Der Trend zur Risikosportart ist *per definition* der Trend zum Risiko, zum Spiel und zur Bewältigung der maximalen Gefahr, der möglichen existentiellen Bedrohung. Der Risikosport ist das Spiel mit dem Leben, der Kampf mit dem Schmerz und die Überwindung des Todes. Die Antworten der Kirchen auf die Frage nach Leben, Schmerz und Tod werden nicht mehr akzeptiert, die Fragen bleiben jedoch bestehen. Im Sport als Massenveranstaltung trägt der Sportler sie stellvertretend für den Zuschauer und symbo-lisch aus. Er übernimmt damit Funktionen des Schamanen und Priesters. Der Spitzensportler beherrscht die Liturgie des hohen Amtes, er führt den symbolischen Kampf an der Grenze durch, im Scheitern symbolisches Opfer, im Sieg heroische Lichtgestalt, stellvertretend für den Zuschauer, den teilnehmenden, selbstvergessenen Beobachter. Die Fragen nach Leben, Schmerz und Tod wurden der Kirche entzogen. Sie werden im *unbewußten* Diskurs symbolhaft im Sport zelebriert.

Ein anderer Bereich des öffentlichen Diskurses, in dem sich eine Verschiebung dieser an sich transzendenten Fragen in das Säkulare zeigt, ist der Bereich der Medizin. Die absolute Idealisierung der Medizin und des Mediziners und – in der Kränkung durch gescheiterte Heilserwartungen – die absolute Enttäuschung über die Medizin und den Mediziner zeigen, wie unbefriedigend das Ergebnis dieser Verschiebung ist. Das somatische Bemühen um das Verlängern der Lebenserwartung und die Dämpfung von Leid kann nicht als suffiziente Antwort dienen. Morphium, Valium und Noradrenalin sind letzte Hilfen, aber keine letzten Antworten. Doch da seit hundert Jahren in der letzten Stunde eher nach dem Arzt als nach dem Priester gerufen wird, liegt die Deutungsmacht beim Arzt. Deutungsmacht ohne kommunikative Kompetenz ist jedoch sinnlos. Daher das Primat des Stadions. Wenn auf einer musikalischen Massenveranstaltung der britische Popsänger Elton John die Liedzeile «Good bye, England's rose» anstimmt, dann besteht für den Kenner der Liturgie, also jeden Besucher des Konzerts, vollkommene Gewißheit über die *unio mystica*, über das gleichsinnige Erleben der Versammelten: Feuerzeuge werden in den Himmel gehoben, Arme langsam geschwenkt, Bilder der verstorbenen Prinzessin Diana tauchen in jedem auf, Bilder der Güte, der Liebe, die sich vermengen mit Bildern des Schmerzes und des Todes. Wem dies zu kitschig ist und das Stadion zu totalitär, geschlossen, der wagt den Ausbruch aus dem Stadion auf die Straßen, geht auf im «Rave», der Techno-Massenveranstaltung unter offenem Himmel. Wie auf einer Marienprozession fahren Prunkwagen durch die Straßen, und dem Einzelnen in den wogenden Mengen gelingt trotz Selbstästhetisierung und Körperkult im pausenlosen Herzschlag von Techno-, House- und Trancemusik die Einheit im transpersonalen Wir-Gefühl. Wenn 1,5 Millionen Menschen 1999 zur «Love-Parade» nach Berlin fahren, um dort in der Hitze des Sommers zum ununterbrochenen Rhythmus stundenlang zu tanzen, dann übertrifft dies sicher jeglichen Phantasietraum Nietzsches von dem, was in der preußischen Hauptstadt an Dionysischem je möglich sein würde – und nicht mit Mord, Folter und Barbarei in einem kausalen Verhältnis steht, wie die jugendlichen Massenveranstaltungen früherer Reiche und Republiken.

Nun fordert Nietzsche neben der dionysischen Entrückung auch die apollinische Selbstreflexion, um ein transzendentes Verhältnis zum Sein zu finden. Die Karriere des Dionysos endete bekanntlich darin, daß er von den Titanen zerrissen wurde. Auch die negative *ultima ratio* der Selbstentgrenzungen unserer Zeit scheint sich in eine Richtung zu bewegen, die an dieser Stelle als «Borderline-Kultur» bezeichnet werden soll. Drei wesentliche Symptome der Borderline-Erkrankung sind das gestörte Selbstbild, die Instabilität der Außenbeziehungen und die daraus folgende Neigung zu selbstverletzendem Verhalten, dem unter anderem eine selbststabilisierende Funktion zugeschrieben wird. Die Kliniken sprechen von einer Zunahme der Fälle, wobei nicht entschieden ist, ob dies ausschließlich einer realen Zunahme oder auch einer zunehmenden diagnostischen Beachtung der Erkrankung zuzuschreiben ist. Parallel zu dieser Zunahme zeigt sich gerade in den letzten Jahren in den gesellschaftlichen Moden eine deutlich steigende Tendenz zu selbstverletzendem Verhalten. Die Grenzen des Körpers und der Psyche müssen überwunden werden, folglich treibt sich Mann oder Frau Bolzen, Stifte oder Ringe durch Augenbrauen, Ohren, Nase, Zunge, Brustwarze, Bauchnabel, Glans penis oder Labien («Piercing»). Tätowierungen («Tattoos») erleben ein Come-back, erscheinen jedoch bieder gegenüber neuen Techniken: Beim «Branding» werden Zeichen in die Körper gelötet, noch gewagter ist das Versenken von Schmuckimplantaten unter der Haut, und das Trans-Torso-Piercing scheiterte wohl bisher nur an den Grenzen der Anatomie. Weit jenseits von Erscheinungen der Jugendkultur findet der Kampf gegen die Zumutung der materiellen und körperlichen Existenz in allen Jahrgängen statt: Silikonimplantate werden in die Brust versenkt, Speckpolster abgesaugt, Nasen gerade geschnitzt und die Venenknäuel unter den Augen herausgeschlitzt.

Biochemische Kampfmittel kommen zum Einsatz, wenn Chrom und Laserstrahl keine Veränderungen mehr bewirken: Der Testosteronhaushalt, die Verdauungsenzyme und spezifischen Rezeptoren werden blockiert, um mit PROSCAR, XENICAL und VIAGRA je nach Bedarf dem Leib die Haarlosigkeit, Fettleibigkeit und Impotenz auszutreiben. Keiner weiß, wie der schwarze Michael Jackson weiß wurde, keiner weiß, wie das Modell ausgesehen hätte, wenn es kein Modell geworden wäre. Der Kampf gilt der Materialität des Körperlichen, der Fehlerhaftigkeit, dem sich Verändernden, Leidhaften und Alternden. Als Ziel ergibt sich ein absolutes Ideal des eigenen Körpers und des eigenen Seins, das aufgeht in einer von der ursprünglichen Person losgelösten Idee von Schönheit und auch von Sinn.

Es erscheint dem klinisch tätigen Psychologen oder Psychiater manchmal schwierig, hier die Übergänge, die sich zum Verhalten von Borderline-Patienten finden, klar abzugrenzen. Das verbreitete «Ritzen» der Haut wurde als der Versuch gedeutet, sich der Körpergrenzen wieder bewußt zu werden und Spannungen abzubauen. «Wer nicht ritzt, gehört nicht dazu», berichten Patienten von Borderline-Stationen. Erklären diese Motive jedoch das Verhalten von Patienten, die bis zum Knochen schneiden oder sich mit Nadeln die Schädelkalotte aufbrechen? Wie ist der Kampf der Anorektiker mit dem Körperbild zu verstehen, ein Kampf der oft zum Tod leitet, im Tod endet. Kann das Motiv der gescheiterten Grenzerfahrung hier eine Rolle spielen, oder wird durch solch eine Motivsuche Pathologisches sublimiert und ästhetisiert? Nun wurde nie behauptet, daß der Versuch transzendenter Praxis nicht zu Unglück und Leid führen kann. Die Kasteiungen der christlichen oder hinduistischen Mystiker und Asketen sprechen eine deutliche Sprache. In einer der im zweiten Teil genannten Publikationen[4] wird vom Schicksal Simone Weils berichtet, die sich zu Tode hungerte:

«Die Verstorbene», so der Gerichtsmediziner, «hat sich selbst zerstört, indem sie sich in einer Phase von Geistesgestörtheit weigerte zu essen.»

In Simone Weils Selbsterleben handelte es sich jedoch um eine gescheiterte transzendente Erfahrungssuche:

«Sie verzehrte sich im Glauben, daß nur solche Gedanken vom göttlichen Ursprung illuminiert wurden, die im Hunger durchlitten und der Qual abgerungen wurden. Keine Erkenntnis des Absoluten ohne absoluten Schmerz (...).»

Eine weitere der oben aufgeführten Publikationen berichtet über das Schicksal Stigmatisierter[9]:

«George Hamilton ist ein Stigmatisierter. ‹Ein Mensch›, so erklärt das Wörterbuch den Begriff, ‹an dessen Leib den Wundmalen Christi ähnliche Wunden erscheinen (...).› Ein paarmal habe er sich die Wunden selber beigebracht (...). Viele Stigmatisierte zeigten Widerwillen vor jeglicher Nahrung. Von manchen wird vollständige Enthaltsamkeit berichtet.»

Die transzendenten Wünsche der Moderne werden an die Medizin gerichtet, in den Stadien durchlebt, scheitern im destruktiven Verhalten einer Borderline-Kultur und machen deutlich: Transzendente Praxis hat nichts mit theoriegeleiteter Verklärung zu tun. Transzendente Praxis hat eine starke Dynamik und auch ein destruktives Gesicht. Der Wunsch nach Transzendenz kann unglücklich machen bis hin zum Tod. Simone Weil exerzierte die christliche Transzendenzerfahrung am eigenen Leibe durch und verhungerte. Das Verzweifeln an der Frage, ob denn da noch etwas sei, jenseits der Grenze des Ichs, spricht aus den unglücklichen Biographien von Augustinus, Kierkegaard, Dostojewski, Wittgenstein und vielen anderen. Einige fanden im Dogma das Vollglück der Beschränkung. Andere müssen weiter suchen, weiter grübeln, weiter rennen, weiter springen, weiter hungern oder weiter schneiden.

* * *

Exkurs in die psychiatrische Nomenklatur

Symptomenmuster im Bereich der psychoreaktiven Krankheitsbilder ändern sich im Laufe der Zeiten, verschieben sich und folgen Trends – wie es Henry F. Ellenberger in seinem Buch *Die Entdeckung des Unbewußten* paradigmatisch am Beispiel der hysterischen Störung gezeigt hat.

Daher ist es notwendig, sich eben diesen Lauf der Zeiten genauer anzuschauen. Dies erfordert, nicht nur die in*tra*psychische Perspektive, sondern auch die in*ter*psychische Perspektive zu betrachten, also gesellschaftliche Einflüsse auf die Symptomenwahl in Betracht zu ziehen. Solange selbstverletzendes Verhalten reduktionistisch nur in einem kausalen Zusammenhang zum spezifischen Trauma gesehen wird, entgeht dem Beobachter daher unter Umständen eine weiterreichende Funktion.

Zusammenfassend kann selbstverletzendes Verhalten also drei psychisch unterschiedlich motivierten Kontexten zugeordnet werden:

1. In*tra*psychisch kann es der Affektregulierung, dem Spannungsabbau, der Selbststabilisierung und Selbstvergewisserung dienen und unklare Außengrenzen spürbar machen.

2. In*ter*psychisch kann es zur Beziehungsregulation gebraucht oder mißbraucht werden. Weiterhin kann selbstverletzendes Verhalten ein durch Lernen am Modell induziertes Symptom sein, das aus einer Reihe anderer möglicher Symptome gewählt wurde.

3. Selbstverletzendes Verhalten kann schließlich zur Prüfung der Außengrenzen der materiellen Welt dienen. Im Sinne von Karl Jaspers kann selbstverletzendes Verhalten als Bedürfnis nach Grenzerfahrung verstanden werden, also eine destruktive transzendente Praxis darstellen.

* * *

Der Vergleich von Borderline-Verhalten und transzendentem Verhalten muß letztlich so unscharf bleiben, wie es die Begriffe Borderline und Transzendenz in ihrem jeweiligen theoretischen Kontext selbst sind. Die Existenz beider Erscheinungen als begriffliche Einheiten wird von ernstzunehmenden Vertretern beider theoretischer Kontexte, der Psychiatrie und der Philosophie, geleugnet, daher kann der Vergleich maximal den Rang einer Arbeitshypothese erhalten. Die Hypothese ist jedoch nicht unproduktiv: Sowohl transzendentem Verhalten als auch Borderline-Verhalten kann als Motiv Selbstvergewisserung zugeschrieben werden. Über das Motiv der Selbstvergewisserung ist jedoch nur ein weiteres Motiv im Sinne des Psychologismus gefunden: Vielleicht sind die Verhaltensweisen hierdurch motiviert, das heißt jedoch noch nicht, daß sie inhaltlich vollkommen verstanden sind.

Ein populärer Topos der Postmoderne ist der Engel. Er symbolisiert die Ambivalenz zwischen Immanenz und Transzendenz. Engel sind im Mittelalter wie in den letzten Jahren dieses Jahrhunderts zum Leitbild und zur Modeerscheinung geworden. Der destruktive Aspekt des Engeldaseins – das diabolische Potential der gefallenen Engel – wird heute zumeist ausgeblendet. In Wim Wenders Film *Der Himmel über Berlin* und in seinem amerikanischen Remake sitzen die jederzeit präsenten Engel auf Straßenschildern und Gebäuden, sie schleichen durch Bibliotheken, lesen in den Seelen der Menschen, können Momente der Warnung und Wärme vermitteln, sind ansonsten Zuschauer, unbeteiligt, mitleidend, sind Beobachter, Protokollierende, Fürsprecher und begleiten zum Tode über die letzten Wasser in ein zumeist lichtes Jenseits. Engel erscheinen «auf Weihnachtskarten und Hochzeitseinladungen, es wimmelt von ihnen auf Engel-Souvenirs, Schmuckstücken, religiösem und pseudoreligiösen Nippes»[31], gelungene Bücher über die Himmelswesen erreichen Rekordauflagen[31, 32]. Engel stellen Vermittler zwischen reiner Transzendenz und immanenter Welterfahrung dar, sind als Boten des Göttlichen also für die Vermittlung des beschriebenen dualistischen Widerspruchs zuständig. An der Gestalt des Engels offenbaren sich schließlich die idealisierenden

Spaltungen der postmodernen Psyche: Der Engel ist ohne Leib, doch hat er einen idealen Körper. Er ist Objektersatz, personal und göttlich, doch kein persönlicher Gott. Er ist dem Einzelnen zugeordnet in der Zeit und gegenwärtig, auch ist er dem Absoluten zugeordnet und steht außerhalb der Zeit. Am Bild des Engel werden spielerisch Aspekte transzendenter Welten durchlebt, die mit dem antiquierten Bild eines patriarchalischen und autoritären Vater-Gottes nicht mehr erlebt werden können. So schweben die modernen Engel in einem Himmel ohne Gott, allein den Menschen und sich selber zugewandt.

Aus den beschriebenen transzendenzhaltigen Moden und Erscheinungen läßt sich für die Gegenwart eine Dominanz von transzendenter Praxis über Theorie der Transzendenz ableiten. Da durch Säkularisierung, Materialismus und Zusammenbruch des Geltungsanspruchs der Kirchen über Transzendenz nur noch wenig theoretisch gedacht und gesprochen wird, sucht sich das real existierende transzendente Bedürfnis – das jenseits der Frage nach der inhaltlichen Sinnhaftigkeit als Bedürfnis existiert – andere Wege, die Wege der transzendenten Praxis: Lust an der Ich-Vergessenheit und Seins-Suche in der Harmonie der Masse, in der Meditation, im Rausch, im oneiroiden Rave, vielleicht auch in der körperlichen Entgrenzung der Trends des Borderline-Verhaltens. Diesen Versuchen transzendenter Praxis fehlt meist die Theorie, was für die Praxis jedoch nicht zwingend ein Verlust sein muß. Wenn die bestehenden Theorien kein adäquates Begriffsinventar vorweisen, fehlt ihnen jedoch auch die Nomenklatur, um transzendentes Gelingen oder Scheitern zu bewerten.

Die Geschichte der Transzendenz ist auch eine Geschichte der Destruktion. Ob die bessere materielle Grundausstattung die Individuen unserer Zeit und unserer Kultur nun zu vermehrten konstruktiven oder destruktiven Optionen führt, ob die historisch gesehen einmalige Auswahl an theoretischen und praktischen Modellen hilfreich oder schädlich ist, läßt sich nur schwer entscheiden. Die Historie zeigt sich uns in der Form der Schriftkultur. Beschäftigen sich heute weniger oder mehr Menschen mit Fragen der Transzendenz? Die Auswahl an transzendenten Bildungsgütern ist zumeist nicht besonders gottgefällig, dafür aber von paradiesischer Vielfalt. Die gegenwärtige Gesellschaft hat einen höheren Bildungsgrad als in früheren Fürstentümern, Reichen und Republiken vorstellbar war. Der Bildungsdünkel zweifelt zwar an der Qualität, übersieht hierbei jedoch, daß ein Jugendlicher, der heute Abitur macht, sich besonders jenseits von Schule eine komplexe Realität anzueignen hat, die mit der wattierten Welt großbürgerlicher Haushalte früherer Zeiten nicht vergleichbar ist. Auch haben wir heute keinen Begriff davon, ob die Angst vor dem Dogma und dem Großinquisitor die Menschen früherer Jahrhunderte befriedete, beruhigte und transzendent beglückte oder ob nur der Angstschweiß mit dem Todesgeruch in Konkurrenz trat, der noch jedesmal zum Vorschein kam, wenn ein totalitäres System den Sargdeckel öffnete. Absolute Ansprüche führen nicht zur Verwirklichung des Absoluten. Ein quantitativ und qualitativ geringeres transzendentes Interesse müßte für die Gegenwart erst nachgewiesen werden. Die steigende Zahl von Kirchenaustritten kann auch ein Qualitätskriterium sein, wenn sie in Relation zur Renaissance des philosophischen und religiösen Interesses der letzten Jahre gesetzt wird, die sich im Buchmarkt zeigt, in den Volkshochschulen, in der New-Age-Bewegung und im gewachsenen transkulturellen Interesse. So braucht zum Beispiel der buddhistische Lehrkanon keinen Vergleich mit der christlichen Überlieferung zu scheuen: Als eher immanentes System im Hinayana-Buddhismus ohne Gottesgestalt beginnend, entwickelte er im Lauf der Jahrhunderte eine philosophische Komplexität, die sich zunächst in überbordenden transzendenten Phantasien des Mahayana-Buddhismus verliert, um schließlich in der mystischen Ekstase des tantrischen Buddhismus und in der strengen Kontemplation des Zen zwei weitere Ausgestaltungen zu finden, die in unserer Gegenwart neu entdeckt und mit breitem Interesse rezipiert werden. Die Meditation, als zentrale Technik zur Erlangung transzendenter Erfahrung im Hinduismus und Buddhismus, gewinnt als dem Gebet gleichwertige Technik einen zunehmenden Einfluß in unserem Kulturkreis. Erstaunlicherweise wird Meditation als Kulturerscheinung eher von der Psychologie als von der Philosophie diskutiert.

Aus pragmatischen oder soziologischen Gründen ist gegen den beschriebenen postmodernen philosophisch-metaphysischen Basar nichts einzuwenden, solange eine neue (oder alte) Theorie nicht sektiererhaft und doktrinär wird. Viele Theorien verzichten auf einen hegemonialen Anspruch. Der abendländisch-christlichen Metaphysik wird hier jedoch zum Problem, daß der Einheitsgedanke, die erste der Transzendentalien, diesem «Modernismus– widerspricht. Die untergründige Wut, die dieser Anspruch bei ihren Vertretern erzeugt, zeigt sich zum Beispiel in ihrer Definition von Toleranz[33]:

«Toleranz ist die Haltung eines Menschen, der bereit ist, die Überzeugung anderer, besonders weltanschaulicher und moralischer Art, die er für falsch oder verwerflich hält, und ihre Äußerungen nicht zu unterdrücken. Sie besagt weder Billigung solcher Überzeugungen, noch Gleichgültigkeit gegen das Wahre und Gute (…)»

Geradezu herzlich klingt dagegen das aufgeklärte «Ein jeder werde seelig nach seiner Façon», von Friedrich dem Großen, das nur 200 Jahre früher formuliert wurde. Wie dieses *seelig werden* nun zu leisten sei, liegt in der Verantwortung des Einzelnen.

Zusammenfassend läßt sich hinter dem gegenwärtigen Erfahrungshunger der sich in der Entgrenzung von Ich und Körper zeigt, ein ungestillter Bedarf nach Immanenz und Transzendenz vermuten. Ein Gelingen der dionysischen Entgrenzung findet jedoch nur durch deren Spiegelung «in einem gleichnisartigen Traumbilde»[26] statt, also in der Reflexion durch das Bild, durch die Metapher, und der damit verbundenen Rückführung ins Bewußtsein. Der postmoderne Engel ist Chiffre dieser Sehnsucht nach der Einheit von Immanenz *und* Transzendenz. Er ist damit auch Chiffre einer Forderung, die zu gescheiterten Lebensversuchen führen kann oder zu gelungenen Momenten von Glück.

Anmerkungen

* Mein Dank geht an Markus Waldhauser, Leipzig, für die Hilfe bei der journalistischen Recherche sowie für die Auskünfte über seinen Schutzengel Herbie.

1 Jaspers, Karl: Allgemeine Psychopathologie. Springer, Berlin und Heidelberg 1946, S. 633.

2 Schopenhauer, Arthur: Die Welt als Wille und Vorstellung. In: Werke in fünf Bänden. Haffmans Verlag 1988, S. 13.

3 Al Ghasali: Das Elixier der Glückseligkeit. Eugen Diederichs Verlag 1998, S. 26.

4 Assheuer, Thomas: Licht am Ausgang der Höhle. In: DIE ZEIT, 14.01.1999, S. 35.

5 Ree, Jonathan: Der letzte Viktorianer. In: FAZ, 09.01.1999, S. 45.

6 Latour, Bruno: Die alberne Suche nach der Wirklichkeit. In: FR, 19.01.1999, S. 18.

7 N.N.: Das Loch im Weltballon. In: DIE ZEIT, 18.02.1999, S. 47.

8 Zimmermann, Harro: Geisteswetter der Aufklärung. In: SZ, 20.02.1999, S. II (1512).

9 Luyken, Reinhard: Bluten wie Jesus – Begegnung mit einem Stigmatisierten – Der Stigmatisierte. In: DIE ZEIT, 11.03.1999, S. 20.

10 Fitzel, Thomas: Ostern mit Springteufelchen. In: SZ, 13.03.1999, S. V (591).

11 Lueken, Verena: Metaphysik im Regenwald. In: FAZ, 15.01.1999, S. 39.

12 Mejias, Jordan: Bill Viola – Der amerikanische Videokünstler auf dem Weg zu den ersten und letzten Dingen. In: FAZ, 05.02.1999, S. 10.

13 Kipphoff, Petra: Blick zurück im Dunkeln. In: DIE ZEIT, 11.02.1999, S. 39.

14 Glombitza, Birgit: Cyber-Girlies Suche nach dem Licht. In: FR, 13.02.1999, S. M11.

15 Wagner, Thomas: Phantome der Oper. In: FAZ, 13.02.1999, S. 41.

16 Lueken, Verena: Das Glück hält sich bedeckt: Ein Gesprächsversuch mit dem Filmregisseur Todd Solondz. In: FAZ, 19.03.1999, S. 41.

17 Spahn, Claus: Lodernde Details. In: DIE ZEIT, 25.02.1999, S. 46.

18 Brembeck, Reinhard J.: Unschuld stirbt Operettentod. In: SZ, 08.03.1999, S. 15.

19 Bockhorst, Elke: Antipodische Bilder. In: FR, 11.03.1999, S. 9.

20 Goergens, Sven F.: Willkommen in T. A. In: FOCUS, 18.01.1999, S. 154.

21 Tschuang-Tse: Reden und Gleichnisse. Deutsche Auswahl von Martin Buber. Manesse, Zürich 1987, S. 27.

22 Brugger, Walter: Philosophisches Wörterbuch. Herder, Freiburg – Basel – Wien, S. 413.

23 Jaspers, Karl (s. Anm. 1), S. 625.

24 Windelband, Wilhelm: Geschichte der Philosophie. Mohr, Tübingen 1924, S. 197–213.

25 Augustinus, Aurelius: Bekenntnisse. Reclam, Stuttgart 1998, S. 192.

26 Brugger, Walter (s. Anm. 22), S. 411.

27 Nietzsche, Friedrich: Die Geburt der Tragödie aus dem Geiste der Musik. Kröner, Stuttgart 1976, S. 53.

28 Wilber, Ken: Wege zum Selbst. Kösel, München 1984.
29 Rilke, Rainer Maria: Duineser Elegien. In: Gedichte. Insel, Frankfurt am Main 1986, S. 629.
30 Newsweek. The International Newsmagazin, July 12, 1999.
31 Godwin, Malcolm: Engel, eine bedrohte Art. Heyne, München 1995, S. 6.
32 Daniel, A., Wyllie, T., Ramer, A.: Frag deine Engel. Zweitausendeins, Frankfurt am Main 1994.
33 Brugger, Walter (s. Anm. 22), S. 408.

Pia Gyger und Anna Gamma
Spiritualität und Politik

Pia Gyger: Sie sehen uns zu zweit auf dem Podium. Anna Gamma und ich werden, der Anfrage an uns entsprechend, über «Spiritualität und Politik» referieren. Dabei werden wir versuchen, sowohl etwas über unsere innere Ausrichtung und wegweisenden Leitmotive zu sagen wie auch unsere ganz praktische Arbeit transparent zu machen. Ein Leitmotiv, das unsere Arbeit prägt, heißt: *«Selbstfindung geschieht im Maße der Weltfindung.»* Was damit gemeint ist, werden wir anhand von drei Schritten darlegen:

• In einem ersten Schritt wird Anna Gamma anhand von gravierenden Problemkreisen der internationalen Gemeinschaft die Frage stellen, wie wir angemessenere und «intelligentere» Lösungen finden können als bisher.

• In einem zweiten Schritt werde ich anhand von sieben Thesen über «Spirituelle Aspekte ethischen Handelns» sprechen.

• In einem dritten Schritt möchten wir Sie gemeinsam an unserer Bildungsarbeit im «Institut für Spiritualität in Politik und Wirtschaft» (ISPW) sowie an unseren konkreten Einsätzen im Bereich der Friedensarbeit teilnehmen lassen.

Anna Gamma
1. Politische Krisen als Herausforderungen an die heutige Zeit

Anhand von drei gesellschaftlich-politischen Lebensbereichen werde ich aufzeigen, welche politischen Instrumente heute fehlen, Instrumente, die für eine lebenswerte Zukunft von Menschen, Tieren und Pflanzen auf unserem Planeten unabdingbar notwendig sind. Viele Menschen sind es müde, sich auf diese Themen weiter einzulassen, denn sie sind resigniert, weil sie keine neuen hoffnungsvollen Perspektiven sehen. Es gibt aber immer Menschen, Gruppen und Organisationen, die dabei sind, für das Fehlende neue Lösungsansätze zu erarbeiten.

Die ökologische Situation des Planeten und die Anstrengungen für eine nachhaltige Entwicklung

Das Jahr 1992 war ein hoffnungsvolles Jahr des Aufbruchs. Es sollte ein Jahr der ökologischen Wende werden. Die UNO lud zur größten Gipfelkonferenz aller Zeiten nach Rio de Janeiro ein. Das Anliegen der Organisatoren war, Wege für eine nachhaltige Entwicklung zu weisen, die sowohl der Erhaltung der natürlichen Ressourcen unseres Planeten wie der Dynamik der industriellen Produktion Rechnung trug. An der Konferenz für Umwelt und Entwicklung nahmen Regierungschefs und Repräsentanten aus 179 Ländern teil. Insgesamt kamen zwei internationale Abkommen, zwei Grundsatzerklärungen und ein Aktionsprogramm zustande. Das wichtigste Dokument der Konferenz von Rio ist die Agenda 21, ein Plan für eine soziale, wirtschaftliche und umweltmäßig nachhaltige Entwicklung.

Was ist seither geschehen? In welchen Ländern sind diese richtungweisenden Dokumente in politische Programme umgesetzt worden? Wir hören kaum etwas davon, obwohl sich die ökologische Situation auf unserem Planeten nicht etwa verbessert hat.

In Rio wurden von Staatsvertreterinnen und Staatsvertretern Konventionen zum Schutz und zur Erhaltung der Lebenswelt unterzeichnet, doch gibt es bisher weltweit keine politische Kraft, welche die Durchführung der Programme wirkungsvoll koordinierte und überwachte sowie das Nichteinhalten oder das Übertreten der Richtlinien durch Staaten sanktionieren könnte.

So gesehen sind die Konventionen nichts mehr als gutgemeinte

Absichtserklärungen der Politiker ohne Verpflichtung zu deren konkreter Umsetzung. Und trotzdem, weltweit bestehen größere und kleinere Initiativen, die sich die Agenda 21 zum Programm gemacht haben. Auch in der Wirtschaft gibt es in dieser Richtung Vorstöße, wie zum Beispiel die Firma SAM Sustainability Group, die den ersten Nachhaltigkeits-Index der Welt entwickelt hat und bereits weltweit tätig ist. Die Initiatoren sind getragen von dem Gedanken, daß verantwortungsvolles Wirtschaften sich positiv in Rentabilität niederschlage.

Die Entwicklung der Weltwirtschaft wohin?

Die Verdichtung grenzüberschreitender Kommunikation und Interaktion, die dank modernster Technologie fast alle Gesellschaften, Staaten, Organisationen in ein komplexes System wechselseitiger Abhängigkeit verwickelt, wird heute als Globalisierung beschrieben. Dieser Prozeß erfolgt bis jetzt ohne Steuerung, regellos, denn er vollzieht sich in Räumen, für die noch keine Strukturen und Kontrollinstrumente erfunden sind. Das hat gravierende Folgen für den Nationalstaat, seine Bürgerinnen und Bürger.

Dazu zwei Beispiele: Durch Liberalisierung und Deregulierung von Arbeits- und Kapitalmarkt sinkt das Steuereinkommen aller Staaten in dramatischer Weise. Gleichzeitig steigen jedoch die Kosten des Sozialstaates durch die wachsende Zahl der Arbeitslosen. Der soziale Frieden wird durch diese Entwicklung auch in den westlichen Industrienationen zunehmend gefährdet.

Ein weiteres Beispiel: Die organisierte Kriminalität ist zu einer bedeutenden international vernetzten Macht geworden. Nach internationalen Schätzungen entspricht der Gewinn aus dem Drogenhandel dem dreifachen Wert der Gewinne der hundert größten Unternehmen der Welt, und 40 % davon werden für die Bestechung und Korruption ausgegeben. In diesem Umfeld nimmt die Gewalt unkontrolliert zu. Die Weltwirtschaft steht zunehmend unter der Maxime von Gewinn und Umsatzsteigerung. Es fehlt eine Weltwirtschaftsordnung, die sich ethischen Grundsätzen zum Wohl der Menschheit verpflichtet weiß.

Auch in diesem Lebensbereich gibt es Zeichen der Hoffnung. 1993 tagte in Chicago das Parlament der Weltreligionen. Es verabschiedete vier Verpflichtungen zum Weltethos:

1. Verpflichtung auf eine Kultur der Gewaltlosigkeit und der Ehrfurcht vor allem Leben;
2. Verpflichtung auf eine Kultur der Solidarität und eine gerechte Weltwirtschaftsordnung;
3. Verpflichtung auf eine Kultur der Toleranz und ein Leben in Wahrhaftigkeit;
4. Verpflichtung auf eine Kultur der Gleichberechtigung und die Partnerschaft von Mann und Frau.

Weltweit orientieren sich verschiedenste Gruppen in ihrer Arbeit an den vier Verpflichtungen zum Weltethos, so zum Beispiel auch das ISPW im Lassalle-Haus, Edlibach, um ein Gegengewicht zu den fatalen wirtschaftlichen Perspektiven aufzubauen.

Die Konfliktlösungsstrategie der internationalen Gemeinschaft

Sowohl in Kosova wie auch in Osttimor, um nur zwei Beispiele zu nennen, hat in diesem Jahr 1999 eine Tragödie stattgefunden, die ein ähnliches Grundmuster aufweist. Es sind beides innerstaatliche Konflikte, die seit Jahren schwelen und schon viele Tote forderten. In Osttimor spricht Amnesty International von einem Genozid, dem allein in der Besatzungszeit 250 000 Menschen zum Opfer gefallen sind.

In Kosova wie in Osttimor warnten namhafte Personen, die mit der Situation vor Ort vertraut sind, vor der Eskalation der Gewalt und forderten das Eingreifen von UNO-Friedenstruppen. Der UNO-Sicherheitsrat nahm das Anliegen zwar auf. Es verstrich jedoch viel Zeit, bis ein mögliches Veto im Sicherheitsrat abgewendet werden konnte und die betroffenen Länder den Widerstand gegen den Einsatz von Blauhelmen aufgaben.

Zum zweiten Mal in diesem Jahr wurden UNO-Friedenstruppen zu spät, erst nachdem unermeßliches menschliches Leid zu beklagen war, in ein Land geschickt. Im Angesicht dieser Katastrophen, und sie stehen für viele andere, denn zur Zeit herrscht in über fünfzig Ländern Krieg, wird deutlich, daß nicht nur eine globale Weltfriedensordnung fehlt, sondern auch der Wille zum Frieden, eine zutiefst spirituelle Qualität.

Und trotzdem, auch im Bereich der Konfliktlösungsstrategie der internationalen Gemeinschaft gibt es Grundlagenarbeiten, die Alternativen zum bestehenden Vorgehen aufzeigen. Butros Butros-Ghali, der ehemalige Generalsekretär der Vereinten Nationen, hat 1992 eine Agenda für den Frieden vorgelegt. Sie enthält Instrumente für eine globale Friedensordnung. Es sind vier:

1. das Instrument der präventiven Diplomatie. Darin sind Maßnahmen beschrieben, die verhindern sollen, daß streitende Parteien zu gewaltsamen Konfliktlösungen finden;
2. das Instrument der Friedenssicherung führt verfeindete Parteien zur Einigung;
3. Friedensbewahrungsinitiativen sind Maßnahmen, die den UNO-Einsatz von Blauhelmen in Krisengebieten bedeuten;
4. Friedenssicherung nach Ende des Konfliktes. Das sind Maßnahmen zur Stärkung des Friedens in einem Ort, wo Krieg war.

Die UNO ist dabei, diese Instrumente auszuarbeiten.

Ich fasse zusammen: Die anhaltende ökologische Krise, trotz den von Staatsoberhäuptern unterzeichneten Konventionen für eine nachhaltige Entwicklung, die immer bedrohlicher werdende ökonomische Krise, die auch zunehmend die sogenannten Erstweltländer gefährlich in zwei Klassen spaltet, und die nicht abnehmenden gewaltsamen inner- und zwischenstaatlichen Auseinandersetzungen trotz UNO-Friedenstruppen zeigen deutlich, daß ein wesentliches globales politisches Instrument fehlt. Was uns fehlt, ist eine demokratisch-föderalistische Weltordnung mit den entsprechenden politischen Instrumenten und Verfahren. Ich möchte dazu Robert Muller, einen ehemaligen Vizegeneralsekretär der Vereinten Nationen zitieren:

«Es ist merkwürdig: Wohl kaum jemand käme auf den Gedanken, sich eine Familie, eine Stadt, eine Schule, eine Firma, eine Fabrik, einen Bauernhof, eine Institution, eine Glaubensgemeinschaft oder einen Staat ohne Vorstand, Leiter, Direktor, Chef, Geschäftsführer, Präsidenten oder Regierungsoberhaupt vorzustellen. Doch daß die Welt ohne Führung ist, damit finden wir uns ohne weiteres ab. Wir brauchen uns daher gar nicht zu wundern, daß es auf diesem Planeten so viele Kriege, Gewalttaten und Krisen gibt.»

Nach Beendigung des zweiten Weltkrieges schufen die politischen Verantwortlichen der Welt nach dem Völkerbund die zweite Weltorganisation, die UNO, und unterzeichneten die Charta der Vereinten Nationen mit den Zielen, den Weltfrieden und die internationale Sicherheit zu wahren, gleichberechtigte Beziehungen zwischen den Völkern und Nationen zu entwickeln und eine internationale Zusammenarbeit herbeizuführen, um die internationalen Probleme zu lösen. In der UNO ist viel Arbeit geleistet worden. In ihrer jetzigen Organisationsform hat sie jedoch nicht die nötige Macht und Kompetenz, um die anstehenden ökonomischen, ökologischen und sicherheitspolitischen Probleme auf unserem Planeten zu lösen. Interessanterweise erarbeiteten namhafte Juristen aus aller Welt gleichzeitig mit der Entstehung der UNO eine Verfassung für die Weltföderation, ein Instrument, das leider noch wenig Beachtung gefunden hat.

Die Analyse der Problembereiche zeigt, daß wir neue weltpolitische Instrumente brauchen. Neue Instrumente können nur aus einem neuen Bewußtsein geschaffen werden.

Frau Gyger wird nun unter dem Thema «Sprirituelle Aspekte ethischen Handelns» aufzeigen, was wir unter Spiritualität verstehen und wie Spiritualität helfen kann, ein neues Bewußtsein zu entwickeln, das uns befähigen wird, neue, notwendende global-politische Instrumentarien zu finden.

Pia Gyger
2. Spirituelle Aspekte ethischen Handelns

(Fast) alles ist möglich – was wollen wir?
1. Es gibt einen Ort in uns, wo wir mit Gewißheit wissen, was zu tun und was zu lassen ist.
2. Es gibt Wege, diesen Ort der Freiheit in uns zu entdecken und ihm in unserem konkreten Leben mehr und mehr *Gestalt zu geben.*
3. Ursprung und Maß für rechtes Tun und Lassen ist der *Geschmack am guten Leben.* Dieser Geschmack will entwickelt und gepflegt sein.
4. Nicht eine Tradition allein, sei sie östlich oder westlich, sondern nur eine *interreligiöse Spiritualität* vermag Ethik zu begründen in einer sich globalisierenden Welt.
5. Was wir zum Leben und Überleben brauchen, ist keine Allerweltsethik, sondern ein auf der *«Goldenen Regel»* gegründetes Weltethos.
6. Was Not tut, ist eine Ethik der Umwelt, Mitwelt und Nachwelt. Und diese ist nicht zu haben ohne ein *verändertes Bewußtsein.*
7. Spirituelle Bewußtseinsbildung ist ein Prozeß, nicht nur interreligiöser, sondern auch *interdisziplinärer* Art.
Diese Thesen leiten uns in unserer konkreten Arbeit im ISPW. Ich möchte sie kurz kommentieren.

1. Es gibt einen Ort in uns, wo wir mit *Gewißheit* wissen, was zu tun und was zu lassen ist.
Zen-Buddhisten nennen diesen Ort «a placeless place». Christen sprechen vom «grundlosen Grund des Daseins», von absoluter Transzendenzerfahrung. In diesem «ortlosen Ort», diesem «grundlosen Grund» trägt jeder Mensch die Antworten auf alle Fragen in sich.

**2. Es gibt Wege, diesen Ort der Freiheit in uns zu entdek-
ken und ihm in unserem Leben mehr und mehr *Gestalt zu
geben.***

Sowohl die christliche Mystik wie auch der Zen-Buddhismus kennen den Weg der Bewußtseinseinigung und Bewußtseinsleerung,
um den «ortlosen Ort», den «grundlosen Grund» in uns zu entdek-
ken und zu erfahren. In der christlichen Tradition wird dieser Weg
in drei Schritte eingeteilt:

1. Via Purgativa = Weg der Reinigung,
2. Via Illuminativa = Weg der Erleuchtung,
3. Via Unitiva = Weg der Gotteseinigung.

Zum Weg der Reinigung gehören nicht nur die Schattenarbeit
und die Triebintegration, dazu gehört wesentlich das «Sterben des
egozentrischen Ichs», die Bereitschaft, auf die Stimme Gottes in
uns zu horchen und gehorchend Wesensgehorsam zu entfalten. Je
mehr ein Mensch zur Bewußtseinseinigung und Bewußtseinsleerung von innen her geführt wird, um so einfacher wird es für ihn,
die «stimmlose Stimme» aus dem «grundlosen Grund» zu verneh-
men.

Die großen Lehrer des Weges nach innen beschreiben die
Bewußtseinseinigung und das Versunkenheitsbewußtsein folgendermaßen:

> Die Versenkung nimmt dem menschlichen Geist
> Bild und Form und alle Vielheit ab.
> Er gelangt in *eine wahrnehmende Unwissenheit*
> seiner selbst und aller Dinge
> und wird in den Abgrund
> der ineinanderfließenden Einheit hineingetragen,
> wo er Seligkeit gemäß der höchsten Wahrheit erfährt.
> Darüber hinaus gibt es kein Streben noch Mühen,
> denn Anfang und Ende sind eins geworden,
> und der Geist ist – sich selbst entsunken –
> eins mit dem göttlichen geworden.
>
> (Heinrich Seuse)

Die Wahrheit ist innen im Grund
und nicht außen.
Wer nun Licht und Einsicht in alle Wahrheit finden will,
der warte und achte auf die ewige Geburt
in sich und in dem Grund:
so werden alle Kräfte der Seele erleuchtet
und der äußere Mensch dazu.
Denn, so Gott den Grund innen mit der
Wahrheit berührt,
so ergießt sich das Licht in die Kräfte,
und der Mensch kann dann bisweilen mehr
als ihn jemand zu lehren vermag.

(Meister Eckehart)

Die Seele hat alle Kunst
Und alles Wissen in sich;
Und alles, was man von außen ausüben mag,
das ist nur ein Erwecken der Kunst
und des Wissens.

(Meister Eckehart)

Der Mensch kann in dieser Erdenzeit dahin kommen,
daß er sich als eins begreift in dem,
daß da ist das Nichts aller Dinge,
die man verstehen oder benennen kann.
Und dieses Nichts nennt man allgemein Gott,
und das ist an sich selber ein allerwesenhaftes Sein,
und hier begreift sich der Mensch als eins mit diesem Nichts.

(Meister Eckehart)

Die christliche Mystik kennt den Weg zum «grundlosen Grund» ebenso wie der Zen-Buddhismus. Die christlichen Mystiker und Mystikerinnen besingen das Versunkenheitsbewußtsein ebenso wie die Zen-Buddhisten und Zen-Buddhistinnen. Allerdings wurde in der christlichen Tradition kein so überzeugender und in langer Arbeit erprobter Weg entwickelt, um den «Ort der Freiheit» in uns zu entdecken und zu erfahren, wie im Zen-Buddhismus. Es ist daher ein großes Geschenk des Buddhismus an das Christentum, daß

Christen und Christinnen zu Zen-Lehrern und Zen-Lehrerinnen ernannt werden und diesen «Weg der Erfahrung» in die westlich-christliche Kultur integrieren dürfen.

3. Ursprung und Maß für rechtes Tun und Lassen ist der *Geschmack am guten Leben*. Dieser Geschmack will entwickelt und gepflegt sein.

Von Aristoteles stammt der Satz: *«Ethik heißt Nachdenken über gutes Leben.»* Wir meinen, daß Nachdenken allein heute nicht mehr genügt. Es geht vielmehr darum, daß wir zu *spüren beginnen*, was gemeint ist. Was bedeutet «Geschmack am guten Leben» in einer sich globalisierenden Menschheit? Es bedeutet, daß wir einen Sinn für die Erde, einen Sinn für die Menschheit und einen Sinn für den Kosmos (Teilhard de Chardin) entwickeln, um von innen her zu spüren, was Erde und Menschheit brauchen, um zu überleben. Nur wenn wir weit und tief genug erspüren, was die Welt und die Menschheit brauchen, können wir «jedes Tun und Lassen» richtig einschätzen und entsprechend handeln!

4. Nicht eine Tradition allein – sei sie östlich oder westlich –, sondern nur eine *interreligiöse Spiritualität* vermag Ethik zu begründen.

Für eine neue, der Menschheit dienende Ethik ist eine interreligiöse Spiritualität unerläßlich. Im ISPW haben wir während Jahren an Kriterien für eine interreligiöse Dialog- und Begegnungskultur gearbeitet.

Entsprechend den Erkenntnissen der Evolutionslehre, daß Neues nicht über die Auflösung, sondern nur über die Vereinigung von Gegensätzen entsteht, lösen wir in unseren Begegnungen die Unterschiede der beiden Traditionen nicht auf, sondern stellen sie prägnant dar. Wir feiern die Unterschiede, und wir feiern die Gemeinsamkeiten. Wir suchen dort, wo Unterschiede groß sind, die verborgenen Ergänzungsmöglichkeiten und erfahren dabei Bereicherung und Befruchtung.

5. Was wir zum Leben und Überleben brauchen, ist keine Allerweltsethik, sondern ein auf der «Goldenen Regel» gegründetes Weltethos.

Als «Goldene Regel» gelten jene Weisungen der Religionen und Weisheitstraditionen, die uns befähigen, die Balance zwischen der Liebe zum Mitmenschen und zu uns selbst zu finden. Das Wort Jesu: *«Was du nicht willst, daß man dir tu, das füg auch keinem anderen zu»*, ist ein Ausdruck der «Goldenen Regel». Auch die vier, von Anna Gamma oben schon genannten Prinzipien für ein Weltethos, die 1993 vom zweiten «Parlament der Weltreligionen» in Chicago formuliert wurden, sind Teil der «Goldenen Regel».

Eine *Kultur* der Gewaltlosigkeit, der Solidarität, der Toleranz und der Wahrhaftigkeit ist etwas anderes als Gebote. Es ist ein Einüben von Grundhaltungen. Es bedeutet ein Ausrichten unserer Kräfte. Es bedeutet den Einsatz unseres guten und dienenden Willens. Und es bedeutet, Verantwortung zu übernehmen für unser Denken. So wie die «Samen des Krieges» in den Köpfen und Herzen der Menschen geboren werden, so müssen auch die «Samen des Friedens», die Samen der Gewaltlosigkeit, Wahrhaftigkeit, Solidarität und Toleranz in den Köpfen und Herzen der Menschen geboren werden, damit eine gerechtere und ethischere Zukunft möglich wird.

6. Was Not tut, ist eine Ethik der Umwelt, Mitwelt und Nachwelt, und diese ist nicht zu haben ohne ein *verändertes Bewußtsein*.

Jean Gebser bezeichnet die Bewußtseinsstruktur der sogenannten «Moderne» als «mentale Bewußtseinsstruktur». Eine Bewußtseinsstruktur, die gekennzeichnet ist von extremer Individualisierung, Ich-Fixierung, überspitzter Rationalisierung und dualistischem Welterleben. Verharren wir weiterhin in der mentalen Bewußtseinsstruktur, ist eine Lösung der uns bedrängenden Probleme unmöglich. Nur wenn wir erwachen aus der Illusion der Getrenntheit und uns als Holons, das heißt «ganze Teile», zu erfahren beginnen, werden wir fähig zu einer Ethik der Umwelt, Mitwelt und Nachwelt. Daher ist der «Weg nach innen», wie er von Meister Eckehart und Johannes Tauler beschrieben wird, so wichtig. Ohne Erfahrung der Einheit allen Lebens ist ein Weltethos Illusion.

7. Spirituelle Bewußtseinsbildung ist ein Prozeß nicht nur interreligiöser, sondern auch *interdisziplinärer Art.*

In den Drittweltländern, beim gemeinsamen Suchen nach mehr Gerechtigkeit, entstand die Theologie der Befreiung. Es erstaunt mich nicht, daß Befreiungstheologen wie Matthew Fox, Leonardo Boff, Helder Camara usw. leidenschaftliche Befürworter einer Schöpfungsspiritualität sind. In der von ihnen formulierten Schöpfungsspiritualität wird der Dreischritt der klassischen Mystik (Via Purgativa, Via Illuminativa, Via Unitiva) ausgeweitet zu einem Vier-Schritt.

Zur Schöpfungsspiritualität gehören die Via Positiva, Via Negativa, Via Creativa, Via Transformativa. Diese vier Schritte sind nicht lebbar ohne Offenheit gegenüber allen Aspekten und Dimensionen des Lebens.

Via Positiva bedeutet Offenheit gegenüber dem Leben in all seinen Ausdrucksformen. Es bedeutet, sich dem Leben zu stellen in all seinen Facetten und die Komplexität des Lebens zu assimilieren. *«Ihr sollt das Leben in Fülle haben»,* heißt es in der Bibel. Via Positiva bedeutet Freude am Schönen, Wahren und Guten sowie die Bereitschaft, durch unser Leben das Schöne, Wahre und Gute zu vermehren.

Via Negativa bedeutet die Akzeptanz des Leidens im persönlichen Leben und in der Welt sowie die Bereitschaft, das große Mitgefühl mit aller Kreatur tagtäglich zu üben.

Via Creativa bedeutet, alles zu tun, um unser Potential zu entfalten, alles einzusetzen, um dem in uns angelegten inneren Bild Gestalt zu verleihen. *«Ich selbst muß Sonne sein, ich muß mit meinen Strahlen das farbenlose Meer der ganzen Gottheit malen»,* sagt Angelus Silesius. Via Creativa bedeutet, alles einzusetzen, um unsere Seinsmacht zu entfalten, um damit dem Leben zu dienen.

Via Transformativa meint, unsere Gestaltungsmacht im Dienst der Menschheit, der Umwelt und Nachwelt zu entfalten und einzusetzen. Wir erforschen das unendlich Große im Makrokosmos. Wir erforschen das unendlich Kleine im Mikrokosmos. Wenn wir bereit sind, auch die unendliche Tiefe des menschlichen Herzens zu erforschen, werden wir erfahren, daß Transformation nicht nur auf personaler, sondern auch auf gesellschaftlicher Ebene möglich ist. Eine friedlichere, gerechtere Welt ist keine Illusion. Es ist Weisung und Zusage aller Religionen und mystischen Traditionen, daß «Friede auf Erden» möglich und Auf-gabe ist.

Soweit also zu einigen Leitlinien, an denen wir uns im Alltag orientieren. Nun noch einige Worte, wie wir in verschiedenen Projekten versuchen, das Genannte in die Praxis umzusetzen.

Anna Gamma
3. Peace Camp *«eine Welt für alle»* von Pia Gyger

Zu Beginn ein paar Bemerkungen zur Geschichte. Das St. Katharinenwerk ist eine religiöse Gemeinschaft, in der wir beide Mitglieder sind, mit dem Schwerpunkt der Spiritualität: Dienst an der Versöhnung für das Wachstum von Einheit und Liebe in der Welt. Ein Aufgabenbereich ist die Bildungsarbeit für Jugendliche und junge Erwachsene. 1990 führte Frau Gyger zum ersten Mal ein internationales Peace Camp «eine Welt für alle» im Fernblick Teufen durch. Thema war die Weltwirtschaftsordnung. Aus diesem Camp entstand ein Selbsthilfeprojekt für die Bewohner von Ibayo, einem Slum in den Philippinen. 1992, das Ende des Krieges in den Ländern von Ex-Jugoslawien war noch nicht abzusehen, reiste Frau Gyger mit einer Delegation nach Zagreb und Dubrovnic auf Einladung des Bischofs dieser Stadt. Im Gegenzug lud sie junge Menschen aus Kroatien für das Jugendlager ein. In den folgenden Jahren bestimmte die politische Situation in dieser Region Europas das Thema der Camps.

Die Camps finden heute noch jeweils in den Sommerferien statt.

Es nehmen etwa fünfzig junge Menschen aus Europa, Afrika, Amerika und Asien teil. Die Themen haben sich verändert, der Name ist geblieben, denn für den Frieden wird noch heute in diesen internationalen Treffen gearbeitet: Wenn immer Menschen aus Kontinenten, Kulturen und Rassen zusammenkommen und sich nahe begegnen wollen, treffen verschiedene Weltanschauungen und Religionen aufeinander – eine Tatsache, die nicht selten Ursache von gewalttätigen Auseinandersetzungen und Krieg ist.

Struktur und Inhalt des internationalen Peace Camps schaffen einen Rahmen, in dem ganzheitliches Lernen möglich wird. In dieser internationalen Laborsituation werden Grundhaltungen gefördert, wie die Bereitschaft, voneinander zu lernen, Konflikte und Spannungen auf konstruktive Weise auszutragen und Unterschiede in der Weltanschauung wahrzunehmen und zu feiern.

Der Tag in einem Peace Camp beginnt mit einer interreligiösen Morgenmeditation, an der alle eingeladen sind, aus ihrer eigenen religiösen Tradition Gebete und Lieder einzubringen.

Nach dem Frühstück folgt ein Vortrag. Die Woche wird begonnen mit einer Einführung in die evolutive Weltsicht. Sie zeigt den Menschen als einmaligen Ausdruck des Universums, in dem die ganze Schöpfungsgeschichte seit dem Urknall vor 15 Milliarden Jahren eingezeichnet ist. In den folgenden Tagen wird das Thema der Woche – in diesem Jahr zum Beispiel «Heilung der Erde» – weiter vertieft. Immer geht es darum, den Blick zu öffnen für den persönlichen, aber auch den nationalen und globalen Bezug zum Thema. Die jungen Menschen werden geschult, selbstverständlich zwischen diesen Ebenen zu wechseln mit Fragen wie: «Was heißt Heilung der Erde für mich persönlich, als Kongolese und Erdenbürgerin?»

Im Anschluß daran erfolgt die Gruppenarbeit. Die Gruppen werden soweit wie möglich nach Sprache, Kultur, Religion und Geschlecht gemischt. Für viele ist dies der Ort, wo die wesentlichen Erfahrungen stattfinden. Mit offenen Ohren und Herzen aufeinander zu hören und sich voneinander berühren zu lassen, setzt Kräfte der Heilung frei. Mit der Zeit entwickelt sich in der Gruppe gerade auch über durchgestandene Konflikte eine Zärtlichkeit, die für viele zur Hoffnung für die Welt wird.

Nach einem freien Nachmittag stellt am Abend jeweils eine Gruppe ihre Nation vor. Das ist eine Form des Geschichtsunterrichts, der unvergeßlich bleibt.

Pia Gyger: Das ISPW arbeitet nach dem Motto: «Selbstfindung ist Weltfindung ist Selbstfindung». Das bedeutet, daß in allen Symposien und Seminarien, bei denen die Frage nach einer neuen Wirtschaftsordnung oder nach einer sinnvolleren Weltordnungspolitik gestellt wird, der «Weg nach innen», also die Meditation, einen entscheidenden Stellenwert hat.

Wir können die Probleme unserer Zeit nicht mit dem Denken lösen, das die Probleme bewirkt hat. Nur durch ein neues Bewußtsein finden wir neue Antworten. Zudem arbeiten wir im ISPW bei allen wichtigen Fragen auf der Mikro-, Meso- und Makroebene. Je neu fragen wir: «Was löst der Krieg irgendwo in der Welt in mir persönlich aus? Wie reagiere ich darauf als Schweizerin oder als Deutsche? Was bewirkt die Frage in mir als Weltbürgerin? Wir erfahren dabei, daß allein diese Fragestellungen schöpferische Impulse in uns auslösen, weil sie uns aus unseren üblichen Denkschemata herauskatapultieren. Das dadurch entstehende schöpferische Chaos ist eine Voraussetzung, daß wir neue Antworten finden.

Die Aufgaben des ISPW sind die folgenden:

• realpolitische Visionen entwickeln, wie sich eine demokratisch-föderalistisch organisierte Weltgemeinschaft verwirklichen läßt;

• bewußt machen, daß ein Weltethos notwendig ist, und dabei helfen, es zu verwirklichen;

• Modelle konstruktiver Konfliktlösung für Führungskräfte in Politik und Wirtschaft entwickeln, erproben und in Seminarien vermitteln;

• angehende Führungskräfte praktisch auf die ethischen und gesellschaftlichen Herausforderungen ihres Berufs vorbereiten;

• Leitlinien einer Dialogkultur zwischen den Religionen entwikkeln und Menschen dazu anleiten, diese Leitlinien praktisch umzusetzen;

- regelmäßig internationale Symposien zum interreligiösen Dialog sowie Tagungen zu sozial-politischen Themen durchführen;
- Ergebnisse unserer Tagungen und Symposien veröffentlichen, um sie einem möglichst großen Kreis von Personen und Institutionen zugänglich zu machen;
- Gruppen, Institutionen, Vereinen und Firmen auf Anfrage Vorträge, Seminare und Beratung zu Themen unseres Instituts vermitteln.

Literaturangaben

Pia Gyger, Mensch verbinde Erde und Himmel, rex verlag.
Pia Gyger, Die Erde ruft, rex Verlag.
Erdgipfel 1992, Agenda für eine nachhaltige Entwicklung, Centre For Our Common Future.
Hans Küng, Erklärung zum Weltethos, Serie Piper.
Herwig Büchele, Eine Welt oder keine, Tyrolia/Grünewald.
Verfassung für die Weltföderation, Weltföderalisten e.V. Postfach 1170, D 8213 Aschau.
Charta der Vereinten Nationen.
Butros Butros-Ghali, UNorganisierte Welt, Horizonte Verlag.
Robert Muller, Planet der Hoffnung, Drei Eichen Verlag.

Ellis Huber

Liebe statt Valium!
Wie das Gesundheitssystem
reformiert werden könnte

Symptome einer Systemkrankheit

«Viagra», die Potenzpille für den «Mann», entblößte in besonderer Deutlichkeit die Impotenz des Gesundheitssystems: Zwischen individuellem Egoismus und sozialer Verantwortlichkeit fehlt den Menschen eine gesunde Mitte, und die Spannungen des sozialen Bindegewebes produzieren Krankheiten, die mit Tabletten nicht zu heilen sind. Eine «Viagra» kostet in der Herstellung wenig, beim Verkauf in der Apotheke viel. Die Aktionäre der Pfitzer AG profitieren am meisten von der geglückten Kolonialisierung des männlichen Körpers durch diesen global agierenden Arzneimittelproduzenten. Kann es aber Aufgabe eines solidarisch finanzierten Krankenkassensystems sein, die individuellen Gewinnabschöpfungen des medizinisch industriellen Komplexes zu finanzieren? Die gesellschaftspolitische Grundsatzfrage für das Gesundheitswesen lautet also: Gehört das System dem Kapital mit seinen Gesetzen oder den Menschen mit ihren zivilen Bedürfnissen, ist es Teil eines Wirtschaftssystems oder Bestandteil der sozialen Kultur einer Gesellschaft?

Der viagragepuschte «Don Juan» gefährdet mit seinem Verhalten die Gesundheit seiner Mitmenschen, und der zölibatär lebende Priester ist kein kranker Mann. Individuelle Bedürfnisbefriedigung durch «Life-Style-Medikamente» und die dadurch ausgelösten Ansprüche wirken auf das soziale Gefüge zurück. Kann es Aufgabe von Solidarkassen sein, alle individuelle Bedürfnisbefriedigung über Pflichtbeiträge von Versicherten zu finanzieren? Ist sexuelles Glück dem Leistungskatalog eines sozialen Gesundheitssystems oder der selbstbestimmten Lebensgestaltung des einzelnen Bürgers zuzuordnen? Die zweite gesellschaftspolitische Kardinalfrage lautet also: Wie wird der individuelle Bedarf nach medizinischen, pflegerischen oder gesundheitsförderlichen Angeboten in der gesetzlichen Krankenversicherung von den – durchaus berechtigten – Bedürfnissen einzelner Menschen abgegrenzt? Wie vermittelt das Gesundheitssystem zwischen mitmenschlicher Solidarität und persönlicher Selbstverantwortung, zwischen Individuum und Gesellschaft?

Die systemische Krankheit des bundesdeutschen Gesundheitswesens ist eine verdrängte Entscheidung zwischen Moral und Profit und zwischen Nächstenliebe und Eigennutz. Diese Verdrängung wird durch die Theorie und Praxis der herrschenden Medizin noch unterstützt. Ist Liebe auf Hormonspiegel oder körperliche Funktionsfähigkeiten reduzierbar? Die dritte aufgeworfene Frage gilt dem Menschenbild in der Medizin.

Die Macht des Geldes, rücksichtsloser Egoismus und der Glaube an die Herrschaft über Körpermaschinen sind Symptome einer Systemkrankheit des Gesundheitswesens. Die Denkwelten und Handlungsmuster in Wirtschaft und Politik, Zivilgesellschaft und Medizin sind in Wechselwirkungen miteinander verknüpft. Die Heilkultur der Gesellschaft müßte aber die Wunden heilen können, die kapitalistisches Wirtschaften oder politische Herrschaft den einzelnen Menschen zufügt.

Gesundheitssystem und Gemeinschaftsleben

Weltweit gibt es einen Kampf zwischen der unbegrenzten kapitalistischen Vermarktung medizinischer Dienste und den begrenzten materiellen Möglichkeiten, die den Gesellschaften für die Gesundheitsversorgung zur Verfügung stehen. Das mit Abstand teuerste Gesundheitssystem zeigen die Vereinigten Staaten von Amerika.

Über 14 % des Bruttoinlandsproduktes werden dort für gesundheitliche Dienstleistung aufgewendet. Relativ preiswert versorgt die eigene Bevölkerung Griechenland, das mit weniger als 6 % des Bruttoinlandsproduktes auskommt. Die Griechen erreichen bei Männern wie bei Frauen die höchste Lebenserwartung in Europa. Mehr Medizin und noch mehr von der bisherigen ärztlichen Anstrengung führt offensichtlich nicht dazu, ein Mehr an Gesundheit in der Bevölkerung zu schaffen.

Würden wir den deutschen Bürgerinnen und Bürgern so viel Geld aus der Tasche ziehen, um sie zu versorgen, wie es die amerikanische Gesellschaft tut, stünden uns jährlich etwa 200 Milliarden Mark mehr zur Verfügung. Diese Summe ist das Äquivalent für die Finanzierung der Arbeitskraft von drei bis vier Millionen Menschen, die als Personen mit ihren Händen und mit ihren Herzen oder ihren Köpfen helfen und heilen.

Das amerikanische Gesundheitssystem lehrt eindringlich, wie Kapitalverwertungsinteressen zur Ausgrenzung der wirklich Versorgungsbedürftigen führen (vgl. Kühn 1997, Eisenberg 1998 und Himmelstein 1998)[1]. Im *New England Journal of Medicine* kommentierte 1995 ein Arzt mit drastischen Worten die Folgen:

«Die Rolle der Ärzte hat sich radikal verändert, sie werden heute von Managern unterwiesen und sind nicht länger Anwälte des Patienten. Statt dessen sind sie Agenten einer Versicherungsorganisation. Das Ziel der Medizin ist eine gesunde Bilanz anstatt einer gesunden Population (...) Der Schwerpunkt liegt auf Effizienz, Profitmaximierung, Kundenzufriedenheit, Zahlungsfähigkeit, Planung, Unternehmertum und Wettbewerb. Die Ideologie der Medizin wird ersetzt durch die Ideologie des Marktes. Vertrauen wird durch Rechtsstreit abgelöst. In den Marktmetaphern ist kein Platz für die Armen und Unversicherten. In dem Maße, in dem die Medizin zum Kapitalunternehmen wird, wird die medizinische Ethik durch die Geschäftsethik verdrängt. Auch die gemeinnützigen Organisationen tendieren dazu, das Wertesystem ihrer kommerziellen Konkurrenten zu übernehmen.»

Die «Aktienbesitzer-Medizin» nutzt also eine zahlungsfähige Klientel für ihre Profitziele. Als Kapitalanlage konkurriert die Medizin erfolgreich mit anderen Möglichkeiten zur Verwertung privaten Kapitals, und die Gewinnerwartung der Medizinaktionäre übertrifft die meisten Anlagealternativen. Renditen von mindestens 20 % sind das Ziel. Die Kommerzialisierung der Gesundheitsversorgung hat mit gesundheitlicher Wertschöpfung und ärztlicher Leistung aber wenig zu tun. Die größten Health-Care-Gesellschaften erwirtschaften tatsächlich 20–30 % Gewinn aus den eingenommenen Prämien. Von einem Dollar im US-amerikanischen Gesundheitssystem werden lediglich 20 Cents für die direkte Krankenpflege eingesetzt, den Rest schlucken Bürokratie, Geschäftsprozesse, Kontrollmanagement, offensive Werbung und natürlich Gewinnausschüttung. Ein so gestaltetes Gesundheitssystem ist für einige Gesunde hoch profitabel und für viele Kranke unerschwinglich. Der freie Markt erreicht keinen Ausgleich zwischen individuellem und allgemeinem Wohl. Die soziale Gesundheit leidet unter den Profitinteressen des medizinisch industriellen Komplexes, und die gesundheitliche Wertschöpfung fällt mit dem Anstieg der Aktienkurse.

Die Krise eines Organisationsmusters

Die Bundesrepublik Deutschland erlebt gegenwärtig den Übergang von der Industriegesellschaft zum postindustriellen Zeitalter. Information und Kommunikation gelten als neue Träger der gesellschaftlichen Wertschöpfung. Der soziale Wandel fordert den flexiblen Menschen und eine neue Sicht der Verhältnisse. Das Gesundheitssystem ist seit Beginn des industriellen Zeitalters mit den Entwicklungen des gesellschaftlichen Gefüges eng verwoben. Die strukturelle Ausdifferenzierung der Industriegesellschaft ging mit einer vergleichbar formierten Gestalt der Medizin einher. Rudolf Virchow war ein Zeitgenosse von F. W. Taylor, der die Organisationskultur der arbeitsteiligen Aufgliederung begründete und die Abläufe der menschlichen Arbeit nach dem Konzept der Maschinenwelt gestaltete. Die Fabrik läuft als perfektes Räderwerk, in dem jedes einzelne Glied funktional ins andere greift. Dieses technologische Grundmuster leitet den Menschen der industriellen Kultur in seinem Denken und Handeln an, es prägt Leitbilder und Modellvorstellungen und vermittelt eine Sicht der Welt, die alle Lebensbereiche durchdringt.

Taylorismus und arbeitsteilige Spezialisierung bestimmen daher auch die Organisationsverhältnisse in der Medizin. Virchows Zellularpathologie entschlüsselte das Räderwerk der Zelle, und die mechanistische Denkweise beflügelte das Denken und Handeln in der institutionalisierten Medizin. Somatische Probleme erscheinen als Defekte im biologischen Getriebe, und der menschliche Organismus funktioniert wie ein komplexes Uhrwerk. Die Krankheit als Betriebsschaden im menschlichen Körper bildet ein einprägsames und faszinierendes kulturelles Muster, das die Medizin der Industriegesellschaft insgesamt kennzeichnet. Krankenhäuser arbeiten wie eine große Fabrik, und das Gesundheitssystem nimmt zwangsläufig die Form eines medizinisch-industriellen Komplexes an. Die Führungskräfte in Politik, bei Krankenkassen und in der Ärzteschaft entwickeln den Anspruch, die Megamaschine der Gesundheitsversorgung zu beherrschen und das komplexe Räderwerk exakt zu steuern. Ihr Herrschaftsanspruch entspricht der Machtausübung klassischer «Industriebarone», die mit patriarchaler Fürsorge über die Lebensläufe ihrer Arbeiter bestimmen konnten.

Dieses System steckt nun zwangsläufig in einer Krise, wenn die moderne Wirtschaft ihre Räderwerke durch Netzwerke ablöst und Unternehmen plötzlich als soziale Organismen gesehen werden. Am Übergang von der Industrie- zur Informationsgesellschaft setzt sich in der Wirtschaft eine neue Organisationskultur gegen die bisherigen tayloristischen Ordnungsmuster durch. Der Mensch mit seinen kreativen Fähigkeiten gerät ins Zentrum von Theorie und Praxis der Produktionsverhältnisse. Die arbeitsteilige und hierarchische Produktionsweise wird durch autonome und flexible Gruppenarbeit ersetzt. Die Produktivität von sozialen Systemen mit ihrer Fähigkeit zur Selbstorganisation und zur lernenden Anpassung an sich ständig wandelnde Anforderungen übertrifft nämlich die Ergebnisse der Fließbandarbeit. Qualitative Produktinnovationen und der Wert des Humankapitals lösen quantitative Wachstumsprozesse und die Bedeutung der materiellen Güter ab. Zwischen Mensch und Technik entsteht dabei ebenso ein neues Verhältnis wie zwischen Individuum und sozialer Organisation. Die Wandlungsprozesse einer globalisierten Wirtschaft und das Wachstum der Dienstleistungsbranchen eröffnet neue Ausbeutungsverhältnisse, aber auch neue Chancen. Der damit verknüpfte kulturelle Wandel wird auch die Medizin zu einem fundamentalen Wechsel ihrer Denk- und Handlungsmuster zwingen, unabhängig davon, ob sie sich der kapitalistischen Wirtschaft unterwirft oder sich von ihr emanzipiert. Die Medizin kann die Agenten zur Kolonialisierung der Körper stellen oder zum kulturellen Fundament einer gesunden Zivilgesellschaft heranwachsen. Wenn sie letzteres möchte, muß sie die Fähigkeit zum integrierten Denken und Handeln entwickeln.

Das Rückenleiden und die soziale Kultur

Der soziale Organismus des Gesundheitssystems ist mit dem vorherrschenden Menschenbild der Medizin, dem Finanzierungssystem der gesundheitlichen Arbeit, den Organisationsweisen der Versorgung und den Bildungszielen vernetzt. Eine Fallgeschichte vom kranken Rücken soll die heutige Situation verdeutlichen. Ich nehme, da mir Kollegen gerne den Vorwurf machen, ich sei nicht praxiskundig genug, einen Hausarzt aus Hornberg im Schwarzwald zum Zeugen (Berbuer 1990)[2]:

«Nehmen wir als Beispiel einen Patienten mit Rückenschmerzen, Angestellter, 45 Jahre, ungerechter und jähzorniger Vorgesetzter, zänkische Ehefrau, die sehr auf ihr Äußeres bedacht ist und möglichst immer nach dem letzten Schrei der Mode gekleidet. Der Patient ist sehr aktiv in seiner Kirchengemeinde und wäre liebend gern evangelischer Pfarrer geworden. Seine Rückenschmerzen ergeben bei der klinischen Untersuchung keinen wesentlichen pathologischen Befund, die Bewegungen sind in alle Richtungen frei durchführbar. Er hat keine ausstrahlenden Nervenschmerzen.

Der Patient wünscht schließlich eine Überweisung zum Orthopäden. Dieser findet bei der klinischen Untersuchung ebenso wenig, führt aber eine Röntgenuntersuchung der gesamten Wirbelsäule durch. Es finden sich kleine Randzacken am vierten und fünften Lendenwirbel, die, so wird dem Patienten mitgeteilt, möglicherweise Zeichen eines Bandscheibenverschleißes in diesem Bereich sind, und die Bandscheibe könnte dann die geklagten Beschwerden auslösen. Außerdem stellt der Orthopäde fest, daß die Gegend der Niere etwas druckschmerzhaft ist und empfiehlt das Aufsuchen eines Urologen. Spätestens jetzt beginnt die verhängnisvolle Lawine. Die Veränderungen an der Wirbelsäule sind eigentlich alterstypisch und sicherlich nicht der Grund für die Beschwerden. Der Patient hat jetzt aber ein Töpfchen, in das er seine Krankheit hineintun kann – den ‹Bandscheibenschaden›. Es folgt die Überweisung zum Urologen, es wird sonographiert, die Nieren mit Kontrastmitteln geröntgt, die Blase gespiegelt, eine Vorsorgeuntersuchung gemacht. Es finden sich Veränderungen im Nierenbecken, die möglicherweise auf eine früher durchgemachte Nierenbeckenentzündung hinweisen, und eine minimal vergrößerte Prostata. Somit sind wieder zwei Erkrankungen dazugekommen, beide natürlich kontrollbedürftig, Wiedervorstellung in einem halben Jahr. Empfohlen wird noch eine Blutuntersuchung und der Ausschluß einer Zuckerkrankheit. Der nächste Schritt geht zum Internisten, der eine Erhöhung der Blutfettwerte findet, die mit Medikamenten behandelt wird.

Das Resultat nach einigen Wochen: Bandscheibenschaden, eine kranke Niere, vergrößerte Prostata, erhöhte Blutfettwerte. Der Patient hat als Folge das Bewußtsein des drohenden Herzinfarktes und der wohl bald versiegenden Potenz. Die Therapie: einmal täglich eine Tablette für die Prostata, zweimal täglich eine Tablette für die Blutfettwerte; kurzum – der Dauerpatient ist geboren. Aber die Rückenschmerzen sind nach wie vor vorhanden, der Chef weiterhin jähzornig und ungerecht, die Ehefrau weiterhin zänkisch und unzufrieden. Sie wird sicherlich noch unzufriedener sein mit einem Mann, der jetzt zum Frühstück, Mittagessen und Abendessen seine Pillen schlucken muß und schon gewisse Verhaltensweisen des chronisch Kranken angenommen hat. Ein wirklicher Erfolg unseres modernen Medizinsystems!

Nach einem Jahr mühevoller Kleinarbeit nimmt der Patient heute keinerlei Medikamente mehr, er hat eine neue Arbeitsstelle angenommen, und Gespräche unter Zuziehung seiner Ehefrau haben die private Situation deutlich verbessert. Er ist jetzt zufrieden und gesund, die Termine zu den jeweiligen Kontrolluntersuchungen hat er nicht mehr wahrgenommen.»

Edgar Berbuer, so heißt der Hausarzt, betitelt sein Buch: *Zwischen Ethik und Profit, Arzt und Patient als Opfer eines Systems.* Er hat mittlerweile seine Kassenzulassung zurückgegeben und arbeitet nur noch mit privat zahlenden Patienten. Eine verantwortliche und ganzheitlich handelnde Medizin ist unter den bestehenden Rahmenbedingungen der kassenärztlichen Versorgung nicht mehr durchzuhalten. Möglichst viel Medizin zu empfehlen, ist lukrativ, Menschen im Leben heilend zu begleiten, rechnet sich nicht genügend. Im bestehenden Gesundheitswesen überwuchern vielfältige Interessen und Herrschaftsbedürfnisse, die mit Heilen und Helfen nichts zu tun haben, die praktische Heilkunst. Die Gewalt des Systems beugt die Heilkultur.

Rückenleiden sind keine seltene Krankheit. Etwa 40% einer Gruppe von Menschen in Deutschland gibt an, Rückenschmerzen zu haben. Irgendwann im Leben werden 80% der Bürgerinnen und Bürger von Schmerzepisoden im Kreuz oder im Nacken gequält. Solche Rückenschmerzen sind aber nicht Ergebnis einer defekten Bandscheibe. Die gründliche Untersuchung von Menschen, die noch nie Rückenschmerzen gehabt haben, mit Computertomographen und anderen bildgebenden Verfahren stellt dar, daß 40–60% dieser rückenschmerzfreien Personen Bandscheibenveränderungen gleicher Gestalt zeigen wie Rückenschmerzpatienten (Schultz-Venrath 1993)[3]. Die Korrelation zwischen Rückenschmerz und Bandscheibenveränderungen ist also so zufällig wie die Beziehung zwischen der Zahl von Störchen und Geburten in Bayern.

Rückenschmerzen gehen selbstverständlich mit körperlichen Veränderungen einher. Der Stoffwechsel der Bandscheibe ist von regelmäßigen Anspannungs- und Entspannungszuständen abhängig. Chronische Dauerspannungen beeinträchtigen die Bandscheiben. Aber auch die Verhältnisse des Lebens und die inneren Einstellungen von Menschen nehmen Einfluß, wenn der Rücken verkrampft ist und Schmerzen bereitet. Besonders häufig sind Menschen betroffen, die immer obenauf sein müssen, ständig gebraucht werden wollen, selbst aber nie hilflos sein und andere brauchen dürfen. Es sind dynamische Persönlichkeiten, die gleichzeitig besonders erfolgreich sind, die zum «Hexenschuß» neigen. Der Rückenschmerz spricht über einen mangelnden Ausgleich zwischen aggressiver Selbstbehauptung und Hingabebereitschaft. Das fehlende Lebensgleichgewicht wird durch Operationen nicht hergestellt. Schmerztherapeuten in Deutschland behaupten, daß 90% der Bandscheibenoperationen nicht indiziert, also nicht vernünftig sind.

Jeder Psychotherapeut kann vergleichbare Geschichten und Systemwirkungen aus dem Fundus seiner Erfahrung berichten. Wie kann es nun gelingen, daß die Kultur des Helfens und Heilens über die Strukturen des Gesundheitssystems bestimmt und integrierte Medizin mit einer integrierten Versorgung einhergeht?

Vorboten einer Integrierten Medizin

Die Erkenntnisse der Sozialepidemiologie, der Psychophysiologie, der psychosomatischen Medizin und der Gesundheitswissenschaften beweisen längst, daß die Vorstellung eines linear-kausalen Ursache-Wirkungsgefüges durch ein soziopsychosomatisches Modell ergänzt werden muß. Die wissenschaftliche Auftrennung von Körper und Seele oder von Mensch und Umwelt, wie sie für das naturwissenschaftliche Verständnis der Medizin im 19. und 20. Jahrhundert typisch war, macht zunehmend einem Denken Platz, in dem das menschliche Leben als hochgradig vernetzte Systemwelt begriffen wird. Die Gesellschaft beeinflußt die Gesundheit der Bürger durch die von ihr erzeugten Risiken und durch die von ihr bereitgestellten Gesundheitspotentiale. Mensch und Umwelt, Seele und Körper sind durch Wechselwirkungen auf das engste miteinander verbunden. Dem Gefühlsleben kommt dabei eine Schlüsselstellung zu: Der einzelne Mensch mit seinen Gefühlen reagiert auf die alltäglichen Erfolge und Niederlagen, auf Mühen und Belastungen und den Grad der individuellen Bedürfnisbefriedigung. Gefühle haben zugleich auch einen wesentlichen Einfluß auf Physiologie und Verhalten.

Soziale, seelische und physiologische Vorgänge hängen sehr viel enger miteinander zusammen, als Mediziner bisher angenommen haben. Dieses neue Wissen wird nicht nur die Gesundheitsförderung und Prävention, sondern die gesamte Gesundheitsversorgung revolutionieren. Die Gesundheitswissenschaftler Bernhard Badura und Günter Feuerstein analysieren die Versorgungskrise der hochtechnisierten Medizin als ein «Phänomen systemischer Fehlsteuerung» (Badura, Feuerstein 1994)[4]. Dabei komme man an der Erkenntnis nicht mehr vorbei, daß auch im Gesundheitswesen die Zeit der Technikfaszination zu Ende gehe und statt dessen sorgsamer mit den dort beschäftigten und betreuten Menschen umgegangen werden müsse.

Der Sozialmediziner Hans Schäfer hat vor über zwanzig Jahren die «Soziopsychogenese» des Herzinfarktes und der Herz-Kreislauf-Erkrankungen überzeugend und beispielhaft beschrieben und den Horizont einer kommenden Medizin der Informationsgesellschaft ausgeleuchtet (Schaefer, Blohmke 1977)[5]. Er sah damals schon eine «wahrhaft soziopsychosomatische Medizin» heraufziehen, die naturwissenschaftliche und sozialwissenschaftliche Erkenntniswege integriert:

«... wir sind also auf gutem Wege, mit wissenschaftlich exakter Methode, den alten Traum von einer holistischen oder Ganzheits-Medizin zu verwirklichen» (Schaefer 1976, S.146)[6].

Die Perspektive eines biopsychosozialen Krankheitsverständnisses, wie es Ende der siebziger Jahre durch G. L. Engel (Engel 1977)[7] und durch Thure von Uexküll (v. Uexküll 1979)[8] ebenfalls wegweisend formuliert und inzwischen von den Gesundheitswissenschaften vielfältig bestätigt wurde, begründet das medizinische Modell der postindustriellen Zeit: Der individuelle Mensch ist Teil umfassender sozialer und kultureller Systeme und selbst ein kommunizierendes System, das aus vielen Subsystemen, bis hinab auf die molekulare Ebene besteht. Es handelt sich um eine Hierarchie von Systemkreisen, die dynamisch interagieren und mit Regulationen und Gegenregulationen oder mit Anpassung und Veränderung auf neue Situationen antworten. Wenn die Herausforderungen des Lebens glücken, ist Gesundheit vorherrschend, wenn sie mißglücken, kommt Krankheit zum Ausbruch. Die wissenschaftlichen Grundlagen für eine postindustrielle Heilkultur sind längst vorhanden, jetzt geht es darum, sie im Gesundheitssystem zu verankern (v. Uexküll, Wesiack 1988)[9].

Heilkunst in der Kommunikationsgesellschaft

Die aufziehende Heilkunst der Kommunikationsgesellschaft denkt und handelt in vernetzten Systemen. Die bisherigen Postulate der Biomedizin werden von dynamischen, biopsychosozialen Konzepten der Gesundheitsförderung und der Krankheitsbewältigung abgelöst. Eine solche integrierte Medizin sieht Gesundheit und Krankheit als Zustandsbeschreibung in einem kommunikativen Gewebe, das Gen, Person und soziale wie physikalische Umwelt vernetzt. Kränkende oder pathogene und heilende oder salutogene Kräfte beeinflussen die Verhältnisse. Moleküle, Zellen und Organsysteme, Körper, Seele und soziales Leben, Individuum, Heimat und Gesellschaft sind in Wechselwirkungen miteinander verbunden. Die Hierarchie der Systemkreise reicht von der molekularen Ebene bis zur Kultur des gesellschaftlichen Lebens (Huber 1993)[10].

Schmerzen lassen sich mit Aspirin bekämpfen, aber auch durch neues Glück im Alltagsleben. Einsamkeit und Prüfungsstreß verringern die Abwehrkraft der Blutkörperchen, und Bakterien werden gefährlicher, wenn soziale Entwurzelung vorhanden ist. Mentale Einstellungen beeinflussen die physiologische Leistungskraft von Sportlern, und Gefühle verändern die Körperchemie unmittelbar. Krebspatienten mit gutem Kontakt zu anderen Menschen haben deutlich höhere Überlebenschancen, und Placebo-Medikamente vermögen wundersame Heilungen auszulösen. Dies sind eben auch Erkenntnisse der modernen Naturwissenschaft. Die Medizin erarbeitet gegenwärtig eine Relativitätstheorie im Umgang mit ihren Objekten, die unsere Heilkunde so verändern wird, wie schon die Relativitätstheorie von Albert Einstein die Physik umgekrempelt hat.

Das künftige Leitbild der Ärztinnen und Ärzte ist also eine Medizin für den ganzen Menschen, die selbstverständlich somatische, psychische und kulturelle Aspekte integriert. Eine so gewandelte Humanmedizin wird auch neue Handlungskonzepte für die Heilkundigen erarbeiten. Beziehungsbereitschaft und Beziehungsfähigkeit sind heute schon bestimmende Faktoren für die Leistung des Arztes. Er braucht die Fähigkeit, seinen Patienten Geborgenheit, Vertrauen und Sicherheit zu geben, und er muß neue Gleichgewichte im Wechselverhältnis von Körper, Person und sozialer Gemeinschaft herstellen. Arzt und Patient sind Partner, beide wirken im therapeutischen Prozeß zusammen, sind «Produzent» und «Co-Produzent» von Gesundheit. Die Beziehung heilt!

Das karthesianische Zeitalter in der Medizin und die Epoche des Leib-Seele-Dualismus gehen zu Ende. Künftig werden salutogenetische Fragen und Antworten, also wie Gesundheit entsteht und gefördert werden kann, ebenso wichtig sein wie die pathogenetische Orientierung, die nach den Wurzeln der Krankheit sucht und die Reparatur von Gebrechen anstrebt. Die modernen Gesundheitswissenschaften helfen, eine salutogene Heilkunst zu entwickeln.

Die meisten Menschen, die zum Arzt kommen, leiden an funktionellen Krankheiten, psychosomatischen Störungen oder chronischen Gebrechen, denen mit symptomatischer Medizin nicht gut geholfen ist. Die Gefühle von Angst beispielsweise suchen sich vielfältigen körperlichen Ausdruck, egal ob die Angst durch Arbeitsverlust, Beziehungskrisen oder mangelnde Lebensperspektiven ausgelöst wird. Im Wertschöpfungsprozeß Gesundheit ist eine Angstbekämpfung mit Herzkathetern und Computertomographen eine Ressourcenvergeudung oder eine Scheinleistung. Der Hausarzt und der Krankenhauspraktiker sind zunehmend herausgefordert, für Menschen mit körperlichen, seelischen und sozialen Problemen einen selbständigen und selbstbestimmten Alltag zu gestalten. Sie müssen im Einzelfall ein gesünderes Leben trotz Behinderung organisieren helfen und Versorgungsnetze für ihre Patienten bereitstellen. Diese umfassende und immer wieder besondere Hindernisse überwindende Heilkunst erfordert Kreativität, Kommunikations- und Beziehungsarbeit: ein individuelles Versorgungsmanagement oder individuelle «Gesundheitsprodukte».

Die Leistungen von Medizin und Pflege umfassen eben ein komplexes Netzwerk von Hilfe und Unterstützung. Dazu gehören auch Gespräche mit Angehörigen, Kontakte zu Handwerkern, die Wohnraum behindertengerecht umbauen, die Vermittlung von Selbsthilfegruppen oder die Ermutigung von Nachbarn, ein Versorgungsproblem mitzulösen. Medizin und Pflege muß den einzelnen Menschen ermuntern, möglichst selbstbestimmt und selbstverantwortlich mit seiner Lage fertigzuwerden. Gesundheit heißt Autonomie für die betroffene Person: Autonomie trotz eines körperlichen, seelischen oder sozialen Handicaps. Autonomie ist also das «Produktionsziel» einer sozial verantwortlichen Heilkunst.

Es ist keine Leistung, möglichst viele EKGs in Hamburg zu schreiben, die Zahl der Gelenkoperationen in Bayern zu verdoppeln oder die Besuchsfrequenz der Krankenversicherten in den Arztpraxen maximal zu steigern. Die Zahl der Krankenhausbetten oder der Röntgenbilder in einer Region mißt auch nicht die Gesundheit der Bevölkerung. Im Gegenteil: Quantitativer Einsatz von Medizintechnologie kann qualitativen Rückschritt für die «Gesundheitsproduktion» bedingen, wenn damit individuelle Abhängigkeit oder persönliche Unterwürfigkeit gegenüber profitablen Dienstleistungskonzepten erreicht wird. Es ist auch ein Frevel, wenn Infusionen, Operationen oder invasive Diagnostik wegen der Abrechnungsziffer erforderlich werden.

Die neue Organisation des Gesundheitswesens

Gute Heilkunst unterläßt alles, was dem betroffenen Kranken nichts nützt. Ärztinnen und Ärzte sollten ihre Patienten so behandeln, wie sie selbst behandelt werden wollen. Die Wertbestimmung für medizinische Angebote muß also vom Patienten her erfolgen und mit dem Kranken zusammen abgestimmt sein. Der Nutzen ärztlicher Maßnahmen ist im Dialog mit dem «Kunden», zwischen Arzt und Patient im Einzelfall zu definieren. Wenn das gewünschte «Produkt» so individuell bestimmt ist, sollte der Wertschöpfungsprozeß das Ziel in möglichst kurzer Zeit und zu möglichst geringen Kosten erreichen. Dies läßt sich nur realisieren, wenn die Professionen und Institutionen, Ärzte und Krankenkassen, Dienstleister und Finanziers eine systemische Sicht übernehmen, zu einem neuen Miteinander finden und das Gesundheitswesen als ein soziales System verstehen lernen.

Das Gesundheitssystem oder das vernetzte Gesamtunternehmen «Gesundheit für Deutschland» setzt sich beispielsweise aus den Subsystemen Wertorientierung, Finanzierung, Versorgungsprozesse und Bildung oder Wissenschaft und Forschung zusammen. Die systemische Sichtweise versteht das gesamte System als interagierendes Netzwerk der einzelnen Teile, die im Interesse des Ganzen koordiniert und aufeinander bezogen zusammenwirken müssen. Unterschiedliche Wertorientierungen bedingen eine dazu jeweils passende Gestaltung der verschiedenen Subsysteme. Das System kann also kapitalistisch oder sozialwirtschaftlich konzipiert werden.

Zur Zeit fällt das Gesundheitswesen in Deutschland auseinander. Die Krankheit sitzt tief im System und die Berliner Gesundheitspolitik hat kein heilsames Konzept. Die ohne Zweifel notwendige Kulturreform im Gesundheitswesen geht an das Eingemachte der vorhandenen Interessen, Professionen, Strukturen und Verhaltensweisen. Entbürokratisierung und Netzwerkorganisationen mit flachen Hierarchien, hoher Selbständigkeit der einzelnen «Produktionseinheiten», pluralistischer Kooperation und einer integrierenden Gesamtsteuerung erfordern zunächst Flexibilität und neue Einsicht bei den Mächtigen. Wer am «Zapfhahn» steht, darf sich nicht über die «Freibiermentalität» der einfachen Menschen mokieren. Das gern benutzte Postulat von der «Eigenverantwortung» gilt für die privilegierten und einflußreichen Bürgerinnen und Bürger ganz besonders. Es muß also ein Ruck durch die sozialen Eliten gehen, der das soziale Gewissen der Heilkunst über die Geschäfte mit der Medizin stellt. Die Realität einer neuen biopsychosozialen Medizin wird alle und alles verändern: die Ausbildung, das Berufsbild, das Denken und das Handeln von Ärzten, die Finanzierungsweisen und die Organisationskultur im Gesundheitswesen und das Miteinander von Politik, Krankenkassen und Ärzteschaft.

Die Krebszellökonomie überwinden

Der Arzt dient der Gesundheit des einzelnen Menschen und dadurch der gesamten Bevölkerung, er beherrscht sie also nicht. Das Gesundheitswesen in Deutschland bildet das soziale Immunsystem zur Abwehr der Krankheitsgefahren unter den herrschenden Verhältnissen. In diesem Organismus müssen Praxisorganellen, Krankenhauszellen, Organe von Krankenkassen und Ärzteschaft oder die Körperschaften der Politik zusammenwirken und sich jeweils als Teil eines gemeinsamen Systems begreifen. Alle müssen koordiniert, zielgerichtet und aufgabenbewußt an ihrem jeweiligen Platz ihren Beitrag zur Funktionstüchtigkeit des Ganzen leisten. «Gesundheit für alle» braucht alle Beteiligten als Teil eines gesellschaftlichen Ganzen und nicht als eine Ansammlung rücksichtslos miteinander konkurrierender Partikularinteressen.

Die Konfliktlandschaft der Akteure in der laufenden gesundheitspolitischen Reformdebatte gleicht demgegenüber einer kämpferischen Ansammlung von Krebszellen, die aggressiv und rücksichtslos möglichst viele Vorteile aus dem Gesamtorganismus des Gesundheitssystems ziehen wollen. Kostendämpfung mündet in einen Streit um Kostenverantwortung, und die verschiedenen Parteien versuchen, entlang des Wertschöpfungsstromes ihre jeweils eigenen Interessen auf Kosten anderer zu verteidigen. Rücksichtsloses Profitstreben, gruppenegoistische Konkurrenzkämpfe, lukrative Risikoselektion oder pfiffige Indikationsschwindeleien, der

ganze Kampf um die Pfründe im knapper werdenden Budgetku-
chen sind Symptome einer Krebszellökonomie. Die maximale Medizin der Einzelgänger zerstört die Gesundheit des sozialen Netzes,
und die Kommerzialisierung der Gesundheitsdienste infiltriert bös-
artig die Moral der helfenden Berufe wie der helfenden Institutionen.

Die Krebszellökonomie im bestehenden Gesundheitswesen
wird von Honorar- und Finanzierungssystemen angefacht, die keinen echten Leistungsbezug besitzen. Die «Fallpauschale» macht
den operierten Gesunden zum lukrativsten Patienten, und die sogenannte Einzelleistungsvergütung hat mit Preisen viel, mit dem
Wert ärztlicher Tätigkeit aber wenig zu tun. Für eine einzelne Arzt-
praxis oder ein einzelnes Krankenhaus ist betriebswirtschaftlich
lukrativ, was für das gesundheitliche Versorgungssystem ökonomische Nachteile bringt. Diese Desintegration widerspiegelt ein
Steuerungsversagen im Systemmanagement und mangelnde Einsicht bei den Führungseliten der beteiligten Gruppen.

Zusätzlich lähmt eine wirklich verrückte Spaltung zwischen der
Indikationsmacht für nützliche Medizin und der Finanzierungsge-
walt über die Versorgungsprozesse das Gesamtunternehmen «Gesundheit für Deutschland». Wertbestimmung und Ressourcenver-
antwortung müssen aber integriert werden, um einen wirtschaftlichen Wertschöpfungsprozeß erst möglich zu machen. Ökonomie
und Leistung gehören zusammen! Ich empfehle daher einen Um-
stieg vom quantitativen zum qualitativen Wachstum im Gesundheitswesen und die Übernahme des «schlanken Denkens» aus dem
Industriemanagement (vgl. Womack und Jones 1997)[11].

Bei der Suche nach neuen Lösungswegen ist es hilfreich, den
Blick auf die Entwicklung der anderen gesellschaftlichen Hand-
lungsfelder zu werfen. Speziell die Erfahrung aus den innovativen
Unternehmen der Wirtschaft geben Beispiele für die Veränderung
der Steuerungs- und Entwicklungsprozesse im Gesundheitswesen.
Die moderne Managementforschung und -praxis hat inzwischen
beherzt Abschied genommen von der tayloristischen Arbeitsorga-
nisation. Unternehmen, Branchen oder Betriebe werden nicht mehr

als statische Gebilde betrachtet, sondern als soziale Organismen, die in Wechselwirkungen mit ihrer Umwelt stehen und – sofern sie entsprechende Freiräume nach innen und außen haben – sich permanent erneuern. Ein solches Denken in vernetzten Strukturen und dynamischen Wechselverhältnissen muß auch im Gesundheitswesen selbstverständlich werden. Eine Gesundheitsreform darf sich nicht allein darauf beschränken, Prozesse innerhalb eines Versorgungsgebietes zu optimieren. Es geht insgesamt und grundsätzlich um eine Systemreform!

Integrierte Gesundheitsversorgung

Integrierte Gesundheitsversorgung verlangt nach dem Gemeinschaftswerk von Ärzteschaft, Gesundheitsberufen und Krankenkassen. Ein qualitativer Sprung im deutschen Gesundheitssystem benötigt gemeinsame Versorgungsträger von Ärzteschaft und Krankenkassen, die das bestehende Steuerungschaos solidarisch und im gegenseitigen Respekt überwinden helfen. Es braucht ein kooperatives Informations-, Kommunikations- und Gestaltungsmanagement und ein Bewußtsein für die gemeinsame Verantwortung. Die Schlüssel zur Umgestaltung des Systems heißen redliche Leistungsdefinition und vernünftige Entlohnungs- oder Preisgestaltung. Das Sozialgesetzbuch in seinen unterschiedlichen Regelungsbereichen gibt dafür durchaus Freiheiten, die genutzt werden können. Innovationen sind unter den bestehenden gesetzlichen Rahmenbedingungen möglich!

Es liegt letztlich im Interesse aller Beteiligten, die strukturellen Zwänge zu durchbrechen und beispielsweise hierarchische Abhängigkeit durch flexible Netzwerke oder spezialisierte Chefarztsysteme durch multidisziplinäre Teams zu ersetzen. Die Radikalkur für das Gesundheitssystem in Deutschland ist keine Frage des Geldes. Es ist eine Frage des gesundheitspolitischen Wollens und der gesundheitspolitischen Übereinstimmung der zuständigen Akteure. Selbstverwaltungskörperschaften, die sich ihrer sozialen Verantwortung wieder bewußt werden, können Subsidiarität und Solidarität miteinander verknüpfen und jenseits vom freien Markt und von zentraler Verwaltungswirtschaft ein dezentral vernetztes, national wie regional kooperierendes, preiswertes und wirksames System in die Praxis umsetzen.

Die Kosten jeder «Behandlung» und die Aufwendungen für das gesamte System ließen sich drastisch senken. Die freigesetzten Ressourcen stünden für die Aufgaben zur Verfügung, die heute noch vernachlässigt werden. Das soziale Gewissen der Heilkunst muß vor den Geschäften mit der Krankheit nicht kapitulieren. Es lohnt sich vielmehr, das Gesundheitssystem neu zu denken und auch für eine «Non-Profit-Unternehmung» die Organisationserfahrung der Profitwirtschaft zu nutzen. Die organisatorische Reformkunst beweist sich daran, wie ideologiefrei und selbstbewußt sie Systemerfahrungen aus der Wirtschaft übernimmt und für eine Reanimation des Sozialen einsetzt.

Die Gesundheitssysteme der europäischen Gesellschaften stehen alle vor derselben grundlegenden Weichenstellung. Die entscheidende Frage lautet: Wollen wir ein Gesundheitssystem, das optimalen sozialen Gewinn bei möglichst günstigem gesellschaftlichem Ressourceneinsatz anstrebt, oder wollen wir ein Gesundheitssystem, das maximale individualisierte Profite in einer kapitalistischen Dienstleistungswirtschaft ermöglicht und den kranken Menschen als Objekt für das Geschäft betrachtet?

In einem sozialen Gesundheitssystem müssen sich die Subsysteme dem gemeinsamen Ziel, also preiswerte Gesundheit für Alle, unterordnen. Die globale Zielsetzung hat Rückwirkung auf die Gestaltung von Finanzierungs- und Versorgungssystemen. Gruppenegoistische Leistungsausweitungen im Versorgungssystem ohne Rückkoppelung mit dem Gesamtnutzen führen zwangsläufig zu einer Krise der Finanzierungssysteme. Die gegenwärtigen gesundheitspolitischen Reformdebatten vernachlässigen die systemischen Wechselwirkungen und zeichnen sich durch diffuse Zielsetzungen aus.

Ein marktwirtschaftliches Gesundheitssystem bedingt andere

Orientierungen der dazu passenden Subsysteme. Maximale Medizin ist eine direkte Folge der kapitalistischen Zielsetzung, und die damit verknüpften Krisensymptome sind zwangsläufig. Modifikationen wie Kostendämpfung oder Qualitätssicherung können die Logik des Gesamtsystems nicht aufbrechen. Moderne Gesundheitspolitik muß daher die systemische Sichtweise zur Grundlage ihrer Entscheidungsprozesse machen.

Neue Gesundheitspolitik

«Mehr Markt» und allerlei Wettbewerbsparolen beherrschen die gesundheitspolitische Debatte der Gegenwart. Niemand aber reflektiert, um welchen Wettbewerb es eigentlich geht und welche Ziele ein nationales Gesundheitssystem verfolgen sollte. Die Krise der Gesundheitsversorgung ist eine Krise der sozialen Kultur und eine Krise der Wahrnehmung in der Medizin. Hektische Strukturreformen lösen die bestehenden Probleme nicht. Gebraucht wird eine Kulturrevolution im Gesundheitssystem, vergleichbar der «zweiten Revolution in der Autoindustrie» (Womack und Jones 1997)[12]. Die Kultur des Helfens und Heilens muß künftig wieder die Strukturen von Arztpraxen, Krankenhäusern und Krankenkassen bestimmen. Echte Leistung, der Nutzen und die Ergebnisse von pflegerischen oder heilkundigen Interventionen sollten sich mehr lohnen als der sinnentleere, aber hochprofitable Einsatz medizinischer Möglichkeiten.

Die sozialen Bewegungen und die daraus entstandenen vielfältigen Projekte alternativer Gesundheitsdienste erproben heute schon erfolgreich neue Wege. Solidarische Mitmenschlichkeit ist in dezentralen, selbständig handelnden sozialen Netzen lebendig. Selbsthilfegruppen, Bürgerinitiativen und auch Verbraucherschutzorganisationen oder große Vereinigungen von betroffenen Menschen und reformwilligen Professionellen, oftmals vernetzte Bündnisse von Laien und Experten haben die Fundamente für ein neues Gesundheitssystem längst gelegt.

Die *Ottawa-Charta für Gesundheitsförderung* formuliert das dazu passende gesundheitspolitische Programm:

«Gesundheitsförderung zielt auf einen Prozeß, allen Menschen ein höheres Maß an Selbstbestimmung über ihre Gesundheit zu ermöglichen und sie damit zur Stärkung ihrer Gesundheit zu befähigen (…) Gesundheit steht für ein positives Konzept, das in gleicher Weise die Bedeutung sozialer und individueller Ressourcen für die Gesundheit ebenso betont wie die körperlichen Fähigkeiten.»

Es geht nicht nur um die individuelle Entwicklung gesünderer Lebensweisen, sondern um die Veränderung gesellschaftlicher Strukturen (Pelikan, Demmer und Hurrelmann 1993)[13].

Die Kommunikationsgesellschaft erzwingt ein ihr gemäßes Gesundheitssystem und eine zu ihr passende Medizin, die Subsidiarität und Solidarität integriert und auch die nötige Heilkraft für ein gesundes soziales Bindegewebe liefert. Das neue Zeitalter arbeitet mit Netzwerken statt mit Hierarchien, produziert in selbständigen therapeutischen Teamkulturen und nicht in bürokratischen Verwaltungen, orientiert sich am Nutzen für die Menschen und nicht am materiellen Profit. Der «dritte Weg» zwischen Markt und Staat ist eine ökologisch und sozial verantwortliche Vergesellschaftung der Einrichtungen des Gesundheitswesens. Ein Wettbewerb um möglichst gute Ergebnisse in einem «Non-Profit»-orientierten Gewebe unterschiedlicher Unternehmungen muß jetzt gesundheitspolitisch mehrheitsfähig werden.

Moderne Gesundheitspolitik gestaltet das Gesundheitssystem der Zukunft als gesellschaftlichen Organismus, der subsidiäre Solidargemeinschaften einem öffentlichen Markt von Leistungsbeweisen und Erfolgsberichten aussetzt. Dies hat einen Wettbewerb um gute Heilkunst und wirksame Krankenhilfe zur Folge. Ein «Non-Profit»-Unternehmen «Gesundheit für Deutschland» führt zu einem gesunden Ausgleich zwischen den egoistischen Impulsen einer kapitalistischen Produktionswirtschaft und den mitmenschlichen Bedürfnissen oder Gemeinschaftsidealen der Bürgerinnen und Bürger in der Informationsgesellschaft. Ein so gestaltetes Gesundheitssystem minimiert gesellschaftliche Destruktivität und optimiert gesellschaftliche Produktivität. So gesehen dürfte eine preiswert erreichte psychosoziale Gesundheit in Deutschland auch neue Produktivkräfte für die künftige Volkswirtschaft entfalten. Die heilsame Vernetzung von individuellem Wohl und sozialem Wohlbefinden stellt eine gesellschaftspolitische Herausforderung dar, die im Gesundheitssystem gelöst werden muß.

Ein solches Gesundheitswesen wird zum Hoffnungsträger für die Gesellschaft zwischen globalen Kapitalmärkten und individualisierter Auslieferung an Not und Krankheit und zum Motor für eine neue Solidarität und neue Gemeinschaftlichkeit. Die politische Kernaufgabe umfaßt dabei die Gestaltung einer integrierten Medizin und einer integrierten Gesundheitsversorgung. Unser Maßstab ist der Mensch in seinen sozialen Bezügen und nicht das Geld oder der Aktienkurs. Couragierte Gesundheitspolitik kann – dies ist die ermutigende Botschaft für alle, die neu denken, handeln und organisieren wollen – zum heilenden Balsam für das zerbrechende soziale Bindegewebe werden und die gesellschaftlichen Verhältnisse so umgestalten, daß sie individuelle und soziale Gesundheit gleichermaßen fördern.

Vom Räderwerk zum Netzwerk

Netzwerkorganisation zeichnet das biologische Leben aus. Der kleine Finger eines Menschen zuckt zurück, wenn er eine heiße Herdplatte berührt, ohne daß ein entsprechender Befehl durch das Großhirn gegeben werden muß. Dezentrale Autonomie ist so konstituierend für Leben und Überleben. Es stellt sich heute also die politische Aufgabe, biologische Prinzipien für die Gestaltung des sozialen Lebens zu übernehmen. Die Spannung zwischen Individualismus und Gemeinschaft, zwischen miteinander und gegeneinander in den sozialen Bezügen oder zwischen zentraler Machtausübung und dezentraler Autonomie bildet sich auch in den historischen Wurzeln der Sozialen Marktwirtschaft ab.

Heute müssen das Prinzip der Solidarität und das Prinzip der Subsidiarität miteinander verknüpft werden. Die Bauchschmerzen der Bürger im Allgäu können nicht durch Gesetze in Berlin und bürokratische Pläne in der Verwaltung von Krankenkassen bewältigt werden. Wenn das Solidaritätsprinzip als machtpolitischer Volksbeglückungswahn ausagiert wird, endet dies in einer zentralistisch kontrollierten, mechanokratischen und lebensfeindlichen Welt. Das Subsidiaritätsprinzip der katholischen Soziallehre läßt sich zu individueller Schuldzuweisung pervertieren, Hilfe bekommt nur der, der sie auch bezahlen kann. Ein solidarisches Miteinander in kleinen, überschaubaren Lebensnetzen beschreibt künftige Perspektiven und die Alternativen zum gegenwärtig hierarchisch-dominanten, bürokratisch-sklerosierten Versorgungssystem. Die Selbsthilfebewegung hat in Ansätzen diese kommende Kultur bereits vorgebildet.

Das Keimen der neuen Kultur läuft nicht ohne Widersprüche, Widerstände und Schwierigkeiten ab. Es gibt aber genügend Anzeichen, daß ambulante Betreuung, Beratungsdienste, Selbsthilfepotentiale, Nachbarschaftsinitiativen, kurative Behandlung, Prävention und Rehabilitation, Krankenhausversorgung und gemeinwesenorientierte Sozialarbeit mehr und mehr vernetzt und in der Praxis integriert zu handeln versuchen. Anzustreben ist jetzt ein integriertes System der Sozial- und Gesundheitsversorgung, eine Art Gesundheitsversicherung, in der die Aufgaben der Krankenversicherung, der Pflegeversicherung, der Rentenversicherung und die öffentlichen Sozial- und Gesundheitsdienste zusammengeführt werden. Die konkreten Versorgungsaufgaben erzwingen nämlich neue Organisationsmuster und Handlungsweisen.

Der anstehende Wandel im Gesundheitssystem erfordert ein Umdenken bei allen Beteiligten und sämtlichen Professionen. Interessen müssen beschnitten und Einstellungen wie Haltungen aufgebrochen werden. Die meisten Bürokraten litten schon als Kinder unter der schier unendlichen Weite ihres Laufstalls. Auch die Ärzteschaft wird ihre Kumpanei mit der Pharmaindustrie überwinden und ökonomische Verantwortung übernehmen müssen. Der sinnvolle Ressourceneinsatz ist immer Bestandteil gesundheitlicher oder sozialer Dienstleistungen. Die heute vorherrschende Spaltung zwischen Finanzierungsträgern und Versorgungsträgern muß durch gemeinsame Verantwortlichkeiten überwunden werden.

Wenn beispielsweise ein Fernsehfilm produziert wird, gehört der Mittelaufwand bis zur Fertigstellung des endgültigen Filmes zum Produkt. Niemand käme auf die Idee, die Anzahl verbrauchter Filmmeter im Herstellungsprozeß zum Leistungsmaßstab für das endgültige Produkt zu machen. Das Abrechnungssystem der ambulant tätigen Ärzte stellt ein atomisierendes Ordnungsmuster dar, das so vernünftig und schlüssig wirkt, wie wenn die Arbeit eines Zimmermannes an der Zahl seiner Hammerschläge bewertet würde. In diesem Fall wunderte sich keiner, wenn Zimmerleute neue Hammertechnologien entwickelten, die noch schneller hämmern können, aber kein vernünftiges Haus mehr bauen.

Die anstehenden Reformen im Gesundheitswesen können nicht von oben nach unten, sie müssen von unten nach oben durchgesetzt werden. Der einzelne Arzt im unmittelbaren Patientenkontakt und der einzelne Patientenberater ebenso wie die Patienten selbst mitten in den realen Problemen wissen am besten, wie eine wirksamere und gleichzeitig preiswertere Hilfe gestaltet und organisiert werden müßte. Wir stehen am Beginn eines Prozesses, der die Erfahrung und die Kompetenzen der helfenden Basis mit der Reformbereitschaft der verantwortlichen Gestalter des Systems zusammenführt. Ich sehe wohl, daß diese neue Kooperation und Kommunikation schwierig ist und an den real vorhandenen Interessen der heute Mächtigen scheitern kann. Trotzdem gibt es keine andere Perspektive.

Gesellschaft und Wirtschaft

Makroökonomen, die über die langfristige Dynamik volkswirtschaftlicher Entwicklungen forschen, fragen sich: Was wird künftig neue wirtschaftliche Aufbrüche begünstigen? Die Kondratieff-

Wellen, benannt nach ihrem Erstbeschreiber, zeigen die langfristige Entwicklungsdynamik der Industriegesellschaften auf. Die langen Wellen der Ökonomie gehen immer einher mit einer technischen oder sozialen Basisinnovation, die dann jeweils neue Entwicklungsprozesse möglich macht. Das industrielle Zeitalter begann mit der Dampfmaschine, dem Webstuhl und der Textilindustrie. Inzwischen befinden wir uns im fünften Kondratieff, geprägt vom Computer und der Kommunikationstechnologie. Am Übergang vom vierten zum fünften Kondratieff ist deutlich geworden, daß nicht mehr materielle Güter oder die Bereitstellung von Energie die wirtschaftlichen Erfolge bedingen. Die Fähigkeiten von Menschen mit kreativen Ideen, das menschliche Potential, also das sogenannte Humankapital sind wichtiger geworden. Die Zukunft gehört Wirtschaftssystemen, die psychosoziale Gesundheit als Basis und Voraussetzung für ihr Werden und Entwickeln sehen. Psychosoziale Gesundheit wird somit zum Motor für die wirtschaftlichen Aufschwungprozesse der Zukunft.

Leo A. Nefiodow stellt in seinem Buch über den sechsten Kondratieff (Nefiodow 1997)[14] nun die Frage, welche Basisinnovation den kommenden Kondratieff begründen wird, und er antwortet:

«Der sechste Kondratieff wird seine Antriebsenergie aus dem Streben nach einer ganzheitlich verstandenen Gesundheit beziehen, in deren Zentrum, als Basisinnovation, die Erschließung psychosozialer Potentiale stehen wird.»

Sein Leitbild ist das einer «kooperativen Gesellschaft» im Gegensatz zur Konkurrenzgesellschaft mit ihren destruktiven und zerstörerischen Spannungen.

Wenn man dieser Wirtschaftstheorie folgt, reüssiert das Gesundheitssystem zum Schlüssel für neue gesellschaftliche Produktivität. Gesundheits- und Sozialarbeit wird zum neuen Motor für den gesellschaftlichen Entwicklungsprozeß. Wir müssen das Yang der kapitalistischen Industrie mit ihren egoistischen Potentialen durch das Yin einer sozialen und gesundheitlichen Dienstleistungswirtschaft ergänzen, die nicht an Profitzielen, sondern am sozialen Nutzen orientiert ist. Dies wäre aber kein staatlich geplantes Organisationsmuster, sondern ein dynamischer gesellschaftlicher Wettbewerb um möglichst gute gesundheitliche Leistungen und menschlichen Nutzen.

Psychosoziale Gesundheit beschreibt das Beziehungsnetz von Gesellschaft insgesamt. Ein Land, das in der Lage ist, mit einem möglichst sinnvollen Aufwand an materiellen Mitteln, an Geld und Personal ein hohes Maß an sozialer Kohärenz zu schaffen, wird besser mit den Widrigkeiten des gesamten Lebens fertig werden als ein Land, das viel Geld in Polizei, in Ehekrisenberatung oder sonstige Einrichtungen zur Bekämpfung von sozialen Konflikten stecken muß. Psychosoziale Gesundheit wird wichtig auf dem Weg zu einer kooperativen Gesellschaft, die soziale und kommunikative, emotionale und intuitive Kompetenzen benötigt.

Diese Begriffe stammen von einem Ökonomen, nicht von einem Mediziner. Es geht beispielsweise darum, die individuelle Einfühlsamkeit für die Lage von anderen Menschen zu schulen. Eine gewaltige Bildungsaufgabe ist uns gestellt. Die Menschen müssen befähigt werden, mit ihren Gefühlen neu und anders, besser umzugehen. Ästhetische und ethische Kompetenzen sind zu kultivieren. Eine menschliche Ordnung und ansprechende Schönheit in Arbeitsprozessen entfalten zu können, beschreibt ebenfalls Fähigkeiten, die Menschen für andere mitbringen sollten. Ein Fach «Gesundheitsbildung» in den allgemeinbildenden Schulen wird selbstverständlich werden. Ethische Kompetenz zu fördern heißt, kooperative Tugenden zu pflegen und sie als bedeutsam im politischen Raum zu definieren: Fairneß, Wohlwollen, Vertrauen, Gemeinschaftssinn, Solidarität, Leistungsbereitschaft und Offenheit gehören dazu.

Ist dies der Ruf nach einem neuen, idealen Menschen? Nein. Es geht nur darum, die vorhandenen politischen und gesellschaftlichen Kräfte zu nutzen, um neben den aggressiven, selbstsüchtig-egoistischen Energien, die ein kapitalistisches Wirtschaftssystem hat und braucht, auch eine Kultur der sozialen Verantwortlichkeit und der Mitmenschlichkeit zu unterstützen, die einen Gegenpol setzt. Die Zukunft gehört einer «Non-Profit»-gesteuerten Gesundheitswirtschaft, wo Wettbewerb um möglichst gute Ergebnisse herrscht und möglichst hohe Erfolge bei der Herstellung von Gesundheit für den einzelnen Menschen und die gesamte Bevölkerung zum Maßstab werden. Eigennutz und Nächstenliebe müssen dazu in einen neuen und vernünftigen Ausgleich gebracht werden. Dies ist eine Überlebensfrage der Gesellschaft, und langsam erkennen das die Ökonomen, die Industriellen und die Politiker. Ein Gesundheitssystem, das zur individuellen Geldvermehrung die Not der Krankheit ausbeutet, heilt für die Interessen der Wirtschaft nicht gut und nicht nachhaltig genug.

Die Würde des Menschen kultivieren

Für das Überleben der Gesellschaft wird die Kunst des Heilens und Helfens eine zentrale und neue Bedeutung bekommen. Volkswirtschaftliche Entscheider werden lieber Yogalehrer in Lindau als Computertomographie-Produzenten in Korea oder Japan finanzieren wollen, weil das der Gesellschaft mehr hilft. Die Qualität von heilkundigen Menschen wird sich daran messen lassen, wie sehr sie soziale Verantwortlichkeit mitbringen und einsetzen.

Das Grundmuster der Einstellungen und Haltungen, die einen Heilkundigen wirklich auszeichnen, ist letztlich einfach zu definieren: für Ärzte ebenso wie für Medizinmänner oder Schamanen, überhaupt für alle, die helfend und heilend eingreifen wollen. Für alle gilt ein einfacher Satz: Behandele Deine Patienten immer so, als wärst Du es selbst; schädige keinen Menschen, belüge Patienten nicht, bestehle niemanden und diskriminiere keinen. Mit diesen einfachen Regeln, durchgesetzt mit gesellschaftlicher Macht, läßt sich ein Gesundheitssystem zimmern, das individuelle und soziale Gesundheit miteinander verknüpft. Darum geht es: daß die Heilkundigen einer Gesellschaft eine Brücke schlagen zwischen individuellem und allgemeinem Wohl. Ärzte und Heiler müssen aufpassen, daß sie sich nicht für gesellschaftliche Interessen funktionalisieren lassen und diese gegen Individuen exekutieren. Sie dürfen aber auch nicht als Anwälte des Eigennutzes individuelle Interessen gegen das soziale Gefüge in Stellung bringen.

Am Übergang vom Industrie- und Kommuniktionszeitalter ist ein neues Bewußtsein des sozialen Projektes «Gesundheitssystem» ebenso notwendig wie ein neues Bewußtsein der Heilkundigen für ihre soziale Aufgabe. Das Kommunikationszeitalter wird eine integrierte Medizin, eine neues Denken und Handeln für die Heilkundigen und ein integriertes Gesundheitssystem hervorbringen, weil das Überleben der Gesellschaften insgesamt auf dem Spiele steht. Die Frage ist nur, wie schnell dieser Prozeß vonstatten gehen wird.

Wir stehen am Übergang von einem Jahrtausend zum nächsten. Vor tausend Jahren hatte die Bevölkerung in Europa ebenfalls Angst: Angst davor, was die Zukunft bringt. Es war prophezeit worden, das Ende des ersten christlichen Jahrtausends werde auch das Ende der Welt sein. Als der kritische Zeitpunkt ohne die allgemein erwartete Sintflut vorüberging, atmete ganz Europa erleichtert auf. Nach dem Millenium kam die Zeit der Kathedralen (Swaan 1996)[15]. Die Kathedralen waren der öffentliche Ort, wo politische Macht, geistliche Orientierung, die Bürgerschaft und die Wirtschaft zusammenkamen, um die öffentlichen Angelegenheiten zu verhandeln. Die Kathedrale gab der sozialen Gemeinde Identität und Sinn. Die Kirchen und Kathedralen waren Leistungen der Städte und Mittelpunkt des Gemeinwesens, eine erstaunliche Bündelung von schöpferischen Kräften, die den kollektiven Zusammenhalt über die individuellen Interessen stellten. Die mittelalterliche Kathedrale war nicht nur ein Ort der Andacht. In ihren Mauern spazierten die Leute, sie plauderten miteinander, Liebespaare trafen sich, man schlief und aß in der Kirche und hielt Gemeindeversammlungen ab. Die Kathedrale war Schauplatz von Rechtshändeln, Disputationen, Examensfeiern, Theateraufführungen und allen möglichen Geschäften. Der Kölner Dom wurde im Jahr 1248 begonnen und 1880 fertiggestellt, als die industrielle Gesellschaft ihren Siegeszug längst begonnen hatte. Die Universitäten, die Rathäuser, die Bahnhöfe, die Kernkraftwerke oder die Einkaufszentren konnten nie den Platz erobern, den die Kathedralen für die gesellschaftliche Identität stifteten. Heute spürt die säkularisierte Gesellschaft ein Vakuum.

Die Arbeit mit notleidenden Patienten und die Sorge für Kranke vermittelt einen besonderen Kontakt zum Kern des Menschlichen. Ein neues Gesundheitssystem könnte im nächsten Jahrhundert die gesellschaftliche Funktion der Kathedralen übernehmen und die Häuser zur Ehre Gottes mit Häusern für die Würde des Menschen ergänzen.

Es spricht nämlich vieles dafür, daß im nächsten Jahrtausend die Krankenhäuser und die Arztpraxen zu Netzwerken werden, in dem Laien und Experten zusammenwirken und kreative Kräfte gesammelt werden, die dem Sozialen dienen und die Gefühle des Gemeinsamen ausdrücken können. Das sozial gestaltete Gesundheitssystem schenkt den Menschen den öffentlichen Ort, an dem die Belange des gesellschaftlichen Bindegewebes besprochen werden. Es bündelt als öffentlicher Treffpunkt die sozialen Kräfte so, daß die Menschen Sinn und Gemeinschaft erfahren. Ein solches Gesundheitssystem wird dafür sorgen, daß die Menschen gut auf die Welt kommen, ihr Leben dort möglichst lange autonom gestalten können und dann in Würde diese Welt auch wieder verlassen dürfen. Das moderne Gesundheitssystem bildet die zentrale Infrastruktur für die Zivilgesellschaft von Morgen. Wir sind alle Zeugen des Entwicklungsprozesses, der sich in den nächsten Jahren in Europa abspielen wird. Das Gesundheitswesen ist ein Schlüssel für das gesellschaftliche Wachstum. Ein Kongreß der Psychotherapie ist für mich ein geeigneter Anlaß dafür, auch über die Herkunft und die Perspektiven des Gesundheitswesens zu reflektieren und die couragierte Menschlichkeit der Psychotherapie in den größeren Zusammenhang gesellschaftlicher Entwicklungsprozesse zu stellen. Es begeistert nämlich viele Bürgerinnen und Bürger, Gesundheitssysteme zu schaffen, die dem einzelnen Menschen und der gesamten Bevölkerung gleichermaßen dienen. Es lohnt sich, dabei zu sein und mitzumachen. Die Psychotherapie ist Bestandteil einer

Medizin, die Liebe praktiziert und die Wirkung des Valiums nicht mißbraucht: Frühlingsbote für eine neue Medizin in sozialer Verantwortung.

Anmerkungen

1 Kühn, H. (1997) Managed Care, Papers der Arbeitsgruppe Public Health am Wissenschaftszentrum Berlin, P 97–202, Berlin. – Eisenberg, L. (1998) Managed Care und die Arzt-Patient-Beziehung, in: Kolb, S., Seithe, H. (Hg.) Medizin und Gewissen, Mabuse Verlag, Frankfurt. – Himmelstein, D. U. (1988) Krankheit und Profit, in: Kolb, S., Seithe, H. (Hg.) Medizin und Gewissen, Mabuse Verlag, Frankfurt.

2 Berbuer, E. (1990) Zwischen Ethik und Profit, Access Verlag, Königstein-Falkenstein.

3 Schultz-Venrath, U. (1993) Chronische Lumbago-Ischialgie-Syndrome, in: Egle, U.T. (Hg.) Der Schmerzkranke, Schattauer-Verlag, Stuttgart, New York.

4 Badura, B., Feuerstein, G. (1994) Systemgestaltung im Gesundheitswesen, Juventa Verlag, Weinheim, München.

5 Schaefer, H., Blohmke, M. (1977) Herzkrank durch psychosozialen Streß, Dr. Hüthig Verlag, Heidelberg.

6 Schaefer, H. (1976) Die Hierarchie der Risikofaktoren, MMG 1, Enke Verlag, Stuttgart, S. 141–146.

7 Engel, G. L. (1977) The need for a new medical model: a challenge for biomedicine, in: Science 196, S. 129–136.

8 v. Uexküll, Th., Hg. (1979) Lehrbuch der Psychosomatischen Medizin, Verlag Urban und Schwarzenberg, München, Wien, Baltimore.

9 v. Uexküll, Th., Wesiack, W. (1988) Theorie der Humanmedizin, Verlag Urban und Schwarzenberg, München, Wien, Baltimore.

10 Huber, E. (1993) Liebe statt Valium, Argon Verlag, Berlin.

11 Womack, J. P., Jones, D. T. (1997) Auf dem Weg zum perfekten Unternehmen, Campus Verlag, Frankfurt.

12 Womack, J. P., Jones, D. T., Ross, D. (1997) Die zweite Revolution in der Autoindustrie, Heyne Verlag, München.

13 Pelikan, J. M., Demmer, H., Hurrelmann, K., Hg. (1993) Gesundheitsförderung durch Organisationsentwicklung, Juventa Verlag, Weinheim, München.

14 Nefiodow, L.A. (1997) Der sechste Kondratieff, Rhein-Sieg Verlag, Sankt Augustin.

15 Swaan, W. (1996) Die großen Kathedralen, Verlag DuMont, Köln.

Hans-Rudolf Müller-Nienstedt

Geliehenes Leben
Konsequenzen und Forderungen aus Organtransplantationen[1]

Einleitung

Als ich angefragt wurde, in Lindau über Organtransplantationen zu sprechen, war ich angetan von der Idee, mit Psychotherapeutinnen und Psychotherapeuten über Fragen der Organtransplantation ins Gespräch zu kommen. Zum einen gibt es eine immer größere Zahl von Menschen, die davon betroffen sind. Zum andern rührt die Organtransplantation an viele zentrale Fragen unseres Menschseins, die als Sorgen und Ängste in unseren Sprechstunden ausgesprochen oder angetönt werden. Gleichzeitig bot mir die Anfrage eine willkommene Gelegenheit, sechs Jahre nach meiner eigenen Transplantation meine persönliche Stellung zur Organtransplantation zu überprüfen. Es war mir bald klar, daß ich mich für mein Referat mit drei Gesichtspunkten zu befassen hatte:

1. mit den *Kontroversen um die Organtransplantation.* – 66 Jahre nach der ersten Nierentransplantation, 35 Jahre nach der ersten Lebertransplantation, 32 Jahre nach der ersten Herztransplantation gibt es immer wieder auch öffentlich ausgetragene Kontroversen, die an die Grundvoraussetzungen der Transplantationsmedizin überhaupt rühren. Wer sich mit Transplantationsfragen befassen will, kommt nicht umhin, die Eckpunkte dieser Kontroversen zur Kenntnis zu nehmen;

2. mit *psychischen Aspekten der Organtransplantation.* – Die Organtransplantation wird als medizinische Behandlung von lebensbedrohlichem Organversagen eingesetzt. Der mit der Transplantation praktizierte Eingriff geht aber weit über medizinische Fragestellungen hinaus. Die psychosozialen Auswirkungen und

Zusammenhänge müssen genauso beachtet werden. Hier geht es um Fragen wie zum Beispiel: «Wie verändert sich das Körperselbst durch die Transplantation?» «Wie verändert sich die Selbstwahrnehmung im Wechsel von todgeweiht zu gesund?» «Wie ist der Umgang mit dem ‹Teil des Andern in mir›, der Blick auf die Spenderin, den Spender?»

3. mit den *Beziehungen der an der Organtransplantation Beteiligten.* – Psychotherapeuten sind Beziehungsarbeiter und Beziehungsbegleiter. Am Transplantationsgeschehen sind viele verschiedene Akteure beteiligt, die miteinander teilweise bewußt, oft aber auch ohne sich dessen bewußt zu sein, in einem komplexen Beziehungsgeflecht verbunden sind. Als Psychotherapeuten werden wir uns also vor allem Fragen zu diesen Beziehungen stellen.

1. Die Kontroversen um die Organtransplantation

Während Monaten war ich mit dem Sammeln von Unterlagen beschäftigt in der Idee, mit meinem Referat einen Überblick über das Thema der Organtransplantationen bieten zu wollen. Nur schon die wenigen folgenden Titel können einen Eindruck von dem Minenfeld der Argumente vermitteln, in das ich dabei geriet: *Der verwertete Körper: Selektiert, Reproduziert, Transplantiert*[2]; *(Nicht-)Tote als Ersatzteillager. Pflegerische Aspekte und Gedanken im Umgang mit hirntoten PatientInnen*[3]; *Spenden, was uns nicht gehört*[4]; *Ersatzteillager Mensch. Die Vermarktung des Körpers*[5]; *Organhandel: Altruismus oder Markt?*[6]

Statt selbst einen Überblick zu gewinnen, verstrickte ich mich immer mehr in den Kontroversen, die ich für mich eigentlich geklärt zu haben glaubte. Ich ließ mich immer mehr hineinziehen in denselben Strudel der gegensätzlichen Argumente und widerstreitenden Emotionen, die mich schon damals erfaßt hatten, als es darum ging zu entscheiden, ob ich Nutznießer der Transplantationsmedizin werden wollte oder nicht. Ich hatte mich aufgemacht, für diese Tagung das Für und Wider der Organtransplantation aufzulisten. Ich hatte mir die Aufgabe gestellt, sozusagen wissenschaftlich und nüchtern auf die Fakten und Meinungen einzugehen. Und ich fand mich zunehmend umzingelt, eingeengt und blockiert durch widersprüchliche Emotionen, hin- und hergerissen zwischen Faszination und Abscheu, Bewunderung und Erschrecken, Heilserwartung und Resignation.

Gerne ließ ich mich vergewissern durch offizielle Verlautbarungen, wie die folgende:

«In den letzten 30 Jahren ist die Transplantation von Organen, Geweben und Zellen auch in der Schweiz zu einer erfolgreich praktizierten Behandlungsmethode geworden.»[7]

Ich versuchte mir einzureden, was das Bundesamt für Gesundheit im Vorfeld der Volksabstimmung in der Schweiz im Februar 1999 als «erfolgreich praktizierte Behandlungsmethode» bezeichnete, das könne auch ich bedenkenlos akzeptieren, besonders wenn ich mir vor Augen hielt, wie unbedenklich und sozusagen natürlich die Informationsbroschüre von Swisstransplant das Verhältnis von Organspender und Organempfänger darstellt unter dem Motto «Von einem Leben zum andern».

Dann wieder war ich zutiefst verunsichert durch Stellungnahmen wie jene der Verfassungskläger gegen das im Juni 1997 in Deutschland verabschiedete Transplantationsgesetz:

«Während in der Vergangenheit Sterbende oder Tote einer Vernutzung durch die Ärzte entzogen waren, leisten sie heute für den medizinisch-technischen Industriekomplex unfreiwillig einen wichtigen Beitrag zur Wertschöpfung.»[8]

Beim Studium der Unterlagen von Swisstransplant[9], der Schweizerischen nationalen Stiftung für Organspende und Transplantation, oder von Eurotransplant[10], dem Zusammenschluß der Transplantationskoordinationsstellen in Belgien, Deutschland, Luxemburg, den Niederlanden und Oesterreich, wurde ich beim Stichwort

«Warteliste» wieder an die eigene Wartezeit erinnert, als mir von meinem Arzt mitgeteilt worden war, daß ich im besten Fall mit einer Lebenserwartung von einigen Monaten rechnen konnte und nur eine Lebertransplantation mir eine Überlebenschance einräumen könne. Und wieder konnte ich der Frage nicht ausweichen, ob ich mich durch die Zustimmung zur Transplantation eines Tabubruchs gegen die menschliche Natur schuldig gemacht hatte, wenn ich Sätze wie den folgenden las:

«Die Ausbreitung der Transplantationsmedizin geht mit einem zunehmenden Vertrauensverlust der Bevölkerung in das Gesundheitssystem einher, da eine unzureichende ärztliche Behandlung in lebensbedrohlichen Situationen und vorzeitige Erwägungen zur Organgewinnung befürchtet werden.»[11]

Ich hatte mich aufgemacht, einen Überblick über die ethischen und psychosozialen Aspekte der Organtransplantation zu erarbeiten, und fand mich blockiert in einem Engpaß widersprüchlicher und unversöhnlicher Argumente. Stundenlang saß ich vor penetrant leerem Papier, das mir die unmöglich scheinende Aufgabe abverlangte, eine fein ordentliche Übersicht zu skizzieren. Irgendwann wurde meine Aufmerksamkeit auf das pulsierende Summen eines Bienchens gezogen, das auf der Suche nach freiem Flug immer wieder gegen das Glasdach unseres Balkons stieß. Über dem Glasdach wölbte sich der blaßblaue Herbsthimmel, lockten die wärmenden Strahlen der Nachmittagssonne. Mit unermüdlichem Eifer und nicht erlahmender Ausdauer machte das Bienchen Anlauf um Anlauf, um sich auf direktestem Weg in das Licht zu schwingen. Schließlich nahm ich ein Blatt Papier zur Hand und schob die Biene sachte zum Rand des Glasdaches, von wo aus sie gleich meinem Blick entschwand. Mit einer rätselhaften Gefühlsmischung von Leichtigkeit und Schwere, Erlösung und Wehmut setzte ich mich wieder an den Tisch. Die Biene hatte mir gezeigt, wie meine Gedanken an eine unüberwindlich scheinende Grenze stießen, solange ich mir einbildete, den Überblick gewinnen zu können. So wie der Biene konnte es auch mir nicht gelingen, aus eigenem Antrieb einen Ausweg zu finden. Im Gegensatz zur Biene konnte ich nicht auf eine erlösende Kraft hoffen: Durch das Einverständnis zur Transplantation, durch meine eigene Lebertransplantation hatte ich mich ins Glashaus gesetzt. Ich konnte nicht mehr frei verfügen, sondern mußte mich auf meine eigene begrenzte Situation besinnen.

2. Psychische Aspekte der Organtransplantation

Was raten Sie jemandem, der zu Ihnen kommt mit der Frage, wie er in einer völlig blockiert scheinenden Situation vorgehen soll? Vielleicht ist er bereits zur Einsicht gelangt, daß er aufhören muß, rundherum und an allen möglichen Orten nach Antworten zu suchen. Sie werden ihn nun wohl auffordern, Ihnen über seine eigenen Erfahrungen, Gedanken, Phantasien, Träume zu berichten. In der Zeit vor und nach meiner Transplantation träumte ich oft und intensiv. Die Beschäftigung mit meinen Träumen wurde mir zu einer wertvollen Hilfe und Stütze in einer Zeit, die sich als Endzeit angekündigt hatte und sich schließlich als Zeit des Übergangs erwies.[12] Auch als ich an dem ersten Konzept für den heutigen Vortrag arbeitete, hatte ich einen Traum, von dem ich sofort wußte, daß er mit all den Fragen zu tun hat, die mich im Zusammenhang mit diesem Vortrag beschäftigten.

Traum: «Wie begegne ich meiner Transplantation?»

«Ich befinde mich in einem Hof umgeben von drei oder vier Häusern, in denen eine Familie mit Kleinkindern, eine mit Kindern im Schulalter, eine Familie mit Erwachsenen wohnen. Ich wohne unten. Auf einem etwas ansteigenden Weg finde ich Holz-Bruchstücke, die ich als Teile von Spielzeugen identifiziere. Ich gehe in die Wohnung der erwachsenen Familie, um nachzufragen, was da passiert ist. Die Mitglieder der Familie sitzen

mir gegenüber in Sesseln und auf Sofas. Ich finde mich auf einem Bett sitzend, bemerke darin einen uralten, sterbenden Mann. Wie ich ihn genauer betrachte, erkenne ich, daß es ein jüngerer Mann ist, der schwach und fast durchsichtig daliegt. Jemand sagt, er habe eine schwere Operation vor sich. Ich gebe mir einen Ruck und erzähle ihm, daß ich selbst eine schwere Operation hinter mir habe, wie um ihm Mut zu machen. Dann steht mein Entschluß fest, etwas ganz anderes zu machen, auszusteigen, alles hinter mir zu lassen. Ich gehe aus dem Hof hinaus, durch einen torartigen Durchgang hinaus auf einen gewundenen Weg in eine weite, hügelige, karge Landschaft. Am Weg treffe ich immer wieder auf Leute, die meist in Gruppen zusammenstehen, ins Tal hinunter schauen, gestikulieren, rufen. Ohne es zu sehen, weiß ich, daß dort unten ein wichtiger Match stattfindet. Ich befinde mich dann in einem Tunneleingang. Der Tunnel ist voll im Bau. Aus einem Seitentunnel links vor mir kommt ein Geschäftsmann im dunklen Anzug eilig daher. Er trägt in jeder Hand ein Aktenköfferchen. Er geht auf ein weißes Auto zu. Ich weiß, in dem Köfferchen hat es viel Geld, das er grad eben gestohlen hat. Ich zücke Pistolen, erschieße ihn, nehme die beiden Köfferchen, setze mich in das Auto und fahre weiter in den Tunnel hinein.»

Dieser Traum erzählt Ihnen etwas darüber, wie ich als Autor nach einer Transplantation im Leben stehe. Dadurch kann der Traum Ihnen verschiedene Aspekte illustrieren, die im Erleben einer Transplantation wichtig sind. Folgen wir deshalb jenen Spuren des Traums, die uns das Erleben einer Transplantation deutlicher machen können. Als Traum-Ich befinde ich mich zu Beginn in einem Hof, das heißt in einer geschützten Umgebung, mit Blick auf die Gemeinschaft, die Familie, das Naheliegende. Auf meinem Weg fallen mir zerbrochene Dinge auf, die meinen Beruf betreffen: Es sind Spielzeuge, die mir in meiner beruflichen Arbeit als Kinderpsychiater wichtig sind. Sie scheinen anzuzeigen, daß es in meinem Leben Probleme gibt. Die Spur der zerbrochenen Dinge führt mich direkt ins Angesicht des Todes. Mein Traum-Ich will auf den ersten Blick den Tod als etwas Natürliches, Selbstverständliches sehen, in der Gestalt eines uralten Mannes, dessen Abgang nur noch eine Frage kurzer Zeit sein kann. Der zweite Blick zeigt mir den Tod als viel näher verwandt, als jüngeren Mann, der eine große

Operation vor sich hat. Die Angst vor dem bevorstehenden Eingriff ist spürbar, will ich doch meinem Gegenüber Mut machen. Dabei stoße ich vor zur Erinnerung an meine eigene Operation, deren Überstehen für mich zum Auslöser für eine tiefgreifende Neu-Orientierung geworden ist. Ich trete hinaus aus meiner gewohnten, familiären Umgebung, durch einen Torbogen hindurch, Zeichen des Übergangs. Der Weg geht jetzt nicht mehr aufwärts, sondern abwärts, ist nicht mehr gerade, sondern gewunden. Der Blick richtet sich nicht mehr auf eine begrenzte, Geborgenheit vermittelnde Umgebung, sondern in die Weite. Alle Zeichen deuten auf einen radikalen Wechsel. Das Eigentliche, zu dem der Traum mich führen will, findet aber noch nicht hier statt. Es gibt zwar viele Leute oder viele Anteile meiner selbst, die sich eifrig dem wichtigen Match, dem Spiel des Lebens zuwenden, wo es um Erfolg und Leistung geht. Mein Traum-Ich geht hingegen scheinbar achtlos an all dem vorüber und hat ein anderes Ziel vor Augen: einen Tunnel-eingang. Die Weite der Landschaft scheint nur den Hintergrund abzugeben, auf dem das Eigentliche um so deutlicher sichtbar werden soll: der im Bau befindliche Tunnel. Die nächste Szene spielt sich innerhalb kürzester Zeit ab; hier verdichtet sich die Frage auf Leben und Tod zu etwas, was mich selbst als Handelnden zeigt, nicht nur als Wandernden oder als Zuschauer. Es gibt auch keine Zeit mehr zum Verweilen oder zum Nachdenken. Plötzlich erscheint der Mann, der die Köfferchen mit dem vielen Geld trägt, das er eben gestohlen hat. Er kommt von links, der Seite des Herzens, der Emotionen, des Lebens, trägt viel Geld mit sich, Zeichen der Lebensenergie. Wem hat er es entwendet? Es bleibt im Dunkeln. Er ist auch selbst in einen schwarzen Anzug gekleidet, kommt als Schattengestalt daher, als Bote des Todes. Er ist in Eile, wird im nächsten Moment wieder verschwunden sein. Mein Entschluß, aktiv in die Handlung einzugreifen, kommt unvermittelt, scheinbar ohne zu überlegen, fast reflexartig zupackend. Das, was ich mir da gewaltsam angeeignet habe, verhilft mir dazu, den Weg fortzusetzen, mit neuer Kraft und zusätzlicher Energie. Der Weg führt weiter in den Tunnel, der Übergang ist noch nicht geschafft, die Arbeit am

Eigenen geht weiter. Der Abschluß des Traumes weist nicht ins Offene, Freie, sondern in einen Tunnel, einen Durchgang. Dieser ist aber noch nicht festgelegt, er befindet sich noch im Bau, ist im Werden.

In diesem Traum lassen sich drei Elemente benennen, die im Zusammenhang mit unserem Thema «Organtransplantationen» wichtig sind:

1. Es geht nicht nur um Fragen von Krankheit und Gesundheit, das heißt nicht nur um einzelne zerbrochene Dinge auf dem Lebensweg, sondern um eine Begegnung mit dem Tod.

2. Die Transplantation ist nicht nur ein bedeutender medizinischer Eingriff, sondern ein grundlegender Eingriff in das Leben des Betroffenen, der um eine Neu-Orientierung nicht herumkommt.

3. Die Transplantation wird nicht nur passiv erlitten. Als Transplantierter bin ich nicht nur Patient, sondern auch aktiv Handelnder. Nach einer Transplantation weiter leben heißt, mich der Erkenntnis zu stellen, daß ich mir etwas aktiv und gegen bisherige Regeln oder Tabus verstoßend angeeignet habe. Sich etwas aneignen hat wohl immer auch etwas damit zu tun, daß ich es jemandem wegnehme. Leben heißt damit nach der Transplantation für mich, daß ich mir das Leben anmaße, es nicht einfach selbstverständlich bekommen habe. Leben als aggressiver Akt. Um mit einer zweiten Leber weiterleben zu können, mußte vorher ein anderer sterben. Ich bin zwar nicht schuldig an seinem Tod. In meinem Traum fühle ich auch keine Schuld, als ich den schwarzgekleideten Geschäftsmann erschieße. Es ist, wie wenn ich mir etwas nehme, was für mich bestimmt ist. So nahm ich auch das Angebot der Lebertransplantation an, gab damit mein Einverständnis in diesem «Handel» mit Leben und Tod, der damit rechnet, daß dann jemand transplantiert werden kann, wenn vorher jemand sein Leben verliert.

Handelt es sich bei diesen Schlußfolgerungen aus meinem Traum[13] lediglich um persönliche Einsichten, oder können diese Elemente psychischer Verarbeitung auch allgemein für das Erleben von Transplantationen gelten? Die Zusammenarbeit mit der Kollegin Frau Perriard gab mir eine Gelegenheit, aus ihrer therapeutischen Arbeit mit einem Jungen, der als Säugling transplantiert worden war, eine Antwort auf diese Frage zu suchen.

Aus der Therapie mit Mauro

Nennen wir den Jungen Mauro. Er war $5\frac{1}{2}$ Jahre, als er von seiner Mutter zur Therapie gebracht wurde wegen vielen verschiedenen Ängsten. Umgekehrt tyrannisierte er kleinere Spielkollegen und versuchte, der große Held zu sein. Kurze Zeit vor der Anmeldung zur Therapie hatten sich die Eltern getrennt. Die Mutter machte sich vor allem deshalb Sorgen um die Entwicklung von Mauro, weil sein Überleben im ersten Lebensjahr außerordentlich gefährdet war und er erst durch eine Transplantation gerettet werden konnte. Eine Gallengangatresie (angeborenes Fehlen der Gallengänge) hatte seine Leber innerhalb der ersten Lebensmonate zerstört. Im Alter von elf Monaten wurde er transplantiert, verlor aber die transplantierte Leber durch eine akute Abstoßungsreaktion. Nach fünf Tagen konnte eine weitere Transplantation durchgeführt werden. In der Folge erlitt Mauro eine Zwerchfellinfektion, die erneut lebensbedrohlich für ihn wurde. Nach vier Monaten Spitalaufenthalt wurde er nach Hause entlassen. Seine weitere Entwicklung verlief gut.

Zum Therapieverlauf: Die Therapeutin arbeitete in gut zwei Jahren während 74 Stunden mit Mauro. Die therapeutische Arbeit dauert auch aktuell noch an. Bei der Betrachtung des Therapieverlaufs richteten wir unser Augenmerk auf die Frage, welche Hinweise darüber zu finden wären, wie Mauro sein Transplantiert-Sein erlebt, wie sein Selbstbild und sein Körpergefühl dadurch geprägt werden.

Als Resultat der ersten Therapiestunde hält die Therapeutin photographisch ein Sandbild fest (vgl. Sandbild 1). Sie sind vielleicht gewohnt, Sandbilder zu betrachten, die mit dem Ziel ge-

Sandbild 1.

macht wurden, am Schluß ein Bild als Resultat des Sandspielpro-
zesses zu haben. Um die Bilder von Mauro richtig würdigen zu
können, wäre es eigentlich notwendig, zum Beispiel mit einem
Videofilm die ganze dramatische Entwicklung des Sandspiels
mitverfolgen zu können, weil das Schlußbild mehr einer zufälli-
gen Momentaufnahme entspricht als einem gewollten Resultat
und deshalb auch nicht alle im folgenden genannten Figuren im
Bild enthält. Die Therapeutin erzählt mir zum ersten Bild, wie
Mauro als erste Figur den großen Hai ergreift, ihm Sand ins Maul
stopft. Vor dem Krebs im Figurengestell schreckt er zurück, bittet
um die Hilfe der Therapeutin, um sich ihm anzunähern. Den Tintenfisch kann er nur aus sicherer Entfernung im Gestell betrachten. Er holt sich viele Männer mit Gewehren in die Szene, die er
als «böse Männer» bezeichnet und einsperrt. In den beiden Käfigen ist nicht genug Platz. Er montiert das große Gehege, in das er
einen nach dem andern durch die Türe hineinsteckt. Der Hai wü-
tet, attackiert einen der bösen Männer nach dem andern und tötet
sie.

Im Sandspiel inszeniert Mauro einen gewaltigen Kampf zwischen Gut und Böse. Das Böse muß eingegrenzt, eingesperrt, un-
schädlich gemacht, umgebracht werden. Dabei sind destruktive

134

und hilfreiche Kräfte aber für Mauro nicht eindeutig zu unterscheiden:

- Dem Hai mit den scharfen Zähnen muß zuerst das Maul mit Sand gestopft werden, dann setzt er ihn ein, um die bösen Männer zu bekämpfen.
- Der Krebs ängstigt ihn zuerst so, daß er die Hilfe der Therapeutin braucht, um ihn zu berühren. In einer späteren Therapiestunde hilft der Krebs mit, die Bösen zu bekämpfen und Gute zu retten.
- Auch vor dem Tintenfisch schreckt er in der ersten Stunde zurück, kann ihn nicht einmal berühren. In folgenden Stunden kämpft er mit gegen die Bösen.

Wenn wir uns die reale Situation von Mauro vergegenwärtigen, fallen uns verschiedene Lebensumstände auf, in denen Mauro sich einem solchen Kampf ausgesetzt erleben muß:

- Als Erstes denken wir an die Mitteilung der Mutter, daß sie seit kurzer Zeit von ihrem Mann getrennt lebt. Die Heftigkeit des Kampfes und die spürbare Unsicherheit von Mauro darüber, welchen guten Kräften er vertrauen könnte, lassen uns aber noch weiter suchen.
- Wir wissen, daß sein erstes Lebensjahr gekennzeichnet war durch einen Kampf ums Überleben, wobei ihm die helfenden Kräfte alles andere als eindeutig in Erscheinung traten: Die Eltern widmeten sich zwar soweit wie nur immer möglich auch im Spital ihrem Kind, aber Mauro mußte sicher immer wieder erleben, wie er unerklärlichen Nöten allein ausgesetzt war. Das Pflegepersonal und die Ärzte näherten sich ihm zwar als helfende Kräfte, aber immer wieder wurden sie zu Aggressoren, hatten verletzende, bedrohliche, schmerzhafte Prozeduren an ihm auszurichten.
- Diese Grunderfahrungen werden für Mauro auch aktuell virulent gehalten: So muß er täglich Medikamente zu sich nehmen, die ihm sicher unangenehm sind und von denen er wohl vermittelt bekommt, daß sie nicht nur notwendig für ihn sind, sondern eben auch schädlich, das heißt, unerwünschte Wirkungen zeigen; regelmäßig muß er sich medizinischen Kontrollen unterziehen, bei de-

nen Leute, die es eigentlich gut mit ihm meinen, ihm weh tun, übergriffig sind.

Im Verlauf der therapeutischen Arbeit spielt Mauro den Kampf gegen die Bösen, die in den Käfigen gefangen gesetzt werden, insgesamt zwölfmal. Neben den beiden rundum geschlossenen Käfigen benutzt er dabei jedesmal auch den großen runden Käfig. Gegen Ende des zweiten Therapiejahres (60. Stunde) entsteht dann das folgende Sandspiel (vgl. Sandbild 2): Bitte beachten Sie wieder, daß es sich bei diesem Bild um das Abschlußbild handelt, wobei Mauro am Schluß alle Figuren, die für den Kampf eine Rolle gespielt haben, wieder in den Sandkasten hereinholt. Er beginnt das Spiel mit dem Hai: «Er ist böse, er ist ein Diener von dem Drachen», sagt er dazu. «Der Drachen kann den Hai auffressen und ohnmächtig machen.» Und weiter: «Das ist eine Drachenmutter, sie brütet das Drachenei aus. Schau, jetzt kommt das Drachenkind aus dem Ei.» Dann kommen mit viel Getöse und Geschrei die bösen Krieger ins Spiel. Alle Bösen wollen den kleinen Drachen töten. Sie wollen Drachenblut und Drachenfleisch fressen. Das Drachenkind sucht Zuflucht im Haimaul, damit es warm hat. Der Hai frißt es nicht. Nicht nur die bösen Soldaten trachten dem Drachenkind nach dem Leben. Auch die böse Königin und die böse Hexe wollen beide das Kind töten. Der Hai kippt Sand auf die Königin und macht sie bewußtlos. Es braucht Käfige um die Bösen einzusperren. Das Drachenkind kommt ins große Gehege, weil es dort geschützt ist. Aber der Drachen steckt auch einen Bösen in das große Gefängnis; er hat vergessen, daß sein Kind drin ist. Das Kind kann hinausrennen: «Die können gar nie das Kind erwischen», sagt Mauro. Ein Streitwagen fährt auf, geht voll auf das Kind los. Der Speer ist schon fast direkt vor dem Bauch des Kindes, da schützt der Drachen das Kind. Darauf zerstört der Drachen das große runde Gehege. Der Böse kommt in ein kleineres Gefängnis; der Drache trägt ihn weit weg in die Wüste. «Der kann nie mehr zurückkommen.» Dann beißt der Drache die Königin in den Kopf. Er tötet sie – «nein, doch nicht», sagt Mauro, er bringt sie in die Wüste ebenso wie auch die Hexe. «Alle Bösen kommen in die Wüste.»

Sandbild 2.

Wir erinnern uns: Dieser Kampf findet in einer Therapiestunde gegen Ende des zweiten Therapiejahres statt. Mauro ist jetzt sieben Jahre alt. Zwölfmal hat er in unterschiedlichen Abständen dieselbe Art Kampf inszeniert, in dem die bösen Männer durch den Hai, zeitweise unterstützt durch Krebs, Tintenfisch, Drachen und andere, getötet und in den Käfigen eingesperrt worden sind. Jetzt, beim dreizehnten Kampf geschieht etwas Neues: Der große runde Käfig, der das Bild jedesmal dominiert hat, wird zerstört. Nach Ingrid Riedel handelt es sich bei der Zwölf immer um eine gewisse Ganzheit, wie die der zwölf Monate, der zwölf Jünger, der zwölf guten Feen. Die Dreizehn scheint die in sich geschlossene Situation der Zwölf aufbrechen zu wollen. Riedel erinnert dabei an die dreizehnte Fee bei *Dornröschen*, die die Märchenhandlung erst in Bewegung bringt.[14] Hervorheben möchte ich hier, wie das Drachenkind zwar ganz anfänglich Pflege und Schutz von der Drachenmutter und vom Hai erhält, danach aber größte Gefahren zu bestehen hat, an denen auch die Drachenmutter nicht unbeteiligt ist. Eine eigentliche Wende nimmt das Spiel damit, daß das Kind im Moment der größten Lebensgefahr, als der Speer des Kampfwagens bereits dicht vor seinem Bauch droht, durch die Drachenmutter geschützt wird. Direkt danach wird das große Gehege, das bis dahin immer wieder einen mächtigen Platz im Sandspiel eingenommen hatte, zerstört. Von großer Bedeutung scheint auch die Bemerkung von Mauro, daß niemand von den Bösen das Kind erwischen könne. Es ist, als ob Mauro mit diesem Sandspiel das Drama seines bisherigen Lebens darstellte: Seine Eltern waren beide sehr engagiert um die Pflege des kleinen Mauro, sowohl zuhause als auch in der Zeit des Spitalaufenthalts. Die Gefahren und Übergriffe, die es für Mauro durch die Krankheit, die Operationen etc. zu bestehen galt, konnten teilweise auch von der Mutter nicht voll erkannt werden, aber im entscheidenden Zeitpunkt konnte er sich auf sie verlassen. Diese Erkenntnis macht es möglich, auf übermäßige Kontrolle zu verzichten, das große Gehege zu zerstören und Platz für Neues zu schaffen. Das von Mauro inszenierte Kampfspiel zeigt aber auch, daß es keine definitive, vollständige Lösung geben kann: Die bösen Kräfte sind nicht endgültig zu besiegen. Das entspricht ja auch der Realität von Mauros Leben als Transplantierter: Er muß damit rechnen, die Medikamente während seines ganzen Lebens zu benötigen, und er muß sich weiterhin regelmäßig medizinischen Kontrollen unterziehen. Mauro findet zu einem lebbaren Umgang mit diesen destruktiven Aspekten: Er schickt die Bösen in die Wüste.

Neben den Sandbildern können uns auch gezeichnete und gemalte Bilder von Mauro Auskunft darüber geben, wie er sich mit seiner Lebenssituation als Transplantierter arrangiert.

In der dritten Therapiestunde bittet die Therapeutin Mauro, einen Menschen zu zeichnen (vgl. Abb. Menschzeichnung). Das Bild des $5\frac{1}{2}$jährigen Jungen zeigt einen Kopffüßler, dessen Körper in eigentümlicher Art und Weise zusammengesetzt erscheint: Mauro bezeichnet die einzelnen Teile selbst mit Kinn, Hals, Bauch, Beine.

Später malt Mauro im Verlauf von drei Therapiestunden und im Zeitraum von drei Monaten eine Bildfolge aus einzelnen Teilen (vgl. Bildfolge 1–3; als Umrißzeichnung wiedergegeben). Zuerst entsteht eine Art Ring, von dem aus Mauro zwei Wochen später die Fortsetzung malt und wieder sechs Wochen später zu einem dritten Bild vervollständigt. Das Bild kann gelesen werden wie eine Parabel dafür, daß Mauro das Leben nicht als ein selbstverständlich

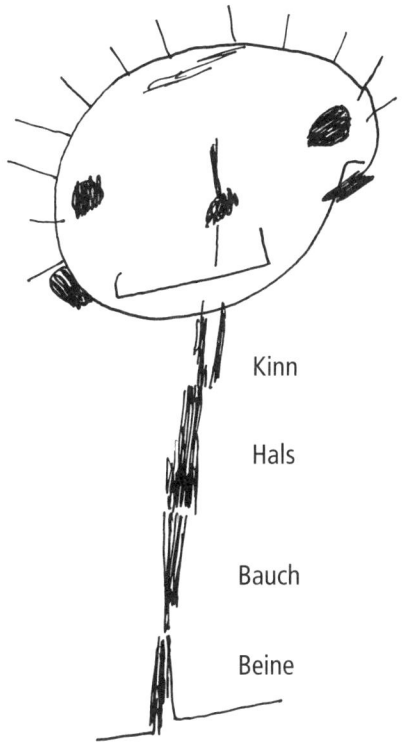

Menschzeichnung von Mauro.

Ganzes erfahren kann, sondern daß für ihn das Leben schrittweise aus einzelnen Teilen zusammengesetzt werden muß. Dabei ist sein Durchhaltewille im Erarbeiten dieses Bildes vielleicht in Analogie dazu zu sehen, wie er schon in seinem ersten Lebensjahr und besonders auch während der vier Monate im Krankenhaus eine außerordentliche Lebenskraft bewies.

Wie in der vorhergehenden Bildfolge setzt Mauro ein Jahr später (46. Stunde) auch ein Bild aus verschiedenfarbigen Flächen zusammen (vgl. Abb. Fleischhackmaschine; als Umrißzeichnung wiedergegeben). Diesen Aspekt des Zusammensetzens ergänzt er durch den Aspekt des Trennens: Er nennt das Bild «Fleischhack-

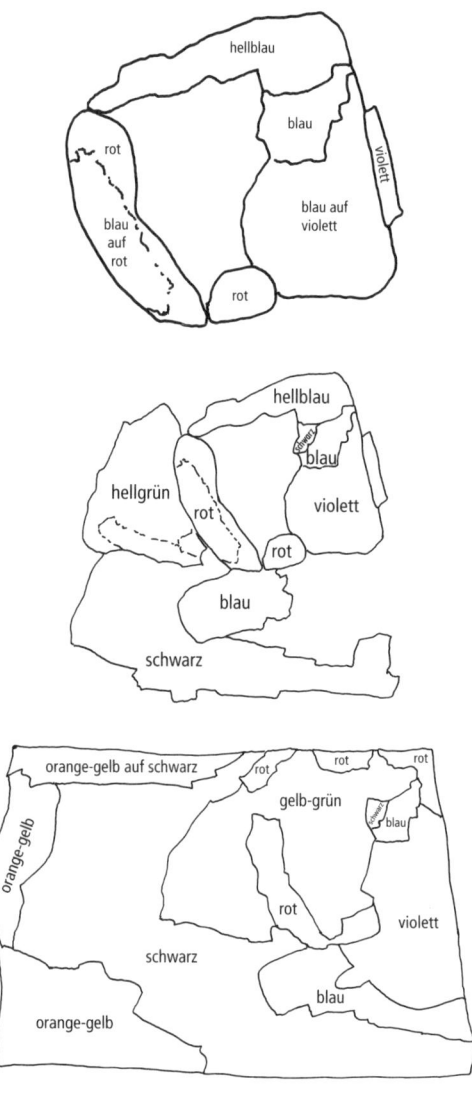

1–1 = Anfangsbild.
1–2 = Erweiterung und Veränderung von Bild 1–1.
1–3 = Letztes Bild nach erneuter Veränderung.

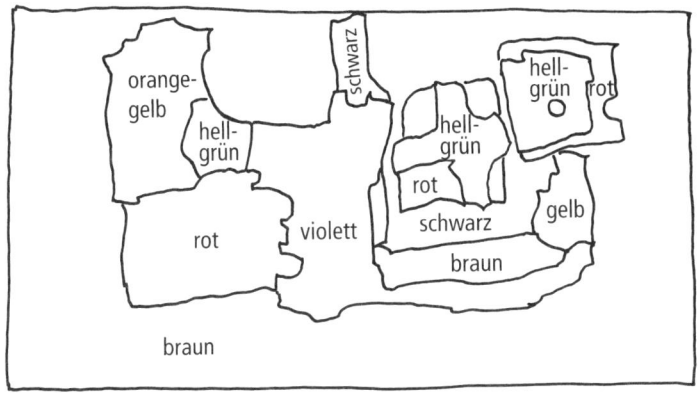

«Fleischhackmaschine».

maschine». Trennen und Neu-Zusammenwachsen ist für Mauro ein doppelt wichtiges Thema: aktuell mit der Scheidung der Eltern und der Neubildung einer Familie mit Mutter und neuem Partner; an seinem Lebensanfang mit dem Verlust der eigenen Leber und der Transplantation eines fremden Organs.

Mit der Besprechung von Sandbildern und gemalten Bildern haben wir sozusagen indirekte Hinweise daraufhin untersucht, wie Mauro sich mit seinem Transplantiert-Sein auseinandersetzt. Die Frage stellt sich, ob er seiner Therapeutin auch direkte Aussagen zu seiner Transplantation macht. Im Zusammenhang mit einem Puppenspiel in der zweiten Therapiestunde, das er als Kasper ankündigt und in dem der Clown operiert wird, erzählt Mauro davon, daß auch er operiert worden sei, eine neue Leber habe. Seine eigene sei alt gewesen. Deshalb habe er jetzt große Narben am Bauch. Im weiteren Spielverlauf kommt er als Wolf ins Spital, verschluckt den Kasper und scheißt ihn dann wieder heraus. Der Kasper wird noch einmal verschluckt und wieder herausgeschissen. Nach dieser Therapiestunde beschäftigte die Therapeutin der Gedanke, daß der Wolf sich weiter frei bewegen durfte und Mauro keinerlei Hinweise darauf erkennen ließ, daß der gefräßige Wolf eingegrenzt werden müßte. Der Wolf beschäftigte Mauro auch in späteren Therapiestunden. So arbeitete er eine Zeitlang daran, eine eigene Wolfsfigur herzustellen. Er formte den Kopf des Wolfes aus Papiermaché, malte ihn später an, ließ ihn dann wieder lange Zeit unbeachtet. Diesem seinem eigenen Wolf gab er das Fleisch zu fressen, das mit seiner «Fleischhackmaschine» (s. o.) hergestellt wurde.

Wir wissen aus der Geschichte von Mauro, daß er nicht nur seine eigene Leber wegen der Gallengangsatresie nicht halten konnte, sondern auch die erste transplantierte Leber abstieß. Die tägliche Medikamenteneinnahme erinnert Mauro immer wieder daran, daß Kräfte gegen seine transplantierte Leber in ihm drin sind, die besänftigt werden müssen. Diagnostische Eingriffe (Blutentnahmen, Leberpunktion) provozieren auch aggressive Regungen von Mauro gegen Betreuungspersonen, auf die er sich gleichzeitig angewiesen weiß. Der anfänglich frei herumlaufende gefräßige Wolf könnte darauf hinweisen, wie Mauro das Zerstörerische, die destruktiven Kräfte auch als etwas erkennt, das zu ihm selbst gehört und in ihm selbst drin wirksam ist. Beim Malen der «Fleischhackmaschine» entsteht dann der Gedanke, wie er den Wolf mit freiwillig hergegebenen Fleischstücken zähmen kann. Sein Spiel läßt ihn ein Modell dafür entwickeln, wie er seine eigenen aggressiven Regungen unter Kontrolle halten kann.

Elemente psychischer Verarbeitung der Organtransplantation

Mit der Frage, ob es sich bei den Schlußfolgerungen aus meinem eigenen Traum lediglich um persönliche Einsichten handelt oder ob diese Elemente psychischer Verarbeitung auch allgemein für das Erleben von Transplantationen gelten, haben wir uns dem Material aus der Therapie von Mauro zugewandt. Um die Beobachtungsgrundlage noch weiter zu verbreitern, verschickte ich im Frühjahr 1999 etwa 100 Fragebogen an Transplantierte in der Schweiz und in Deutschland. Ich bat sie, mir Träume mitzuteilen, die sie von der Zeit vor beziehungsweise nach der Transplantation

erinnerten. 35 Fragebogen erhielt ich ausgefüllt zurück, je zur Hälfte von Männern beziehungsweise von Frauen.

	Männer	Frauen	Total
Ausgefüllte Fragebogen	18	17	35
Mindestens ein Traum berichtet	4	9	13
Traum vor der Transplantation	2	6	8
Traum nach der Transplantation	4	8	12
Erwähnung des Spenders	2	7	9
«Traum» als konkreter Lebenstraum verstanden	4	3	7

Es scheint, daß die antwortenden Frauen eher auf ihre Träume aufmerksam waren: 9 Frauen gegenüber 4 Männern berichteten mindestens einen Traum. Frauen erlaubten sich auch eher Gedanken
daran, daß sie ihr Organ von jemand Fremdem erhalten haben: 7
Frauen, aber nur 2 Männer erwähnen in ihrer Antwort den Spender.
Bei den Männern ist umgekehrt die Tendenz größer, die Frage nach
Träumen als Frage nach konkreten Lebensträumen zu verstehen.

Um die mir mit den ausgefüllten Fragebogen berichteten Träume
zusammen mit den Eindrücken aus meinem eigenen Traum und
dem Material aus der Therapie von Mauro zu ordnen, kam mir ein
Themen-Raster zu Hilfe, der im Rahmen einer psychoanalytischen
Studie zur Lebertransplantation 1998 an der Sorbonne in Paris
durchgeführt wurde[15]. Folgende Aspekte wurden untersucht:
1. Ängste im Zusammenhang mit Transplantationen;
2. Verlust und Trauer;
3. Abwehrmechanismen;
4. Schuldgefühle;
5. Psychische Integration des transplantierten Organs und Selbstbild nach der Transplantation.

1. Ängste im Zusammenhang mit Transplantationen

Ein Bild von der Begegnung mit dem Tod – in der Gestalt des todkranken Mannes, dem ich auf dem Bett gegenüber saß – konnte ich Ihnen mit meinem eigenen Traum schildern. Die lebensbedrohliche Krankheit ebenso wie die Transplantation mit all ihren Risiken konfrontieren den Betroffenen mit dem Tod – und mit der Angst vor dem Tod.

In vielfältiger Weise setzt sich Mauro in seiner Therapie mit Ängsten auseinander: Angst vor dem Fremden, Vernichtungsangst, Angst vor Verletzung, Angst vor Beziehungsverlust. Wie Ängste und aggressive Impulse miteinander zu tun haben, illustrieren verschiedene Stellen im Bericht über die Therapie von Mauro: Schmerzhafte Eingriffe lösen Ängste aus und können zu aggressiver Abwehr von untersuchenden oder behandelnden Personen führen. Die eigenen Aggressionen sind wiederum oft verantwortlich für die Angst vor dem Verlust der Zuwendung und des Kontaktes mit wichtigen Bezugspersonen. Im Sandspiel, aber auch durch das Gestalten von Bildern und Figuren findet Mauro mannigfaltige Formen, um die Ängste und Aggressionen zu bekämpfen, in Grenzen zu halten und mit Hilfe von inneren Sicherheiten abzubauen.

In den Träumen, die mir mittels Fragebogen berichtet wurden, tauchen Ängste in vielen verschiedenen Formen auf. So berichtet zum Beispiel ein 46jähriger Mann, wie er vor der Transplantation[16] häufig von Situationen in der Intensivstation träumte, von Schläuchen und Apparaten, Stress und Angst wegen Hilflosigkeit und Ausgeliefertsein. Er bemerkt dazu, daß die totale Abhängigkeit von der Medizin, den Ärzten, der Technik ihm sehr zu schaffen machte.

Eine 58jährige Frau[17] erzählt, wie sie in einem Traum nach der Transplantation auf einer hellen Insel saß, von der aus sie ein Stück des Weges ging und dann immer an einen Platz kam, an dem immer die gleiche männliche Gestalt auf sie zukam. Er hatte mit seinen rotunterlaufenen Augen das Aussehen eines Süchtigen, legte ihr ein Messer an den Hals, verletzte sie aber nie. Aus dem Gebüsch kamen immer die gleichen drei Frauen, die eine Polizeimarke hatten und den Mann mitnahmen. Der Traum wiederholte sich drei Nächte!

Die helle Insel scheint einen Neuanfang anzukündigen, von dem aus es gilt, sich auf den Weg zu machen. In der Gestalt des Süchtigen begegnet ihr die Schattenseite ihres Lebenswillens, die Todessehnsucht. Die drei Frauen, Repräsentantinnen der Ordnungsmacht, treten dieser Todesfigur entgegen und verkörpern damit die lebenerhaltenden Kräfte der Träumenden. Der Traum wird dreimal geträumt, was auf eine wichtige innere Entwicklungsarbeit hindeutet, die in der Form eines Rituals von der Träumenden zu leisten ist. Ingrid Riedel sagt dazu:

«Im Märchen erscheint die Drei häufig als Zahl der Erfüllung eines in sich geschlossenen Ganzen: Als Anzahl der Proben, die zu bestehen, der Rätsel, die zu lösen sind, ehe die Erlösung geschehen kann.»[18]

In der Überwindung der Ängste können Rituale[19] sehr hilfreich sein. So konnte ich miterleben, wie ein Freund, der während vielen Jahren durch seine Leberkrankheit zusehends an Kräften verloren hatte, sich in der Zeit der Vorbereitung auf die Transplantation intensiv mit dem Gedanken zu beschäftigen begann, sich ein Segelboot aus Holz nach alten Vorbildern zu bauen. Die Idee dieses Segelbootes trug ihn durch alle Fährnisse der Transplantation und einer langwierigen, risikoreichen Rekonvaleszenz. Ein Jahr nach der Transplantation konnte er miterleben, wie sein Sohn das erste Mal sein neues Boot steuerte.

Ich selbst beschäftigte mich in der Zeit vor meiner Transplantation mit vielen Endzeitgedanken. So wurde ich auch aufmerksam auf das Buch von Dithfurt, *So laßt uns denn ein Apfelbäumchen pflanzen. Es ist soweit*[20]. Das Lutherwort rief den Wunsch in mir wach, selbst einen Apfelbaum zu pflanzen, halb im Gedanken daran, meinen Kindern etwas Lebendiges zu hinterlassen, wenn ich die Krankheit nicht überleben würde, aber auch mit der Idee, ein Zeichen der Hoffnung für mich selbst zu setzen. Nach meiner Transplantation ist das Apfelbäumchen für mich ein Zeichen der Lebenskraft geworden, die mir noch einmal geschenkt wurde.[21]

2. Verlust und Trauer

Durch die Transplantation wird jeder Betroffene konfrontiert mit dem Verlust des Gefühls der eigenen Unverletzlichkeit und mit der Notwendigkeit, für das Weiterleben auf Andere angewiesen zu sein. Der Verlust des eigenen, kranken Organs ist ebenso zu betrauern wie der Tod des Menschen, von dem das transplantierte Organ stammt. Die vielen zerbrochenen Dinge, denen ich auf dem Weg in meinem hier berichteten Traum begegnete, scheinen ein Hinweis auf den Verlust zu sein, den es zur Kenntnis zu nehmen gilt.

Eindringlich ist das Bild einer 59jährigen Frau[22], die folgenden Traum nach der Transplantation berichtete:

«Die Mutter des Spenders hat an die Tür geklopft und wollte zu mir. Die Schwestern ließen sie nicht herein. Die Frau sagte dann, sie wolle doch nur zu der Frau, die das Organ ihres Sohnes hat.»

Im Traum beschäftigt sich die transplantierte Frau mit dem Tod ihres Spenders und der trauernden Mutter. Die Schwestern im Traum lassen aber die Mutter nicht in direkten Kontakt zur Patientin treten, vielleicht ein Hinweis darauf, daß die Träumende erst am Anfang eines Trauerprozesses steht.

3. Abwehrmechanismen

Bourgeois[23] stellt in einer Studie über psychologische Aspekte der Transplantation fest, daß eine Mehrzahl der Transplantierten die Tatsache eines von einem Andern erhaltenen Organs ebenso verdrängen wie das Andenken an den Spender. Er nennt diese Beobachtung eine *conspiration du silence*. In Übereinstimmung damit findet sich der Gedanke an den Spender nur in 9 von 35 Fragebogen, die ich auf meine Umfrage bei etwa 100 Transplantierten erhalten habe.

4. Schuldgefühle

Als Transplantierter habe ich das Organ eines Andern in mir aufgenommen. Die Notwendigkeit, Medikamente zur Kontrolle der Abstoßung einnehmen zu müssen, erinnert mich immer daran, daß mir das Organ fremd bleibt, auch wenn wir uns aneinander gewöhnt haben. Das Wissen darum, sich etwas von einem Anderen angeeignet zu haben, kann sich in ganz unterschiedlichen Bildern zeigen. Mein eigener oben geschilderter Traum hält mir ein dramatisch zugespitztes Bild vor Augen, wie ich mir durch die Transplantation Lebenskraft gewaltsam angemaßt habe. Der Bote, von dem ich die Köfferchen mit dem wertvollen Inhalt erzwinge, ist der Tod in der Gestalt des schwarz gekleideten Geschäftsmannes. Der Traum teilt mir auch unmißverständlich mit, daß der Geschäftsmann den Inhalt der Köfferchen gestohlen hat. Ich werde durch das Geschehen Teilhaber an einer Schuld.

Als Mauro in einer der ersten Therapiestunden von seiner Transplantation sprach, inszenierte er ein Figurenspiel, in der der Wolf den Kasper fraß. Als Antwort auf meine Fragebogen berichtete mir eine Frau[24] von ersten Erinnerungsbildern, die sie nach ihrer Transplantation in einer Zeit völliger Erinnerungslosigkeit in sich auftauchen sieht. In einem der Bilder sah sie, wie der große Wolf mit den Steinen im Bauch in den Brunnen gestoßen wird. Dieses Bild war völlig isoliert, und sie konnte zu diesem Zeitpunkt nicht herausfinden, woher das Bild stammt. Später beschäftigte sich diese Frau sehr mit Gedanken an den Spender und mit Fragen, ob und warum ihr das Organ eines Anderen zugehören soll, auch wenn er gestorben ist und seine Einwilligung zur Organspende bekannt ist. Der Wolf wird in der Mythologie als der Unterwelt, dem Tod zugehörig verstanden. Der Wolf im Märchen[25] frißt die Großmutter und das Rotkäppchen oder frißt die Geißlein und muß beide Male mit seinem Leben büßen. Der Wolf macht sich schuldig, indem er sich Leben aneignet, das ihm nicht gehört. Er könnte hier auch Repräsentant der selbstzerstörerischen Tendenz und damit der Abstoßung des transplantierten Organs sein. Als dieses Bild mit dem Wolf in der frisch transplantierten Frau auftauchte, hatte sie während langer Zeit mit akuten Abstoßungsproblemen zu kämpfen. Der Wolf scheint ihr einen Hinweis darauf zu geben, daß Abstoßungstendenzen und Schuldgefühle miteinander zu tun haben. Eine innere Stimme sagt ihr aber auch, daß nur durch Loslassen dieser negativen Seite das erhaltene Organ integriert werden kann. Mauro beschäftigte sich in seiner Therapie immer wieder mit dem Wolf, bis er ihn domestizieren konnte, indem er ihm das Fleisch aus seiner «Fleischhackmaschine» zum Fressen gab.

5. Psychische Integration des transplantierten Organs und Selbstbild nach der Transplantation

In einer psychoanalytischen Studie der Lebertransplantation schreibt Karinne Gueniche:

«Jede Transplantation löst simultan einen Trauerprozeß und einen Prozeß der Inkorporation aus. Der Abschied vom eigenen kranken Organ und das Gedenken an den Anderen, den Spender, sind Voraussetzungen für die Zuwendung zu dem erhaltenen Organ und seine Integration.»[26]

Wie wir gesehen haben, beschäftigt sich Mauro auf vielfältige Art mit der Idee, wie es gelingen kann, zusammengesetzt und doch eins zu sein (vgl. z. B. Menschzeichnung, Bilderserie). Das Drama der Integrationsarbeit schildert auch eindrücklich der Traum einer 68jährigen Frau nach der Transplantation[27]:

«Ich hatte Tag und Nacht Träume. Ich fühlte mich in großen Ängsten und Seelennot; es war als ob ich sieben Leben auf einmal lebte; ich mußte zurück und um mein Werden kämpfen, dann war ich wieder der geringste Mensch den es auf Erden gab, ich fühlte mich so kalt bis auf die Knochen

über Jahre. Endlich bin ich zirka nach zehn Tagen im Schlaf so lieblich ins Gesicht gehaucht worden, ich erwachte darob, meine Wangen wurden warm und sind es bis heute.»

Das Zurückfinden nach der Transplantation in die wache, lebendige Welt ist ein schmerzhafter Prozeß. Um sich nach dem großen Eingriff der Operation wieder ganz erleben zu können, muß diese Frau «sieben Leben auf einmal» leben. In der Zahlensymbolik wird die Sieben als Zeichen für die Ganzheit beschrieben. Die Träumende erlebt, wie sie durch Erlebniswelten irren muß, die einem an Hieronymus Boschs Unterwelten erinnern. Sie muß wieder ganz an den Anfang gehen, als geringster Mensch anfangen. Sie muß um ihre Existenz mit all ihren Kräften kämpfen, das heißt, es reicht jetzt nicht mehr aus, daß sie sich auf die Mediziner verläßt. Aber auch das ist noch nicht genügend, um das Leben wieder zu gewinnen. Sie fühlt sich «kalt bis auf die Knochen über Jahre». Es braucht sozusagen den göttlichen Hauch, den Hauch des Lebensgeistes, der ihre Glieder wieder wärmt, ihre Glieder wieder zum Leben bringt. Das Bild des wärmenden Hauchs auf der Wange erinnert auch an die Mutter, die sich dem schlafenden oder dem kranken Kinde zuneigt, ihm durch ihre Nähe und Zuwendung Kraft spendet.

3. Die Beziehungen der an der Organtransplantation Beteiligten

Für mein Referat wurde mir im Untertitel die Aufgabe gestellt, Konsequenzen und Forderungen aus Organtransplantationen zu formulieren. Es versteht sich wohl von selbst, daß ich es Ihnen überlassen muß, Ihre eigenen Konsequenzen zu ziehen, Ihren eigenen Standort zu suchen. Ich möchte mich aber der Aufgabe nicht verweigern, Ihnen abschließend etwas zu meinen persönlichen Konsequenzen zu sagen, muß dabei aber klar machen, daß ich quasi im Glashaus sitzend argumentiere.

Einleitend habe ich angekündigt, daß ich mich dem Thema

Transplantationen unter drei Gesichtspunkten nähern wolle: 1. den Kontroversen um die Organtransplantation, 2. den psychischen Aspekten der Organtransplantation, 3. den Beziehungen der an der Organtransplantation Beteiligten.

Nach der Kenntnisnahme von Kontroversen beschäftigten wir uns mit verschiedenen psychischen Aspekten der Organtransplantation. Einige Gedanken möchte ich nun unter dem Gesichtspunkt der Beziehungen der an der Organtransplantation Beteiligten vortragen.

Christoph Rehmann-Sutter skizziert das «Beziehungsnetz der Organtransplantation», wie in der Grafik angegeben.[28]

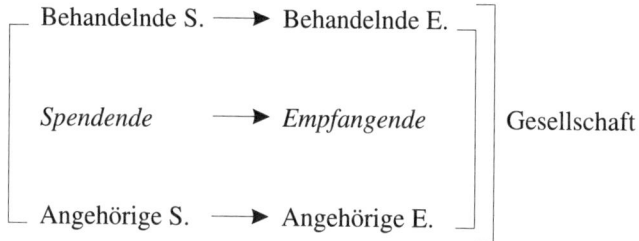

Beziehungsnetz der Organtransplantation nach Rehmann-Sutter.

Im Zentrum des Geschehens steht die Beziehung zwischen Spendenden und Empfangenden: Die Spendenden geben etwas, beziehungsweise etwas wird ihnen genommen, was die Empfangenden zum Überleben benötigen und in sich aufnehmen. Die Eigenheit dieser Beziehung besteht also darin, daß sie durch Transplantation eines Organs intimer ist, als irgendeine andere Beziehung sein könnte, und gleichzeitig keine reale Beziehungsgrundlage erhält, weil sich Spendende und Empfangende nicht als reale Personen begegnen und erleben. Weiter kommt diese Beziehung nur zustande aufgrund der Vermittlung durch das medizinische System beziehungsweise die Behandelnden, die durch eine technische Diagnose des Todes, nämlich der «Hirntoddiagnose» die Transplantation ermöglichen. Dabei müssen wir uns bewußt bleiben (ich zitiere den Theologen Jörns):

«Die Explantation und Transplantation von Organen ist eine *Möglichkeit* für uns Menschen, mehr nicht. Sie ist und bleibt eine problematische Möglichkeit, weil sie den Grenzbereich zwischen Leben und Tod und deshalb Stationen des Menschseins betrifft, die sich unserer reflektierbaren Erfahrung entziehen und darum wissenschaftlich immer mit einem wissenschaftstheoretisch unaufhebbaren Irrtums-Vorbehalt belastet bleiben.»[29]

Eigentlich sind wir durch die Organtransplantation überfordert, so wie wir auch durch andere rasante technische Entwicklungen, wie zum Beispiel durch die Atomspaltung, durch die medizinische Genetik, durch Mobilitätsbeschleunigung, durch Informations- und allgemeine Reizüberflutung überfordert sind. Was können wir tun?

Wir können uns auf die Seite der Schwachen, der Leidenden zu stellen versuchen. Das kann in Bezug auf die Organtransplantation heißen:

1. Das Sterben in Würde muß gewährleistet sein. Das hat zur Folge, daß nur der Sterbende selbst – und in seiner Vertretung dessen Angehörige – darüber entscheiden dürfen, was mit seinem Körper nach dem Tod geschehen darf,[30] besonders wenn durch die technischen Möglichkeiten der modernen Medizin die Todesdiagnose («Hirntoddiagnose») nicht mehr direkt erlebbar beziehungsweise wahrnehmbar ist.

2. Die Not des lebensbedrohlich Kranken, der sich mit der Hoffnung auf Heilung auf eine Transplantations-Warteliste setzen ließ, muß ernst genommen werden. Das heißt, Ernstnehmen nicht nur des Heilungswunsches, sondern vor allem auch der Todesgefahr, weil es kein Recht auf eine Transplantation gibt oder geben kann: Es gibt nie einen Anspruch auf Organe von Anderen. Sterben auf der Warteliste darf deshalb auch nicht dem sogenannten Organmangel angelastet werden, sondern ist und bleibt die Folge des eigenen Organversagens beziehungsweise der eigenen Krankheit.[31]

Anmerkungen

1 Diesen Vortrag widme ich meiner Frau Irma Müller-Nienstedt. Sie ist hat mich durch alle Wirren und Nöte von Krankheit, Transplantation und Rekonvaleszenz begleitet und unterstützt. Auch für den vorliegenden Vortrag ist sie mir mit kritischem Rat zur Seite gestanden.

2 Olympe: Feministische Arbeitshefte zur Politik, Heft 5, 1996.

3 Jytte Haupt: (Nicht-)Tote als Ersatzteillager. Pflegerische Aspekte und Gedanken im Umgang mit hirntoten Patienten. In: Olympe (s. Anm. 2).

4 Richard Fuchs, Karl A. Schachtschneider: Spenden, was uns nicht gehört. Das Transplantationsgesetz und die Verfassungsklage. Rotbuch Verlag Hamburg 1999.

5 Andrew Kimbrell: Ersatzteillager Mensch. Die Vermarktung des Körpers. Campus Verlag Frankfurt/Main 1994.

6 Isabel Frey: Organhandel: Altruismus oder Markt? Eine gesundheitsökonomische Analyse. Schriftenreihe der SGGP, Muri 1994.

7 Bundesamt für Gesundheit: Verfassungsbestimmung über die Transplantationsmedizin. Dokumentation. Bern 1998, S. 5.

8 Fuchs u. Schachtschneider (s. Anm. 4) S. 13.

9 Swisstransplant: Organspende und Transplantation in der Schweiz. Jahresbericht Genf 1998.

10 http;//www.eurotransplant.nl: Transplantationsstatistiken.

11 Kurd Stapenhorst: Unliebsame Betrachtungen zur Transplantationsmedizin. Vandenhoeck Göttingen 1999, S. 111.

12 Hans-Rudolf Müller-Nienstedt: Geliehenes Leben. Tagebuch einer Transplantation. Walter Verlag Zürich u. Düsseldorf 1996.

13 Bei der Trauminterpretation stützte ich mich auf Peter Schellenbaum: Träum dich wach. Lebensimpulse aus der Traumwelt. Hoffmann u. Campe Hamburg 1998.

14 Ingrid Riedel: Tabu im Märchen. Walter Verlag Olten 1985, S. 36.

15 Karinne Gueniche: Pour une étude psychoanalytique de la transplantation hépatique. Du fonctionnement psychique à l'évolution somatique post-greffe. «Le Je, de l'Hôte à l'Autre». Thèse Université Paris V 1998.

16 Traumfragebogen Nr. 08. 46jähriger Mann, Lebertransplantation 1992.

17 Traumfragebogen Nr. 14. 58jährige Frau, Lebertransplantation 1999.

18 Ingrid Riedel: Bilder in Therapie, Kunst und Religion. Kreuz Verlag Stuttgart 1988, S. 187.

19 Dazu z. B. Evan Imber-Black, Janine Roberts, Richard A. Whiting: Rituale. Auer Verlag Heidelberg 1993.

20 Hoimar von Ditfurth: So laßt uns denn ein Apfelbäumchen pflanzen. Es ist soweit. Knaur TB München 1988

21 Das Ritual mit dem Apfelbäumchen beschreibe ich ausführlich in meinem Buch *Geliehenes Leben. Tagebuch einer Transplantation* (s. Anm. 12).

22 Traumfragebogen Nr. 16. 59jährige Frau, Lebertransplantation 1989.

23 Bourgeois M., Peyre F., Verdoux H., Paulhan I.: Greffes de rein et de foie. Aspects médico-psychologiques. Annales Médico-Psychologiques 148

(1990) S. 89–96 und 117–123.

24 Traumfragebogen Nr. 25. Frau, Transplantation von Leber und Niere.

25 Z.B. *Der Wolf und die sieben Geißlein* oder *Rotkäppchen.*

26 Karinne Gueniche (s. Anm. 15) S. 84.

27 Traumfragebogen Nr. 17. 68jährige Frau, Lebertransplantation 1993.

28 Christoph Rehmann-Sutter: Das Beziehungsnetz der Organtransplantation. Situationsanalyse und ethischer Problemkatalog. In: Roberto Malacrida: Donazioni e trapianti d'organo. Visioni filosofiche, etiche e religiose. Ed. Alice, Comano 1997, S. 83–92.

29 Klaus-Peter Jörns: Organtransplantation: eine Anfrage an unser Verständnis von Sterben, Tod und Auferstehung. Zugleich eine Kritik der Schrift der Kirchen *Organtransplantationen.* In Joh. Hoff u. J. in der Schmitten: Wann ist der Mensch tot? Organverpflanzung und Hirntodkriterium. Rowohlt Hamburg 1994, S. 371 f.

30 Nur die explizite Zustimmung der spendenden Person zu Lebzeiten kann dem Faktum Rechnung tragen, daß wir letztlich den Zeitpunkt der «Hirntoddiagnose» nur als irreversiblen (unumkehrbaren) Beginn des Sterbens begreifen können; das heißt, durch das Einverständnis mit der Organentnahme verzichtet der Spender auf die Möglichkeit der ungestörten und im günstigen Falle durch Angehörige begleiteten letzten Phase des Sterbens. Da ein direktes Zeugnis dieser expliziten Zustimmung (z. B. Tragen eines Organspendeausweises) meistens fehlt, kann das indirekte Zeugnis der Angehörigen («Was hätte der Sterbende resp. Verstorbene bezüglich Organspende entschieden?») herangezogen werden.

31 Vgl. dazu auch Kurd Stapenhorst (s. Anm. 11).

Brigitte Dorst
Transzendenz der Liebeserfahrung

1. Einleitung
Anmerkungen zum Wort «Liebe»

Kann man denn heute noch öffentlich über Liebe sprechen? Ist Liebe nicht als Wort abgenutzt, verkitscht, ein Wort der Schlagerbranche? Gehören nicht die philosophischen Diskurse über die Liebe ins Zeitalter der alten Griechen? Und ist der Raum für das Sprechen über Liebe nicht die therapeutische Praxis für Paartherapie, die Unfallambulanz für verunglückte Liebespaare? Im zeitgenössischen Diskurs wird nicht mehr viel über Liebe gesprochen, da geht es im Rahmen der Paartherapie um Beziehungsprobleme und Sexualität.

Gewiß, jede Zeit verschleißt Begriffe, inflationiert Worte, so daß sie ihre Aura, ihren Wert und ihre Prägnanz verlieren. Aber: Hat das mit dem Wort Liebe Gemeinte und Bezeichnete je an Aktualität, an existentieller Bedeutsamkeit, an Leiderfahrung und Hoffnungspotential verloren? Sind nicht die erfolgreichsten Romane und Kinofilme stets Liebeserzählungen?

Wir alle wissen es: Liebe läßt sich nicht machen, sie läßt sich nicht befehlen und verbieten, sie läßt sich nicht herbei beschwören und sichern, man kann sie nicht stehlen, nicht kaufen, sie kann einschlagen in unsere Gefühlswelt wie ein Blitz, von uns Besitz ergreifen; die Liebe, oder besser das, was wir dafür halten, kann uns krank machen. Und: Die Liebe kann sich heimlich davonschleichen, eines Tages oder nachts ist sie fort.

Manchmal erlischt sie und stirbt sie, manchmal steht sie wieder auf, entflammt neu. Sie ist nicht begründbar, nicht widerlegbar, aber: Ohne Liebe ist es alles nichts, ist alles nur «tönernes Erz», wie Paulus sagt. Und vor allem: Man kann dem Leiden an der Liebe nicht entgehen, ohne Lebendigkeit und Leben zu verlieren.

Liebe ist sicherlich die intensivste Erfahrung, die Menschen machen können. Dafür sorgt auch die genetische Grundausstattung unseres Körpers, die Biochemie mit ihren Endorphinen und anderen Glückshormonen. Der wissenschaftliche Zugang zum Phänomenbereich der Liebe hat sich entsprechend vor allem mit ihrer Physiologie befaßt.

In seiner Biographie *Erinnerungen, Träume, Gedanken* sagt C. G. Jung:

«Meine ärztliche Erfahrung sowohl wie mein eigenes Leben haben mir unaufhörlich die Frage der Liebe vorgelegt, und ich vermochte es nie, eine gültige Antwort darauf zu geben … Es geht hier um Größtes und Kleinstes, Fernstes und Nahestes, Höchstes und Tiefstes, und nie kann das eine ohne das andere gesagt werden. Keine Sprache ist dieser Paradoxie gewachsen … Von Teilaspekten zu sprechen, ist immer zuviel oder zuwenig, wo doch nur das Ganze sinngemäß ist.» (Jung 1984, S. 356)

2. Liebesmythos und Geschlechterverhältnisse

Ob es nun um das Ganze oder um Teilaspekte geht: Für die Menschen der Moderne und der Postmoderne scheint Erich Fromms Aussage eher gültig:

«Trotz der tiefverwurzelten Sehnsucht nach Liebe hält man fast alle übrigen Dinge für wichtiger als sie: Erfolg, Prestige, Geld, Macht. Beinahe unsere gesamte Energie brauchen wir dazu, um zu lernen, wie man diese Ziele erreicht, und fast nichts verwenden wir, um die Kunst des Liebens zu erlernen.»

Das Zeitalter der Postmoderne bietet eine unübersehbare Vielfalt von Liebes- und Beziehungsvarianten; das heutzutage «ganz normale Chaos der Liebe», so U. Beck, scheint keine Grenzen der

Erfahrung und Gestaltung mehr zu kennen. *Anything goes.* Nur die Liebe selbst, das tiefe Sich-Einlassen auf ein Du mit Körper, Geist und Seele, eine Liebe, die nicht nach Nutzen und Kosten fragt, scheint unmöglich zu sein. Die wachsende Anzahl der Single-Haushalte, die wachsende Zahl der Scheidungen und Trennungen in Paarbeziehungen sprechen für den Kältetod der Liebe unter unseren Alltagsbedingungen.

Der Individualisierungstrend sowie die Emanzipation der Frauen haben die traditionellen Beziehungsmuster der Geschlechter radikal auf den Prüfstand gebracht. Liebe, Ehe- und Familienmodelle, die Betreuungsliebe als Dienstleistung des einen Geschlechts am anderen mit lebenslangen Versorgungsansprüchen sind Auslaufmodelle in dem Maße, wie die reale, ökonomisch erzwungene Abhängigkeit der Frauen sich ändert und Frauen Wahlmöglichkeiten in der Lebensgestaltung gewinnen. Aufgekündigt sind die alten Rollenmuster, die geschlechtsspezifischen Positionen der Überlegenheit und Unterwerfung.

Was war und was ist der Preis dafür? Wie sieht das Grenzland zwischen den Geschlechtern heute aus?

Es scheint so, als sei aus den alten Gärten der Liebe, in denen in vorpatriarchalen und auch noch in patriarchalen Zeiten einiges blühte, ein verödetes Niemandsland geworden, als seien in den Gefilden der Liebe, wo einstmals Göttinnen und Liebesgötter in Erscheinung traten, nur noch steinerne, zerbrochene Figuren zu finden, umgestürzt, von Moos überwachsen. Das postmoderne Paar, wenn es denn zueinander findet, bleibt vorsichtshalber in der Distanz, in einem Zustand der prüfenden Erwartungshaltung, die *vor* allen Kränkungen und Enttäuschungen, vor allen Verletzungen im Nahraum der Liebe verharrt. Der Preis für diesen Sicherheitsabstand, für die vorsorgliche Panzerung, zum Beispiel im Trennungskontrakt, der vor der Heirat ausgearbeitet wird, ist: Lustlosigkeit, das langsame Absterben des Begehrens im unterkühlten Zustand der ach so vernünftig geplanten Selbstsorge in der Zweierbeziehung, Langeweile, *rien ne va plus.*

Eines der Hauptprobleme heutiger Paartherapie ist die um sich greifende Lustlosigkeit und Apathie, die Entzauberung und Banalisierung der Liebe. Eros, Hingabe, Leidenschaft wurden zudem für den modernen Menschen ersetzbar durch Surrogate. Amors Pfeile können die Schutzhaut, in die der Single sich eingekapselt hat, nicht einmal mehr ritzen. Liebe? Nein, Grundversorgung mit Sex und Körperkontakt, künstliche Stimulierungen werden überall angeboten, Fast-food-Sex ohne die Schwierigkeiten realer Kontaktaufnahme ist leicht verfügbar. Der medial bestens versorgte Heimonanist kommt mit sich selbst gut zurecht, pornographische Stimulierung läuft über Telefon, Fernsehen und Internet. Und wenn doch ein bißchen mehr an menschlicher Unterhaltung gebraucht wird – in den Talkshows aller Sender unterhalten sich andere für den Fernsehkonsumenten.

In dieser technischen Welt bedienen sich vorwiegend die Männer. Es scheint zudem, als haben der männliche Kontrollverlust und die Verunsicherung der Männer eine neue Welle der Gewalt gegen Frauen hervorgebracht.

Und die Frauen? In einigen Bereichen der heutigen Frauenliteratur überlebte die selbstironische Hoffnung, daß beim nächsten Mann alles anders würde und daß beim vielen Frösche-Küssen doch irgendwann eine Verwandlung gelingen müßte – vielleicht nicht in einen Märchenprinzen, aber doch in einen passablen Menschenmann, mit dem ein bißchen Liebe und Lust und die Lasten des Lebens zu teilen wären. Das große Thema der Frauenliteratur ist aber vor allem der Abschied von der patriarchalen Liebesideologie. Es sind Geschichten von Trennungen, vom Scheitern der Liebe. Die unüberbrückbaren Grenzen und Abgründe zwischen den Geschlechtern, die Verletzungen und tiefen Verstörungen, eine grundlegende Skepsis in bezug auf die männliche Liebesfähigkeit sind Motive zum Beispiel in den Werken der Schriftstellerinnen Ingeborg Bachmann, Marie Luise Kaschnitz, Marlen Haushofer.

Die Liebesansprüche der Männer werden von den Frauen als etwas zutiefst Feindliches, sie Bedrohendes und Zerstörendes erfahren, weibliche Empfindungen und Sehnsüchte werden nicht verstanden, zunichte gemacht. Die Differenz zwischen dem vorherrschenden patriarchalen Liebesmythos und den realen Geschlechterverhältnissen wird nicht nur in den zahllosen autobiographischen Romanen, sondern ebenso in der wissenschaftlichen Frauenforschung aufgedeckt.

Dennoch: In den Mythen und Märchen, in den Gedichten und Geschichten auch zeitgenössischer Liebesromane und Filme ertönt immer wieder der Liebesruf, wird immer wieder erzählt von den Liebessehnsüchten und dem Liebesleid der Menschen. Liebe ist das zentrale Thema der Weltliteratur, Liebe und alles, was mit ihr verbunden ist: Leidenschaft und Lust, Begehren und Verweigerung, Kampf, Erotik, Verstrickung, Betrug, Erlösung, Umschlag in Haß und Zerstörung.

Das Menschheitsrätsel Liebe spielt seit Anbeginn immer wieder um das Paar, welches das Schicksal zueinander treibt. Für das Gelingen unseres Lebens, für unser Streben nach Glück, Sicherheit und nach Selbstverwirklichung ist nach wie vor die Paarkonstellation, unabhängig davon, ob heterosexuell oder gleichgeschlechtlich, von entscheidender Bedeutung. Der Archetyp des Paares liegt fast allen Liebesgeschichten, Kunstwerken und Mythen und zumeist auch unseren eigenen Sehnsüchten, Wunschträumen und Liebesversuchen zugrunde.

Dennoch ist es schwierig, darüber zu sprechen. Die spirituellen Dimensionen des Liebens sind von einer ganz besonderen Scham besetzt: Über alles können heutige Menschen miteinander reden, körperliche und sexuelle Empfindungen und Bedürfnisse sind ohne Tabu. Am schwierigsten ist es, für das innerste Angerührtsein, wo die menschliche Liebeserfahrung die Ebene der Transzendenz berührt, Worte zu finden.

Deshalb glaube ich, daß uns die Sprache der Dichtung wohl am ehesten helfen kann, uns unserem Thema, «Liebe als Erfahrung von Transzendenz», anzunähern.

3. Die Erzählung von Leila und Madschnun

Ich möchte Sie daher einladen zu einer Reise auf dem fliegenden Teppich der Phantasie in die arabische Wüste, zu den Beduinen des Stammes Badu Amer. Hier spielt die berühmteste und ergreifendste Liebesgeschichte des Orients, die seit Jahrhunderten die Menschen verzaubert hat; es ist die Geschichte von *Leila und Madschnun*. In kaum einer Geschichte wird das Eins-sein von Liebe und Transzendenz glühender, ergreifender und leuchtender geschildert.

Legenden von Leila und Madschnun sind seit dem 7. Jahrhundert im Orient nachweisbar. Wahrscheinlich, so meint Rudolf Gelpke, hat es tatsächlich ein Paar gegeben, in dessen Herzen das Feuer der Liebe so hell und lichterloh gebrannt hat, daß es durch so viele Jahrhunderte durch die Geschichten und Erzählungen um Leila und Qeis hindurch leuchtete, Qeis, dessen Name später zu Madschnun, der Verrückte, wurde.

Aber in dieser Geschichte ist noch ein anderes Geheimnis verborgen, das Geheimnis des/der *Geliebten*, des göttlichen *Freundes*, wie die Sufis die Transzendenz der Liebe nennen. Rumi, der berühmte persische Sufi, sagt:

> «Des Freunds Geheimnis möge niemand lichten,
> du horche auf den Inhalt der Geschichten:
> In Sagen, Märchen aus vergangenen Tagen,
> läßt sich des Freunds Geheimnis besser sagen.»
> (Rumi 1992, S. 186)

Über Leila und Madschnun gibt es zahllose Geschichten, Lieder, Gedichte, Märchen. Sie wurden im gesamten islamischen Orient erzählt, vom Kaukasus bis zum Indischen Ozean. Der persische Dichter Nizami, der im 12. Jahrhundert lebte, hat diese Geschichten, die damals schon 500 Jahre alt waren, aufgegriffen und daraus ein einzigartiges Epos von etwa 4000 Doppelversen geformt. Dieser orientalische Schatz ist erst in unserem Jahrhundert in europäische Sprachen übersetzt worden. Die deutsche Übersetzung verdanken wir Rudolf Gelpke, dem früh verstorbenen Orientalisten und Ethnologen.

Und so, wie die Menschen früherer Jahrhunderte von den Märchenerzählern vom Schicksal von Leila und Maschnun erfahren haben, habe auch ich für Sie eine Märchenerzählerin mitgebracht, die einige der kostbarsten Perlen aus dieser wunderbaren Erzählung sprechen wird. Was ist der Kern der Geschichte?

Der wunderschöne Beduinensohn Qeis, der einzige Sohn eines mächtigen Stammesfürsten, trifft in der Koranschule das Mädchen Leila, die einem anderen vornehmen Stamm angehört. Die beiden fühlen sich unwiderstehlich zueinander hingezogen.

Qeis, der Knabe, sah aus «wie das Lachen eines Granatapfels, wie eine Rose, die erblüht über Nacht, wie ein Edelstein, der die Dunkelheit des Erdentags in lauteres Licht verwandelt ... immer vollkommener wurde die Schönheit des Knaben. Wie ein Lichtschein das Wasser, so durchstrahlte das Juwel der Liebe die Hülle seines Körpers.

So wuchs er heran ... Auf den Tulpenwangen ... sproßte der Veilchenschimmer des ersten Bartflaums.» (Nizami 1963, S. 9 ff.)

Die Menschen erzählten sich seine Schönheit wie eine Märchengeschichte.

Und Leila? «... eine kleine Schöne ... ein Juwel, wie es seinesgleichen nur selten gibt! Sie war gewachsen wie eine schlanke Zypresse. Eine Gazellenäugige war es ... Sie war anzuschauen wie ein arabischer Mond ... Unter dem Schattendunkel ihres Haars war ihr Gesichtchen die Lampe ... und wer hätte gedacht, daß eine solche Fülle von Süßigkeit aus einem so kleinen Mund strömen könnte? ... Sie hatte wahrhaftig die Schminke nicht nötig ... mit Augensalbe und Schönheitsmal hatte ihre Mutter sie zur Welt gebracht.

Der Name dieses Wunders der Schöpfung war Leila ...

Wessen Herz hätte beim Anblick dieses Mädchens nicht Sehnsucht gefühlt? Aber der junge Qeis fühlte mehr! Er war ertrunken im Liebesmeer, noch eh er wußte, daß es Liebe gibt. Er hatte sein Herz schon an Leila verschenkt, ehe er noch bedenken konnte, was er da weggab.

Und Leila? Nun, ihr erging es wie ihm. Gleichzeitig in beiden wurde dieses Feuer entzündet – und jedes war des anderen Widerschein. Was hätten sie tun können dagegen? Ein Schenke war gekommen, und er hat bis zum Rande ihre Becher gefüllt. So haben sie denn getrunken, was eingeschenkt war. Sie sind Kinder gewesen, und sie haben den Trunk nicht gekannt. Was Wunder: er hatte sie berauscht.» (Nizami 1963, S. 13 ff.)

Die wachsende Liebe zwischen den beiden bleibt den neidischen und mißgünstigen Blicken nicht verborgen, überall auf dem Bazar wird geklatscht, geschwätzt, über die beiden jungen hingerissenen Liebenden die Mäuler zerrissen.

Qeis, der von Leilas Schönheit völlig berauscht ist, kann nicht anders, als überall von Leila zu sprechen, ihre Schönheit zu preisen. Qeis, dessen Seele ein Spiegel war für die Schönheit von Leila – wie hätte er schweigen können über das, was er dort schaute? Wie den Blick abwenden? Wohl mühte er sich ab, es zu tun. Aber sein Gemüt war verwirrt, sein Herz verlor das Gleichgewicht. Wie ein Schlafwandler am hellichten Tag lief er umher, nur noch Leila auf den Lippen.

Den Leuten von Leilas Stamm ging es bald zu weit. Die Ehre des Mädchens, die Ehre seiner ganzen Sippe war betroffen, wenn dieser Tollkopf Qeis, dieser Verrückte, immerzu von ihr sprach. Und so sorgten Leilas Eltern dafür, daß Leila in den Zelten verschwand und streng überwacht wurde. Die beiden Liebenden wurden getrennt. Leila vergoß im Geheimen Tränen der Sehnsucht, aber Qeis wurde immer ruheloser, immer verrückter vor Schmerz und Sehnsucht.

Ruhelos trieb ihn sein krankes Herz umher, Tränen liefen über sein Gesicht, und Verse kamen von seinen Lippen. Immerfort schrie sein Herz nach Leila. Wo er auftauchte, rief man hinter ihm her. «Sieh, der Verrückte Madschnun kommt!» So war aus Qeis Madschnun geworden, ein Wahnsinniger, aber auch ein Dichter.

Er war die Harfe seiner Liebe und Qual, umhergetrieben zu den Zeltplätzen von Leilas Stamm im Bergland von Nadsch. Und nur dem Wind konnte er von Ferne seine Liebesbotschaft für Leila anvertrauen.

«O Ostwind, mache dich auf in die Frühe und streichle die Locken von Leila und sag ihr ins Ohr: Einer, der für dich alles aufgegeben hat, liegt im Staub auf dem Wege zu dir. Er sucht deinen Atem im Wehen der Lüfte und erzählt der Erde seinen Gram um dich. Schicke auch du ihm einen Windhauch zurück, zum Zeichen, daß du seiner gedenkst! ...

Leila, das Leid um dich ist der Trost meines Herzens, ist seine Wunde und ist seine Heilsalbe auch. Ach, könntest du von der Süße deiner Lippen nur ein ganz klein wenig zu mir kommen lassen!» (Nizami 1963, S. 25 f.)

Der Zorn von Leilas Leuten über Madschnun wurde immer größer, immer besorgter wurden auch Madschnuns Angehörige, die sich für ihn schämten. Schande und Schmach brachte dieser Verrückte auch über sie. Sie ermahnten ihn, redeten auf ihn ein, aber: Was hatte das schließlich genützt? Kann man eine solche Feuersbrunst mit Ratschlägen löschen? Und welcher der Ratgeber hatte ein Leid wie dieses jemals an der eigenen Seele erfahren? Die Eltern von Qeis waren verzweifelt über das Unglück ihres Sohnes.

Die Stammesältesten beratschlagten; der einzig mögliche Ausweg schien ihnen, bei Leilas Stamm um Leila zu werben. Sie tun es, aber die Werbung wird abgelehnt, obwohl Qeis' Vater all sein Ansehen und all seine Schätze als Brautgabe anbietet.

Madschnuns Leid wird immer größer, sein Verhalten wird immer verrückter, er verläßt seine Eltern und seine Angehörigen, rennt ohne Richtung und Weg umher, wo er auftaucht, umringen ihn Zuschauer, entsetzt über sein Benehmen.

«... doch wenn Madschnun dann Verse zu sprechen begann, und wenn er ein Lied seiner Liebe anstimmte, wenn er den Stern seiner Sehnsucht besang, und das Feuer in seinem Herzen zu seiner Zunge vordrang, und die Trauer von seinen Lippen erklang, dann schlug auch die Stimmung der Menschen mit einemmal um. Sie standen überrascht und ergriffen, und am Ende war keiner, der nicht über diesen Sänger und sein Schicksal Tränen vergoß.» (Nizami 1963, S. 41 f.)

«Und seltsam! War Madschnun auch verrückt, so waren es doch nicht seine Verse. Mochten die Menschen auch Spott und Schimpf auf ihn häufen, sie konnten in seinen Gedichten keine Mängel entdecken.

Ja, viele kamen jetzt schon von nah und fern, um den Sänger in seinem Bergreich zu suchen. Sie belauschten ihn gierig, und was sie hörten, bewahrten sie auf, schrieben es nieder, trugen es mit sich fort nach allen Horizonten, und wurden davon manchmal selber zu Liebenden.» (Nizami 1963, S. 75)

Dem verzweifelten Vater fällt als Rettung für seinen Sohn nur noch eine Wallfahrt nach Mekka ein, und so bricht er mit einer Karawane auf, den liebeskranken und geschwächten Sohn bringt er in einer Sänfte nach Mekka und mahnt ihn dort, Gnade und Rettung von Allah, dem Allmächtigen, zu erflehen.

Aber Madschnun kann nur sprechen:

«Herr, sie sagen zu mir: ‹Trenne dich von der Liebe, weil dies der Pfad zur Genesung ist …› Aber ich bekomme Kraft nur durch die Liebe; und stirbt die Liebe, so sterbe ich auch. Meine Natur ist der Zögling der Liebe! Mein Schicksal sei nichts außer Liebe! Und wehe dem Herzen, das leer ist davon … Darum bitte ich dich, o Herr, und flehe dich an, bei der Göttlichkeit deiner Gottnatur und bei der Vollkommenheit deines Königstumes: laß du meine Liebe noch immerfort wachsen, laß sie dauern, auch wenn ich selber vergehe! Gib mir zu trinken von diesem Quell, und laß niemals mein Auge dieses Licht verlieren! … Man sagt mir: ‹Lösche in deinem Herzen dieses Verlangen nach Leila …› Ich aber bitte dich, Herr: laß wachsen meine Sehnsucht nach Leila, von Augenblick zu Augenblick! … und wenn ich auch in Qual um sie wie die Kerze verbrenne, so soll doch kein einziger meiner Tage jemals ohne diese Qual sein! Laß mich lieben, o Gott, lieben allein um der Liebe willen, und mache diese Liebe noch hundertmal größer, als sie schon war und jetzt ist.» (Nizami 1963, S. 53 ff.)

Was geschah mit Leila?

«Inzwischen war Leila von Tag zu Tag schöner geworden. Herrlich hielt die Blüte, was einst die Knospe versprochen hatte. Ein halber Zauberblick hätte ausgereicht, um ihr hundert Könige zu erobern; und wen sie nur wollte, ob Araber oder Türke, hätte sie damit ausplündern können …

So mächtig der Zauber von Leilas Schönheit war, so konnte diese Zauberin dennoch sich selber nicht helfen! Sie blühte nach außen, und inwendig weinte sie Bluttränen. Heimlich hielt sie Ausschau nach Madschnun von morgens bis abends; und um Mitternacht, wenn niemand sie hören konnte, riefen ihre Seufzer nach ihm. Ihr Lachen stieg wie Kerzenlicht aus Tränen auf; und aus allem, was sie erblickten, schnitzten ihre Augen das Bild des Geliebten.

... Wind wehte aus dem Bergland nach Nadschd und brachte einen Hauch von der Treue eines Einsamen mit. Oder er blies auch von dort eine Wolke herbei, und ihre Tropfen waren für Leila der Gruß eines Fernen.

Dennoch drang auch zu ihr die Stimme des Freundes! War Madschnun nicht ein Dichter? Und so dicht war kein Zeltvorhang, daß er seinen Qasiden den Eintritt verwehrte. Jedes Kind, das vom Bazar kam, trällerte bereits seine Verse; und jeder Vorübergehende, der eines seiner Liebeslieder summte, überbrachte damit Leila, ob er es wußte oder nicht, eine Botschaft des Geliebten.» (Nizami 1963, S. 76 ff.)

Madschnun, der es bei den Menschen nicht mehr aushält und in der Felswüste haust, trifft dort den Beduinenfürsten Noufal, der von dem Schicksal des völlig ausgezehrten Madschnun so angerührt ist, daß er beschließt, Madschnun zu helfen und Leilas Stamm mit Gewalt zu zwingen, die beiden Liebenden zueinander zu lassen. Er führt Krieg gegen Leilas Stamm, besiegt sie mit dem Schwert, aber Leilas Vater besiegt ihn mit Worten:

«... diesem Teufelsbalg, diesem Madschnun, werde ich Leila nicht geben. Das nicht! Einen Verrückten wie ihn soll man fesseln, aber nicht mit dem Band der Ehe. Wer ist er denn? Ein Narr, ein unedler Wirrkopf, ein herumstreichender Bettler, ein heimatloser Vagant, der Gebirge und Steppen durchstreunt! ... Es gibt keinen Winkel in ganz Arabien mehr, wo nicht schon der Name meiner Tochter in jedermanns Munde wäre!

Und ihm, der solches verbrochen hat, soll ich sie geben? Auf ewig wäre mein Name mit Schande bedeckt. Darum verlange von mir nichts Unmögliches! Doch weh uns, wenn du es doch tust! Dann, bei Gott, werde ich selbst dieser mondgleichen Braut den Kopf abschlagen, und werde sie den Hunden zum Fraß vorwerfen, um meine Ehre zu retten und endlich Ruhe zu haben ...

Es ist besser, daß die Hunde mein Kind fressen als dieser Dämon in Menschengestalt. Lieber jene als dieser!» (Nizami 1963, S. 123 f.)

Noufal versteht den Vater, verzichtet auf den Preis seines Sieges. Madschnun verliert auch diesen Freund, bitter enttäuscht. Madschnun fristet sein Dasein in der Wüste, und die wilden Tiere werden nun seine Gefährten, werden zahm und zutraulich.

Viele werben um Leila, die durch Madschnuns Lieder von ihrer Schönheit gehört haben. Ihr Vater verheiratet sie schließlich mit dem edlen Ebn Salam vom Stamme Asad, der schon lange um Leila geworben hatte. Mit Geduld und Güte hofft er, Leilas Liebe zu gewinnen, schließlich versucht er es mit Gewalt. Aber Leila verweigert sich ihm, auch wenn sie nach dem Gesetz seine Frau ist. Sie weist ihn ab im Namen der Liebe, selbst wenn er sie töten werde. Und Ebn Salam, der sie liebt, bittet sie um Verzeihung, und gibt sich zufrieden damit, daß er sie nur anblicken darf. Niemals wird er ihr Gatte.

«Während die Augen Ebn Salams Ausschau hielten nach Leila, suchten die ihren nur immer Madschnun und ein Zeichen von ihm. Konnte es denn nicht sein, daß ein Windchen von seiner Höhle droben in den Bergen etwas Staub zu ihr brachte? Es kam vor, daß Leila wie eine Trunkene die zwei, drei Schritte zum Zelteingang taumelte, und daß ihr dort ihre Seele, die trauriger als tausend Liebeslieder war, für eine Weile entflog, und sie nichts mehr wußte von sich. Nur im Gedenken an Madschnun lebte Leila und in der Hoffnung auf eine Nachricht von ihm.» (Nizami 1963, S. 160 f.)

Madschnuns Klage um Leila steigert sich noch, als er von ihrer Verheiratung hört, auch wenn man ihm sagt, daß Leila ihm weiter die Treue hält.

Manchmal trieb es ihn zu den Lagerfeuer und Zeltplätzen der Menschen, wo Leilas und Madschnuns Liebe durch die Verse und Gesänge, die überall kursieren, weiterhin in aller Munde ist. So war Madschnun eines Tages wieder einmal bei den Lagerstätten und fand dort ein Blatt Papier, auf das ein Unbekannter in Ehrfurcht und Bewunderung vor so viel Treue die Namen der beiden, nichts sonst, geschrieben hatte, und die Namen standen nahe beieinander, auf dem Papier vereint. Als Madschnun dies sah, riß er das Blatt entzwei, zerknüllte den Teil, auf dem Leila stand, und warf ihn fort.

«Als die Leute, die ihn umringten, das sahen, wunderten sie sich sehr. Sie hätten wohl alles erwartet, nur das nicht! Darum bestürmten sie den Dichter, riefen und fragten:

‹Was soll denn jetzt das? Sag uns, warum du es getan hast! Wie? Ihr beide seid hier vereinigt gewesen, und *du* hast euch getrennt? Wie kommt das? Weshalb nur?›

‹Weil›, erwiderte ihnen Madschnun, ‹*ein* Name besser ist als zwei. Einer genügt für uns beide. Wenn ihr wüßtet, was ein Liebender ist, so wüßtet ihr auch, daß man nur ein wenig kratzen muß an ihm, und schon tropft die Geliebte heraus …›

Aber damit gaben sich die Zuhörer noch nicht zufrieden.

‹Nun gut›, meinten sie, ‹ein einziger Name genügt für euch beide. Das sagst du. Mag sein! Aber warum hast du dann Leila weggeworfen und dich selber behalten? Warum nicht umgekehrt?›

‹Weil man die Schale sieht und nicht den Kern›, gab Madschnun zur Antwort, ‹versteht ihr das nicht? Der Name ist die Hülle, und diese Hülle bin ich. *Ich* bin der Schleier, und das Antlitz darunter ist *sie* …›.» (Nizami 1963, S. 194 f.)

Und Leila? Eines Tages trifft ein Fremder sie beim Brunnen und fragt die leise Weinende nach ihrem Namen. Sie antwortet:

«So wisse denn, daß ich einst Leila gewesen bin. Aber ich bin jetzt Leila nicht mehr. Ich bin jetzt verrückter, bin ‹mehr Madschnun› als tausend Madschnuns … Ist Madschnun nicht der schwarze Stern, der herumirrt in Liebesqual? Aber meine eigene Qual ist noch tausendmal größer! Auch er, gewiß, ist eine Zielscheibe, auf die der Schmerz mit seinen Pfeilen schießt … aber *er* ist ein Mann, *ich* bin eine Frau! Er ist doch frei. Er kann doch fliehen. Er braucht niemand zu fürchten, er kann gehen, wohin immer er will, kann schreien und sagen und dichten, was immer er fühlt. Aber ich? Ich bin hier gefangen. Ich habe keinen Menschen, zu dem mein Herz reden und dem es vertrauen kann.» (Nizami 1963, S. 225 f.)

Und der Fremde ist bereit, als Leilas Bote zu Madschnun zu gehen und ihm eine Botschaft zu bringen. Dies ist Leilas Nachricht:

«Diese Botschaft … kommt von mir, einer Gefangenen, und ist bestimmt für Dich … O mein Freund, wie lang ist es schon her, daß ich den Bund mit Dir geschlossen habe! Sag, wie geht es Dir? ... was tust Du? Du behütest den Schatz der Freundschaft, ich weiß, und von Dir erhält die Liebe ihren Glanz. Ich sehe, daß Dein Blut das Gebirge mit Morgen- und Abendrot färbt, doch Du selbst wohnst, wie der Achat, tief in den Felsen verborgen ...

Du hast der Treue zu mir Dein Herz geweiht und bist dafür bei den Leuten ins Gerede gekommen. Was kümmert es Dich? Was mich? Wir bleiben uns treu. Ach, wenn ich nur wüßte, was Du jetzt fühlst! Wie Du aussiehst, und was Du machst ...

Ich bin mit all meiner Liebe bei Dir ... Ich bin, wie Dein Glück, getrennt von Dir; aber ich bin Deine Gefährtin, auch fern vor Dir.» (Nizami 1963, S. 232 ff.)

Und Madschnun antwortet ihr:

«O meine Jasminbrüstige! An der Liebe zu Dir schwindet mein Leben dahin, und meine Lippen sind verdorrt, meine Augen voll Tränen. Du ahnst nicht, wie sehr ich ‹Madschnun› bin. Ich habe mich selber verloren Deinetwegen.

Aber den Weg, den ich gehe, kann nur gehen, wer sich selber vergißt. Der Gläubige der Liebe muß seine Religion mit Herzblut bezahlen; und tut er das nicht, so ist seine Liebe kein Gerstenkorn wert. So führst Du mich denn und enthüllst mir das Gesicht der Liebe, selbst wenn mir vielleicht Dein eigenes Antlitz für immer verborgen bleibt.

Die Liebe zu Dir sei der Wächter meines Geheimnisses! Das Weh, das sie mir zufügt, sei meiner Seele Liebkosung! Was liegt schon daran, daß es für meine Wunde keine Salbe gibt? So lange *Du* nur heil bist, ist alles Leid ein Nichts ...» (Nizami 1963, S. 244)

Einmal noch vor ihrem Tod besucht Madschnuns Mutter ihren Sohn und fleht ihn an, seinem Herzen endlich Frieden zu geben, in die Gemeinschaft der Menschen nach Hause zurückzukehren, aber er kann nur seine Mutter für all ihren Kummer um Verzeihung bitten und doch auf seinem Weg bleiben.

Madschnuns Heimat ist die Liebe, sonst ist er nirgends zuhause.

Auf den Karawanenwegen der Wüste wanderten Madschnuns Verse in die Straßen und Bazare der großen Städte. Überall hörten die Menschen vom Schicksal Madschnuns und Leilas, und so mancher Wohlmeinende und Mitfühlende hätte den Liebenden gerne geholfen. So erhielt Madschnun eines Tages Besuch von einem jungen Mann aus Bagdad, einem Freund der Dichtkunst, der glaubte, ihn durch Zureden von seinem Geschick abbringen zu können mit dem Rat, den Kummer in seinem Herzen nicht immerzu zu nähren, auch der Himmel ändere sich dauernd, erklärte er ihm. Aber Madschnun entgegnet ihm:

«Was glaubst du denn eigentlich, wer ich sei? Ein Betrunkener? Ein verliebter Tollkopf, ein Narr meiner Sinne, verwirrt von Gelüsten? So wisse: ich bin über all das erhaben, bin der König der Liebe an Majestät. Rein ist meine Seele vom Dunkel der Wollust, geläutert von niedriger Gier meine Sehnsucht, frei von Scham mein Gemüt. Ich habe den Bazar der Sinnenlust in mir zerbrochen. Die Liebe ist die Essenz meines Seins. Die Liebe ist das Feuer, und ich bin wie das Holz, das die Flamme verzehrt. Die Liebe ist eingezogen und hat das Haus geschmückt, und das Ich hat sein Bündel geschnürt und ist ausgezogen. Obwohl du mich zu sehen meinst, bin ich doch nicht mehr: was ist, ist die Geliebte …
Und diese Liebe in all ihrem Weh, so glaubst du, werde versiegen? Sie wird es nicht, es sei denn, es schwänden am Himmel die Sterne dahin!» (Nizami 1963, S. 287 f.)

Ein einziges Mal noch sehen die Liebenden einander von weitem heimlich im Garten einer Oase. Leila hat über einen Boten Madschnun gebeten zu kommen. Zehn Schritte Abstand halten sie ein, eine noch größere Nähe würde sie verbrennen. Und Leila ist nun das Ohr für Madschnuns Verse.

«Meine Seele bist du, und ich bin die deine;
zwei Seelen sind wir, und sind doch nur eine;
zwei Rätsel, und eine Lösung für beide:
daß jedes auf Erden am anderen leide.
So sind wir auch diesmal zehn Schritte getrennt,
obwohl sich das Eine in Zweien erkennt.
Doch muß hier, was eins ist, als Zweiheit erscheinen,
und darf sich nicht jetzt schon zum Einen vereinen.

Kein Weg führt vom Körper des einen zum andern;
es kann nur die Seele zur Seele wandern ...
Das Herz ist ewig, weil es dich liebt;
der Tod ist dort, wo es dich nicht gibt.
Solang du in mir bist, bleibe ich heil,
denn du bist vom ewigen Leben mein Teil ...»
(Nizami 1963, S. 278)

Leila hält es nicht mehr lange in diesem Leben. Aber vor ihrem Tod muß sie noch einmal ihr Herz erleichtern, von ihrer Liebe sprechen. Das Geheimnis ihrer Liebe enthüllt sie ihrer Mutter.

«O Mutter, du Gute ... Nun erlösche ich – und was ist das Leben gewesen? ...

Du sollst mich, wenn ich tot bin, schmücken wie eine Braut. Mache mich schön – womit? Nimm als Augensalbe Staub von den Wegen Madschnuns, bereite mir Indigo aus seiner Not, besprenge meinen Scheitel mit dem Rosenwasser seiner Tränen, hülle mich in den Duft seines Grams ...

Oh, er wird kommen, mein Wanderer ...

Wenn er kommt, Mutter, und wenn du ihn siehst, so richte ihm von mir eine Botschaft aus! Sag ihm: ‹Im Augenblick, da Leila die Kette dieser Welt zerrissen hat, ist sie gegangen mit dem Gedanken an dich und in Liebe zu dir. Sie hat dir bis ans Ende die Treue gehalten. Dein Leid ist hier stets das ihre gewesen, und sie hat es als Wegzehrung auf die Reise hinüber genommen. Ihre Sehnsucht nach dir ist mit ihr nicht gestorben. Du kannst ihre Augen hinter dem Schleier von Erde nicht sehen, aber diese Augen halten Ausschau nach dir und folgen dir auf deinem Weg, wohin du auch gehst, und warten auf dich und fragen: Wann kommst du? ...› Sag ihm das, Mutter!

So bat Leila. Über ihr Gesicht strömten Tränen, und sie rief den Namen des Geliebten. Dann versagte ihre Stimme, und sie überschritt die Grenze in das andere Land.» (Nizami 1963, S. 299 ff.)

Und es geschah, wie Leila vorausgesagt hatte. Madschnun eilte zum Grab der Geliebten, und die wilden Tiere, die seine Gefährten geworden waren, bildeten einen Schutzkreis um ihn, damit niemand ihn mehr störte am Grab seiner Geliebten. Mit tausend Küssen bedeckte er die Erde, unter der die Freundin lag. Und endlich verließ auch seine Seele mit den Worten «Du Liebe ...» den Körper.

Es weinten alle, so erzählt Nizami am Schluß, ob sie zur Sippe von Madschnun oder zu der von Leila gehörten, und man begrub Madschnun an Leilas Seite.

Die Geschichte endet mit den Zeilen:

«Sie hatten sich Treue gelobt in *dieser* Welt;
sie schlafen in *jener* zusammen im gleichen Zelt.» (Nizami 1963, S.311)

4. Liebe und Transzendenz

Ist die Geschichte von Leila und Madschnun nur voller orientalischer Übertreibungen, die nur in die Gluthitze der Wüste passen?

Auch in unserem Kulturkreis erzählen uns die Dichter, Mystiker und Mystikerinnen, die den Raum der Liebe erkundet haben, von ihrer Urgewalt und ihrem Schmerz. Der Dichter Hermann Hesse sagt:

«Die Liebe ist nicht da, um uns glücklich zu machen. Ich glaube, sie ist da, um uns zu zeigen, wie stark wir im Leiden und Tragen sein können.» (Hesse 1986, S.121)

«Die Liebe erleidet man, aber je hingegebener man sie erleidet, desto stärker macht sie uns.» (Hesse 1986, S.110)

Brennt das Feuer der Liebe auch in heutigen Menschen noch so hell? Gibt es das noch, die Unbedingtheit der großen Liebe, die sich nicht brechen und eingrenzen läßt, alle äußeren Hindernisse transzendiert? Gibt es Leila und Madschnun, Lancelot und Ginevra, Tristan und Isolde auch heute noch in ihrer heiligen Verzauberung?

Ich kenne solche Paare, Menschen, deren Liebe auf Hindernisse, Grenzen und Verbote stößt und sich dennoch nicht unterdrücken läßt: Ich denke an Liebesbeziehungen zwischen katholischen Priestern und Frauen, die sich für ein heimliches Liebesleben entschie-

den, um ihrer beider berufliche Identität und Existenz nicht zu verlieren, und sich dennoch seit Jahrzehnten leidenschaftlich und ausschließlich aneinander gebunden fühlen.

Ich denke an ein gleichgeschlechtliches Paar, eine katholische
Nonne und eine evangelische Diakonin, die sich in großer Liebe
zueinander hingezogen fühlten und die beide in ihrem Umfeld in
eine unglaubliche Hexenverfolgung gerieten, bevor sie den Mut
fanden zu dem Entschluß, gemeinsam, an einem anderen Ort, mit
anderen Berufen, ein neues Leben aufzubauen und ihre Liebe als
lesbisches Paar zu leben. Ich habe selten eine so leuchtende Innig-
keit erlebt wie zwischen diesen beiden Frauen. Ich habe auch die
Nöte männlicher Paare kennengelernt, die Liebe zwischen einem
älteren Franziskanermönch und seinem jüngeren Mitbruder. Nicht
zufällig befinden sich solch heimliche Liebespaare in kirchlichen
Feldern – und mit geradezu abenteuerlichen Strategien gelingt es
ihnen immer wieder, sich für eine Weile auf kleine Zeitinseln im
Verborgenen zu retten.

Da sind F. und B., Cousine und Cousin, er ist Arzt, sie Lehrerin,
er ist verheiratet mit einer schwerkranken Frau, die er nicht verlassen will. Es gelang diesem Paar, über Jahrzehnte ihr Liebesverhält-
nis vor der sehr konservativen Verwandtschaft, der ganzen übrigen
Familie zu verbergen.

Oder A. und C., beide verheiratet mit anderen Partnern, beide
haben jüngere Kinder, sie lebt in Süddeutschland, er in Nord-
deutschland, beide haben das Gefühl, sie dürfen ihre Familien nicht
zerbrechen lassen, können aber auch nicht voneinander lassen.

Einige dieser Paare habe ich als Therapeutin begleitet, habe sie
durch Höllen von Verzweiflung, Schuld und Sehnsucht hindurch-
gehen sehen und doch immer wieder heil werdend in der Erfahrung
der Unzerstörbarkeit ihrer Liebe.

Selten habe ich solche Paare scheitern erlebt, jedenfalls ungleich
seltener als Paare, die alle öffentliche Bestätigung und Unterstützung ihrer Beziehung hatten. Die Grenzen der jeweiligen Lebens-
zusammenhänge waren für diese Paare paradox, was sie stärker
noch zusammenband, um mit dem äußeren Immer-wieder-loslas-

sen-müssen innerlich doch umso unverbrüchlicher und unbedingter zu lieben.

Was all diese Paare kennzeichnet und auszeichnet ist:

- Liebe als Passion, eine Leidenschaftlichkeit des Gefühls, die man diesen nach außen hin oft sehr still und unauffällig wirkenden Menschen kaum zutrauen würde,
- eine unbedingte, schicksalhafte Gewißheit, diese Liebe sich lebenslang nicht aus dem Herzen reißen zu können,
- äußere Lebensbedingungen, die als unmöglich zu verändern erlebt werden und zur Heimlichkeit zwingen und zu äußerlich getrennten Leben,
- Bedrückung durch Schuldgefühle und die Last der Verheimlichung,
- eine Umwelt, die als verständnislos, verurteilend, manchmal mißtrauisch bespitzelnd erlebt wird bis zur Verfolgung,
- der Zwang zur Verschleierung, zur Verstellung, zur Lüge,
- eine jahrzehntelange Treue.

Die großen Liebenden sind von der Liebe lebenslang verwundet, ihre Verrücktheit ist im letzten eine heilige Verzauberung. Und so sehr auch die Liebe auf der irdischen Ebene unmöglich sein mag, die Liebe hebt die Liebenden über diesen engen Rahmen hinaus. Die in den Augen der Welt «schuldig Liebenden» sind schuldlos. Daher bestehen sie auch in den mittelalterlichen Erzählungen die Gottesurteile. Isolde, die Tristan liebt, hebt ein glühendes Eisen auf, ohne sich zu verbrennen, und erweist in diesem Gottesurteil ihre Unschuld in einem höheren Sinne. Auch wenn Lancelot im Zusammenhang mit der Gralssuche in einem christlichen Schuldbewußtsein versucht, von Ginevra zu lassen, die Liebe zu ihr aufzugeben, er vermag es nicht. Liebe, wirkliche Liebe, ist unsterblich.

In der Erzählung von Leila und Madschnun heißt es:

«Eine Liebe, die nicht immerwährende Liebe ist, bleibt der Sinnenlust Spielzeug und vergeht wie die Jugend. Was vergeht, ist die Zeit, nicht aber Liebe. Mag sonst alles nur Tand und Gaukelei und Einbildung sein, sie ist es nicht. Denn das Kohlenbecken, auf dem sie brennt, ist die Ewigkeit selbst, die weder Anfang noch Ende hat.» (Nizami 1963, S. 48)

Die Liebe ist eine Kraft, die radikal den geliebten Menschen bejaht, eine Kraft, für die der Tod nicht existiert. «Einen Menschen lieben heißt sagen: Du wirst nicht sterben», sagt der französische Philosoph Gabriel Marcel.

Lieben bedeutet unsterblich sein.

«Das Herz ist ewig, weil es dich liebt», singt Madschnun. Leila und Madschnun sind viel enger miteinander verbunden, als es ein bloßes körperliches Zusammensein bedeutet hätte, auch wenn sie sich danach sehnen. In der Unbedingtheit ihrer Hingabe sind ihre Seelen eins geworden. Leila wird Madschnun, Madschnun ist in Wahrheit Leila.

Liebe, Liebender und Geliebte sind untrennbar eins, dies ist das Geheimnis der Transzendenz in der Liebe.

Liebende erfahren das Mysterium, daß auch Grenzen und Entfernungen nur eine andere Form von Gegenwärtigkeit sind. Und in der Erfahrung des Du bin ich zugleich mehr ich selbst als je zuvor, ist die Grenze zwischen mir und Mir geöffnet, kann ich den anderen und die ganze Welt in das aufgebrochene und sich erweiternde Herz aufnehmen, ohne mich zu verlieren.

Aber: «Die Liebe enthüllt ihre höchsten Geheimnisse und Wunder nur dem, der zur unbedingten Hingabe und Treue des Gefühls fähig ist» (C. G. Jung).

Dies ist möglich in jeder Liebe. In jedem geliebten Menschen offenbart sich das Göttliche den Liebenden. Aber diese Offenbarung setzt voraus, daß wir die engen Grenzen unseres Herzens aufbrechen. «Nichts ist so heil wie ein gebrochenes Herz», sagt Rabbi Nachman von Bratzlav, ein chassidischer Mystiker. Was das Herz öffnet und aufbricht, ist letztlich nicht wichtig, so wie es letztlich nicht wichtig ist, zwischen göttlicher und menschlicher Liebe unterscheiden zu wollen.

Wer wahrhaft liebt, ist entzündet vom Feuer der göttlichen Liebe, die als Möglichkeit und Sehnsucht in allen Menschen wartet.

Liebe transzendiert auch die Bindung und den Bezug zu einer einzigen geliebten Person hin zu einer Bezogenheit des Menschen zu allen anderen Mitlebewesen.

Liebe ist eine Kraft und Orientierung des Herzens, die nicht davon abhängig ist, daß wir nur das richtige Liebesobjekt finden müßten.

Alle Mystiker und Mystikerinnen haben die tiefe Einheit aller Formen des Liebens entdeckt. Alle menschliche Liebe und alle Sehnsucht hat eine durchlässige Grenze zur Transzendenz, die in allen Menschen vorhanden ist. Ein mystischer Dichter unserer Zeit, Ernesto Cardenal, hat es so beschrieben:

«In den Augen aller Menschen wohnt eine unstillbare Sehnsucht. In den Pupillen der Menschen aller Rassen, in den Blicken der Kinder und Greise, der Mütter und liebenden Frauen, in den Augen des Polizisten und des Angestellten, des Abenteurers und des Mörders, des Revolutionärs und des Diktators und in denen des Heiligen: In allen wohnt der gleiche Funke unstillbaren Verlangens, das gleiche heimliche Feuer, der gleiche tiefe Abgrund, der gleiche unendliche Durst nach Glück und Freude ... Dieser Durst ist die Liebe zu Gott.

Um dieser Liebe willen werden alle Verbrechen begangen und alle Kriege gekämpft, ihretwegen lieben und hassen sich die Menschen. Um dieser Liebe willen werden Berge bestiegen und die Tiefen der Meere erforscht, für sie wird geherrscht und intrigiert, gebaut und geschrieben, gesungen, geweint und geliebt. Alles menschliche Tun ist eine Suche nach Gott, nur sucht man ihn meistens dort, wo er am wenigsten zu finden ist ...

Der unstillbare Hunger der Diktatoren nach Macht und Geld und Besitz ist in Wirklichkeit Liebe zu Gott. Der Liebende, der Forscher, der Geschäftsmann, der Agitator, der Künstler und der kontemplative Mönch, alle suchen dasselbe, nämlich Gott und nichts als Gott.» (Cardenal 1971, S. 20)

5. Plädoyer für die Liebe

Liebe öffnet für uns die alltägliche Welt auf eine tiefere Seinsebene hin. Die Alltagsgrenzen der Wahrnehmung werden erweitert, verschlossene Tore zur Wirklichkeit öffnen sich, die Wirklichkeit hinter der Wirklichkeit wird erfahrbar. «Die Liebenden sehen anders und sind daher anders, werden anders, erschließen einander andere Wirklichkeiten.» (Beck 1990, S. 231)

Liebende finden in der Religion der Liebe etwas, das in dieser Welt und doch nicht von dieser Welt ist. Und auch im Austausch der Körper in der Ekstase verschwinden momenthaft die Grenzen von Ich und Du, Berühren und Berührt-werden, Geben und Nehmen, Hingabe und Wollen, Irdischem und Himmlischem.

Und so sehr wir auf der einen Seite den historischen Bedeutungswandel der Liebe im Rahmen sich ändernder Sozialstrukturen, Geschlechterrollen und Werte miterleiden und erkämpfen und die neuzeitlichen, postmodernen Gefährdungen der Liebe an uns selbst und anderen erfahren, so gibt es auf der anderen Seite das Archetypische und das Transzendente in den Erfahrungen der Liebe.

Auch Ingeborg Bachmann, die immer wieder vom Scheitern der Liebe im Realen in ihren Werken berichten muß, hält die Möglichkeit der Liebe gleichwohl offen. In ihrer Rede *Die Wahrheit ist dem Menschen zumutbar* sagt sie:

«Nun steckt aber in jedem Fall, auch im alltäglichsten von Liebe, der Grenzfall, den wir, bei näherem Zusehen, erblicken können und vielleicht uns bemühen sollten, zu erblicken. Denn bei allem, was wir tun, denken und fühlen, möchten wir manchmal bis zum Äußersten gehen. Der Wunsch wird in uns wach, die Grenzen zu überschreiten ...

Im Widerspiel des Unmöglichen mit dem Möglichen erweitern wir unsere Möglichkeiten.» (Bachmann 1982, Bd. 4, S. 276)

Die Wahrheit, das Mysterium der Liebe, ihr Schmerz und ihre Ekstase sind uns Menschen zumutbar. Auch im Zeitalter der postmodernen Lieblosigkeit können wir im Widerspiel des Unmöglichen mit dem Möglichen unsere Liebensmöglichkeiten erweitern. Und auch bei allen notwendigen Trennungen, Grenzziehungen und Entfernungen voneinander, die die gegenwärtigen Veränderungen in den Geschlechterverhältnissen zuweilen bedingen, ist es meine Überzeugung, daß wir Menschen, Frauen und Männer, weder körperlich noch seelisch noch geistig in isolierten Existenzformen leben können, ohne Schaden zu nehmen. Wir können nur überleben, leben, das eigene Selbst werden und das Abenteuer der Individuation bestehen, wenn wir verbunden sind mit anderen in liebevollen Bindungen und Beziehungen, uns selbst darin immer wieder hingebend und findend.

Und so kann ich zum Schluß Sie nur noch ermutigen mit den Worten Khalil Gibrans: «Wenn die Liebe dir winkt, folge ihr ...» Auch er beschreibt eindringlich, was die Liebe mit uns macht, wie sie unsere Träume zerstört, uns erniedrigt und erhöht, uns im Feuerofen der Liebe brennt.

«All dies wird die Liebe mit Dir machen, damit du die Geheimnisse deines Herzens kennen lernst und in diesem Wissen ein Teil vom Herzen des Lebens wirst.» (Gibran 1973, S. 13 f.)

Literatur

Allendy, R.: Die Liebe. Kindler, München o. J.

Antons, K.: Helfen oder Lieben. Trennung und Scheidung in psychosozialen Berufen. Rowohlt, Reinbek 1987.

Bachmann, I.: Werke Bd. 4, Essays, Reden, Vermischte Schriften. Piper, München 1982.

Beck, U., Beck-Gernsheim, E.: Das ganz normale Chaos der Liebe. Suhrkamp, Frankfurt 1990.

Broeher, T.: Von der Schwierigkeit zu lieben. Kreuz, Stuttgart 1975.

Burkart, G.: Lebensphasen, Liebensphasen. Vom Paar zur Ehe zum Single und zurück. Leske & Budrich, Opladen 1997.

Cardenal, E.: Das Buch von der Liebe. Peter Hammer Verlag, Wuppertal 1971.

Dorst, B.: Liebe als Grenzerfahrung und Überwindung. In: Dynamik von Grenzen, hg. v. Olbricht, I., Wernada, M.: Wildunger Arbeitskreis für Psychotherapie e. V. 1998.

Dorst, B.: Das Leiden aneinander, Abhängigkeit, Co-Abhängigkeit und Autonomie im Geschlechterverhältnis. In: A. Fett (Hg.), Männer – Frauen – Süchte. Lambertus, Freiburg 1996.

Fromm, E.: Die Kunst des Liebens. Ullstein, Frankfurt 1980.

Gibran, Khalil: Der Prophet. Walter, Olten 1973.

Haule, J.: Heilige Verzauberung. Archetypen und Stadien der romantischen Liebe. Ansata, Interlaken 1991.

Hesse, H.: Wer lieben kann ist glücklich. Suhrkamp, Frankfurt 1986.

Hesse, H.: Werkausgabe, Bd. 3. Suhrkamp, Frankfurt 1970.

Jung, C. G.: Erinnerungen, Träume, Gedanken. Hg. v. A. Jaffé. Walter, Olten 1984.

Kast, V.: Paare, Beziehungsphantasien oder Wie Götter sich in Menschen spiegeln. Kreuz, Stuttgart 1984.

Mieth, D.: Das gläserne Glück der Liebe. Herder, Freiburg 1992.

Nizami: Leila und Madschnun. Der berühmteste Liebesroman des Morgenlandes. Erstmals aus dem Persischen verdeutscht und mit einem Nachwort versehen von Rudolf Gelpke. Manesse, Zürich 1963 (Manesse Bibliothek der Weltliteratur).

Rumi: Das Lied der Liebe. Heyne, München 1992.

Schimmel, A.: Mystische Dimensionen des Islam. Qualandar, Aalen 1979.

Schimmel, A.: Rumi, ich bin Wind und du bist Feuer. Diederichs, Köln 1978.

Willi, J.: Die Zweier-Beziehung. Rowohlt, Reinbek 1990.

Christiane Nguyen

Transzendenz in Beziehung
Die spirituelle Dimension von Verbundenheit
und Bezogen-sein

1. Einleitung

«Psyche und Transzendenz im gesellschaftlichen Spannungsfeld heute» – für mich geht es bei diesem Thema um Beziehung, und zwar auf mehrfache Weise: Es geht um die Beziehung zwischen Psyche und Transzendenz und um den Bezug dieser Beziehung zur Gesellschaft. Dann wird die Gesellschaft selbst als multiples Beziehungsgefüge, als Spannungsfeld, verstanden, und das Ganze ist wiederum in Bezug gesetzt zur Zeit.

Mein Thema ist daher Beziehung, und zwar möchte ich zeigen, daß der Ort, an dem Transzendenz sich ereignet, dieses Sich-in-Beziehung-setzen, das Bezogen-sein ist. Transzendenz ist *in* Psyche, *im* gesellschaftlichen Spannungsfeld und *in* dem, was darüber hinausgeht: als intrapsychische, interpersonale und transpersonale Bezogenheit. Ich will mich hier besonders auf die interpersonale Bezogenheit konzentrieren, weil ich selbst Beziehung vor allem zwischen Menschen erfahre. Meine These ist: Transzendenz ist in Beziehung erfahrbar, und Beziehung, Verbundenheit, Bezogensein ist ein spirituelles Geschehen.

Wenn ich von «Spiritualität» spreche, meine ich ein lebendiges In-Beziehung-sein mit dem Göttlichen in der Welt, eine Rückbindung an den göttlichen Urgrund, die sonst auch als *re-ligio* bezeichnet wird. Ich verwende den Begriff «Spiritualität» zum einen deshalb, weil er religionsübergreifend und traditionsunabhängig ist, und zum anderen, weil er meiner Meinung nach die Tiefendimension noch auszudrücken vermag, die in den Begriffen «Religiosität» oder gar «Frömmigkeit» verlorengegangen ist. Auf der anderen Seite ist «Spiritualität» heute ein schillernder Begriff, der auf fast inflationäre Weise überall verwendet wird. Ich möchte daher zunächst versuchen, deutlicher zu machen, was ich unter Spiritualität verstehe beziehungsweise welche Art von Spiritualität ich meine.

2. Spiritualität als verantwortliches Bezogen-sein

Vielfach wird unter Spiritualität Weltflucht und Asketentum verstanden, und natürlich gab und gibt es diese Ausdrucksformen spirituellen Lebens. Wenn ich von der «spirituellen Dimension» von Verbundenheit und Bezogen-sein spreche, geht es mir jedoch um eine Spiritualität, die von heutigen Menschen in ihrer heutigen Lebenswirklichkeit gelebt werden kann. Diese Lebenswirklichkeit ist auf vielfältige Weise geprägt von Unbezogensein, ungerechten Beziehungen, Isolation, Gebrochenheit; und so kann Spiritualität heute kein weltfremdes, abgehobenes Unternehmen sein, das Menschen in die Spaltungen und Dualismen weiter hineintreibt, statt diese zu heilen. In unserer Zeit heißt Spirituell-sein nicht, der Welt zu entsagen, sondern vielmehr, vom Geist erfüllt zu sein, lebendig zu sein – in Beziehung mit der Welt und dem Göttlichen. «Spiritualität ist: Bezogen-sein und sich der Alleinheit bewußt werden. … Spiritualität entzieht nicht der Welt, sondern bringt uns mit allem in Kontakt und in Beziehung.»[1]

Dieses «zeitgemäße» Verständnis von Spiritualität findet sich nicht erst in unserer Zeit, sondern schon bei den Mystikerinnen und Mystikern vergangener Jahrhunderte. Es ist eine Spiritualität, die als «weiblich» bezeichnet werden kann, und zwar nicht nur deshalb, weil es vor allem die Spiritualität von Frauen ist, wie Ingrid Riedel aufzeigt. Was unter «weiblicher Spiritualität» zu verstehen ist, verdeutlicht sie am Beispiel der Hildegard von Bingen, deren Spiritualität sie als «schöpfungsbezogen, schöpfungsbejahend», «seelenbezogen und seelenbejahend» und «erfahrungsbezogen» beschreibt.[2] Das, was Hildegards Spiritualität zu einer weiblichen macht, ist das Prinzip der Verbundenheit und des Bezogen-seins alles Lebendigen, wie Ingrid Riedel meint:

«Ein alles durchwirkender Zug in Hildegards Spiritualität, der mir nun allerdings als ein eminent weiblicher erscheint, ist der zu einer verbindenden und vernetzenden Schau aller Kräfte und Gegenkräfte, die das Universum in dialektischer Spannung zusammenhalten und denen der Mensch ausgesetzt ist, passiv und aktiv, als Miterleidender, aber auch berufen zu verantwortlicher schöpferischer Mitgestaltung.»[3]

Hier wird nun auch das zweite Grundprinzip einer weiblichen Spiritualität deutlich, das vor allem in unserer heutigen Zeit von größter Bedeutung ist: das der Verantwortung und der schöpferischen Mitgestaltung. Angesichts der Tatsache, daß wir nicht nur dabei sind, uns selbst und unsere Umwelt zu vergiften, sondern auch in der Lage sind, das gesamte Leben auf dieser Erde auszulöschen, ist es lebensbedrohlich, weiter an einer hierarchischen Beziehung zwischen Gott, Mensch und Schöpfung festzuhalten, wie die amerikanische feministische Theologin Sallie Mc. Fague betont. Ihrer Meinung nach zementieren die traditionellen patriarchalen Gottesvorstellungen diese hierarchisch-dualistische Weltsicht und werden daher von ihr scharf kritisiert:

«The primary metaphors in the [Judeo-Christian] tradition are hierarchical, imperialistic, and dualistic, stressing the distance between God and the world and the total reliance of the world on God. Thus, the metaphors of God as king, ruler, lord, master, and governor, and the concepts that accompany them of God as absolute, complete, transcendent, and omnipotent permit no sense of mutuality, shared responsibility, reciprocity, and love ...»[4]

Für Sallie Mc. Fague verhindern die patriarchalen Gottesbilder ein respektvolles Zusammenleben von Mensch, seinen Mit-Lebewesen und Mit-Nicht-Lebewesen und zerstören jedes Gefühl von Verantwortlichkeit des Menschen für das Schicksal der Erde. Da sie die alten Gottesmodelle für nicht länger zeitgemäß hält, experimentiert Sallie Mc. Fague in ihrem Buch *Models of God. Theology for an Ecological, Nuclear Age* mit verschiedenen neuen Gottesmodellen. Eines davon ist «Die Welt als Gottes Körper»[5].

An dieser Metapher wird deutlich, was weibliche Spiritualität bedeutet: nicht-hierarchische, verantwortliche, liebende Bezogenheit. «Die Welt als Gottes Körper» drückt eine radikal andere Beziehung zwischen Gott und Mensch beziehungsweise Welt aus, es gibt keine Trennung zwischen Geist und Körper beziehungsweise Materie: «Spirit and body or matter are on a continuum, for matter is not inanimate substance but throbs of energy, essentially in continuity with spirit.»[6] «Die Welt als Gottes Körper» ist das Bild einer «immanenten Transzendenz», die immer und überall erfahrbar ist, in uns und in allem Seienden. Diese Metapher nimmt den Menschen in die Verantwortung, für die Welt Sorge zu tragen und ihr liebend und achtsam zu begegnen, so wie Gott selbst seinem/ihrem Körper liebevoll verbunden ist.

In unserer Zeit ist den meisten Menschen nicht nur die liebevolle Verbundenheit mit ihrem Körper verloren gegangen, sondern auch die Bezogenheit zu den Mitmenschen, zur eigenen Innenwelt und zur Transzendenz: Sie sind sich selbst und ihrer Umwelt entfremdet. Ich möchte an dieser Stelle nicht näher auf die Selbstentfremdung und Unbezogenheit eingehen, die die Menschen in die therapeutischen Praxen führt und die Welt in die ökologische Katastrophe zu bringen droht, sondern umgekehrt versuchen aufzuzeigen, wo Beziehung möglich ist, auf welche Weise in ihr Transzendenz erfahrbar werden kann und was dies bedeuten könnte.

3. Die Beziehung zwischen Anima – Animus, Ich – Selbst

Individuation als psychischer Wachstums- und Reifungsprozeß allgemein ist *das* Zentralkonzept der Jungschen Psychologie. Individuation im engeren Sinne definiert Wolfgang Kleespies als «einen höchst komplexen Differenzierungsvorgang, der in einer *intendierten Auseinandersetzung* liegt zwischen dem Ich und dem Selbst, und hier bevorzugt mit seinen unbewussten Teilen.»[7] Individuation ist also ein Prozeß der Beziehungsaufnahme und zwar in doppelter Weise, wie C. G. Jung deutlich macht: «Der Individuationsprozeß hat zwei prinzipielle Aspekte: einerseits ist er ein interner, subjektiver Integrationsvorgang, andererseits aber ein ebenso unerläßlicher, objektiver Beziehungsvorgang.»[8] Bevor ich auf den objektiven Beziehungsvorgang, also das Sich-in-Beziehung-setzen zu den Mitmenschen und zur Umwelt näher eingehe, möchte ich mich zunächst auf die intrapsychische Auseinandersetzung konzentrieren und von diesem komplexen Prozeß zwei Facetten herausgreifen: die Beziehung zwischen Anima und Animus und die zwischen Ich und Selbst.

In ihrem Buch *Paare* weist Verena Kast darauf hin, daß die hinter jeder Paarbeziehung stehenden Beziehungsphantasien auch intrapsychisch wahrzunehmen sind.[9] Die verschiedenen Beziehungskonstellationen, die sich in den Götterpaarmythen der Menschheit widerspiegeln – das Einander-ganz-gehören, das Formen-wollen, die Liebe zwischen Liebesgöttin und jugendlichem Held, das Rivalisieren, die Liebe zwischen altem Weisen und jungem Mädchen und schließlich die gleichberechtigte Liebesbeziehung –, sind also auch im eigenen Unbewußten, zwischen Anima und Animus möglich. Diese im Inneren konstellierten Beziehungsmuster zwischen dem Männlichen und dem Weiblichen inkarnieren sich zum einen in äußeren Paarbeziehungen, zum anderen bestimmen sie das Lebensgefühl auf besondere Weise. So führt Verena Kast das Beispiel einer sechsundvierzigjährigen Frau an, deren innerseelisches Zusammenspiel von Weiblichem und Männlichem der Beziehungskonstellation Ishtar – Tammuz entsprach, also dem Muster «Liebesgöttin und jugendlicher Held», wie an einem Traum deutlich wurde. Was dieses Muster innerseelisch bedeuten kann, beschreibt Verena Kast folgendermaßen:

«Im Sohngeliebten scheint mir die Faszination vom Werdenden, das Grenzüberschreitende, die Energie ausgedrückt zu sein. Er steht aber in engster Beziehung zur großen Mutter, wird geliebt, umsorgt, gehegt, ist aber auch den Wandlungen der Natur unterworfen, also nicht immer anwesend, sondern in Rhythmen erfahrbar.»[10]

Im konkreten Erleben der sechsundvierzigjährigen Frau wirkt sich dieses Beziehungsmuster dann so aus:

«Gerade durch das Erlebnis dieses Männlichen erfährt sich die Frau einmal als dynamisch, in Bewegung, grenzüberschreitend, aber auch als sehr weiblich, in ihrer Weiblichkeit bestärkt. Das gibt ihr ein Lebensgefühl von großer Identität und Dynamik.»[11]

Die Frage, wann sich welches Beziehungsmuster zwischen Animus und Anima konstelliert, ist also nicht nur auf der äußeren Ebene im Hinblick auf die Paarbeziehung von Bedeutung, sondern auch für den Prozeß der Individuation. So betont Verena Kast, daß die innerseelische Bezogenheit von Anima und Animus eine äußere Beziehung schafft, «gleichzeitig aber auch eine neue Innenwelt, wir wachsen über uns hinaus, können Gewordenes transzendieren.»[12] Für Kast ist die Verbindung zwischen Anima und Animus bedeutend, denn sie kann Menschen ein Gefühl von Ganzheit geben.[13]

Von besonderer Wichtigkeit für den Prozeß der Ganzwerdung ist natürlich die Beziehung zwischen Ich und Selbst, die ich hier unter dem Aspekt der Gegenseitigkeit kurz betrachten möchte. Ganzwerdung, Individuation, bedeutet ja, wie Jung schreibt, «zum eigenen Selbst werden»[14], und so ist dies ein lebenslanger Prozeß, bei dem sich das Ich immer wieder neu zum Selbst in Beziehung setzt. Als Ziel nennt Jung die «Integration des Unbewußten im Bewußtsein oder besser ... Assimilation des Ich an eine umfangreichere Persönlichkeit»[15], wobei Assimilation aber nicht bedeutet, daß das Ich sich selbst aufgibt und sich im Unbewußten verliert. Dies wäre eine Psychopathologie der Individuation, vor der Jung ausdrücklich warnt:

«Wird es [das Ich] aber ans Unbewußte dermaßen assimiliert, daß alle Entscheidung bei diesem liegt, dann ist es erstickt, und es ist nichts mehr da, worein das Unbewußte integriert oder worin es realisiert werden könnte.»[16]

Der Individuationsprozeß ist vielmehr nur dann möglich, wenn die Ich-Selbst-Beziehung intakt und der Ich-Komplex ausreichend stabil und kohärent ist.[17] Das Verhältnis zwischen Ich-Komplex und Selbst ist «das einer gegenseitigen Fundierung»[18], so Verena Kast, und beruht auf Ausgewogenheit und Gegenseitigkeit. Die für die Individuation notwendige Gegenseitigkeit bezeichnet C. G. Jung auch als «verantwortliche» beziehungsweise «moralische Beziehung»:

«Jede Bewußtmachung und jeder Heilungsakt bedeuten mindestens einen Schritt auf dem Wege der fortschreitenden Individuation, nämlich der ‹Ganzmachung› des Individuums. Die Integration der Persönlichkeit aber ist undenkbar ohne die verantwortliche, das heißt moralische Beziehung der Teile untereinander, wie auch die Konstitution eines Staates ohne eine derartige wechselseitige Beziehung der Glieder desselben unmöglich ist.»[19]

4. Beziehung zum Selbst ist Beziehung zum Mitmenschen

Sich auf den Prozeß der Ganzwerdung einzulassen bedeutet, eine verantwortliche Beziehung zu sich selbst und zu seinen Mitmenschen und Mitlebewesen einzugehen. Beides ist untrennbar miteinander verbunden, wie C. G. Jung betont: «... die Beziehung zum Selbst ist zugleich die Beziehung zum Mitmenschen, und keiner hat einen Zusammenhang mit diesem, er habe ihn denn zuvor mit sich selbst.»[20] Auch hier wird noch einmal deutlich, daß es um eine gegenseitige Beziehung geht und daß Individuation nicht bedeutet, sich aus Bezogen-sein herauszulösen, was auch von Verena Kast hervorgehoben wird:

«Selbstwerdung darf nicht so gesehen werden, daß sie die Mitwelt ausklammert, sondern Selbstwerdung, Selbstgestaltung ist immer auch Beziehungsgestaltung. ... Beziehung und Individuation können nicht getrennt werden voneinander.»[21]

C. G. Jung selbst warnt davor, nicht genügend zwischen Individuation und Individualismus zu unterscheiden, und er betont, daß der Begriff des «Selbst» nichts mit dem «Selbstisch-sein» eines Egoisten zu tun hat.[22] Selbstwerdung bedeutet vielmehr, ein verantwortliches Mitglied der menschlichen Gemeinschaft zu werden und seine Fähigkeiten dort einzusetzen, wo sie gebraucht werden. So sagt er:

«Individuation ... bedeutet geradezu eine bessere und völligere Erfüllung der kollektiven Bestimmungen des Menschen, indem eine genügende Berücksichtigung der Eigenart des Individuums eine bessere soziale Leistung erhoffen läßt, als wenn die Eigenart vernachlässigt oder gar unterdrückt wird.»[23]

Ohne Bezogen-sein und Verbundenheit ist ein Zusammenleben von Menschen nicht möglich, kann es keine Gesellschaft geben, die wirklich *menschlich* ist. So schreibt Jung:

«Die Frage der menschlichen Beziehungen und des inneren Zusammenhaltes unserer Gesellschaft ist dringlich in Anbetracht der Atomisierung des bloß zusammengepferchten Massenmenschen, dessen persönliche Beziehungen durch das allverbreitete Mißtrauen unterhöhlt sind.»[24]

Von der Vereinzelung des Menschen, die hier beschrieben wird, sind auch wir heute betroffen, sie ist nicht nur «Zweck und Absicht des Diktaturstaates»[25], wie Jung für seine Zeit analysierte. Auch in unserer Gesellschaft scheint das Gefühl der Verbundenheit mit den anderen mehr und mehr zu schwinden. Die Angst vor der Andersheit der anderen wächst, wir verlieren uns in digitalen Netzen, leiden an Beziehungslosigkeit in unseren Beziehungen. Auch unsere Gesellschaft bedarf «eines Bindemittels affektiver Natur, das heißt eines Prinzips, wie es etwa das der Caritas, der christlichen Nächstenliebe, darstellt.» Jung meint, daß es dieses Prinzip der Bezogenheit ist, auf dem der Zusammenhang und die Stärke der Gesellschaft beruht, denn: «Wo die Liebe aufhört, beginnen die Macht, die Vergewaltigung und der Terror.»[26]

5. Gott als *power in relation* (Carter Heyward)

Was aber ist Liebe? Und auf wen oder was ist sie gerichtet? Für die amerikanische feministische Theologin Carter Heyward ist Liebe nicht nur ein persönliches Gefühl zwischen zwei Menschen, sondern ein revolutionärer Akt: Liebe bedeutet, in einer ungerechten Welt gerechte Beziehung zu schaffen; Liebe *ist* Gerechtigkeit, und diese ist kein abstrakter Wert, sondern erfahrbar und leb-bar in der gerechten Beziehung, in *right relation*, wie es bei Carter Heyward heißt:

«Justice is right relation, and right relation is mutual relation. In a mutual relationship both (or all) people are empowered to experience one another as intrinsically valuable, irreplaceable earthcreatures, sources of joy and love and respect in relation to one another. To experience ourselves as friends: This is justice.»[27]

In gerechter Beziehung gibt es keine Hierarchie, kein Oben und Unten, keine Unterdrückung von Schwächeren, keine Mißachtung von Anderem. Gerechte Beziehung ist vor allem gekennzeichnet von *mutuality*, Gegenseitigkeit, die mehr ist als nur Gleichheit. In der gerechten Beziehung geht es um ein dynamisches Aufeinander-bezogen-sein, es geht um *empowerment*, um das sich gegenseitig Stärken und Fördern, um Veränderung und Wachstum aneinander. So schreibt Carter Heyward:

«The vision of mutuality often includes equality between, for example, people of different races or men and women. But the vision is of more than mere equality. It is a vision of justice in which, by the power of God, we call one another forth into our most liberating, creative possibilities. Mutuality, unlike equality, signals relational growth and change and constitutes an invitation into shaping the future together.»[28]

Die gerechte Beziehung wird möglich durch die Kraft Gottes, *by the power of God*, und Carter Heyward versteht dies radikal: Gott ist nicht jemand getrennt von uns, der von «da oben» aus Gerechtigkeit schafft, sondern Gott *ist* die gerechte Beziehung. Gott ist *power in relation*, er/sie/es entsteht zwischen uns, immer wieder neu, wenn wir in gerechter und liebender Bezogenheit miteinander verbunden sind. Gott ist ein schöpferischer Prozeß, an dem wir als Liebende selbst beteiligt sind. Carter Heyward spricht deshalb auch von Gott als Verb: *godding*. Diese dynamische Kraft der Liebe, *the relational dynamic of love*, ist zwischen allem Seienden erfahrbar, und in diese Kraft ist nicht nur der Mensch als ein Beziehungswesen einbezogen, sondern auch die ganze Schöpfung:

«The connecting link that draws us toward one another in acts of love and solidarity is the Power that many call God, Holy Spirit, Goddess, Power of Life, Higher Power … This Power provides our common ground. She binds us one to another. He calls us to make incarnate and reveal the sisterhood and brotherhood that are our natural and moral birthright.»[29]

In der Bezogenheit allen Seins ist das Göttliche anwesend, und es ist die Kraft der Liebe, *the relational dynamic of love*, die diese Bezogenheit, diese Anziehung ausmacht. Liebe ist die Kraft, die Menschen dazu befähigt, gerechte Beziehung zu leben. In dieser *right relation* verwirklicht sich Gott:

«… to love others is to see the face of God in both self and other. We see God in others, and in ourselves. Moreover we see that the Spirit of God is manifest in every act of love, every moment of justice-making with courage and compassion, in which we are able to catch a glimpse of God in both ourselves and others. God is revealed as Lover and Beloved and as the creative, liberating, and sanctifying Spirit that draws us together in right relation.»[30]

Die Liebe verbindet uns in gerechter Beziehung, so daß wir an- und miteinander wachsen können, sie drängt uns dazu, die Verantwortung für unseren Planeten zu übernehmen und uns für das Wohlergehen unserer Mitmenschen, Mitlebewesen und der Erde selbst einzusetzen. Diese liebende Bezogenheit, das Band der Liebe und Gerechtigkeit ist Gott.

Liebe ist das, was die in Dualismen zersplitterte Welt wieder verbindet und so die falsche Bezogenheit überwindet, denn «dualism is wrong relation».[31] Ähnlich wie Sallie Mc. Fague ist auch Carter Heyward der Meinung, daß die falsche Bezogenheit ihren Ausdruck in den patriarchalen Gottesbildern findet beziehungsweise in der patriarchalen Vorstellung von Transzendenz.

Transzendenz heißt für Carter Heyward das Transzendieren von Grenzen, und deshalb ist für sie ein in den Himmel entrückter allmächtiger Vatergott, der sich durch Gebote und in Heiligen Schriften offenbart, nicht wahrhaft transzendent: «Ein wahrhaft transzendenter Gott kennt keine Grenzen menschlichen Lebens oder der Religion. Ein solcher Gott ist nicht in Heiligen Schriften oder religiösen Glaubenssätzen eingeschlossen.»[32] Den Vater-Gott der patriarchalen Religion lehnt sie daher mit den Worten ab:

«Nein, der ‹Gott› unserer Väter, der Gott, von dem gesagt wird, er sei transzendent, ist in der Tat kein transzendenter Gott. Er ist vielmehr eine Projektion von Männern, die festgefahren, ja einbetoniert sind in ihrer Erfahrung davon, was herrschen und beherrscht zu werden bedeutet. Und so ist auch ihr Gott festgefahren, er ist in die Grenzen bestimmter kultureller Bewegungen und Theorien eingeschlossen, die im Laufe der Geschichte durch männliche Herrschaft, Vorherrschaft der Weißen und durch ökonomische Ausbeutung gestaltet wurden.»[33]

Auch Sallie Mc. Fague betont, daß das alte Paradigma der Trennung und Herrschaft durch das neue der Verbundenheit und Gerechtigkeit ersetzt werden muß, es geht darum, ein neues Beziehungsverständnis zu entwickeln, «[to] support ways of understanding the God-world and human-world relationships as open, caring, inclusive, interdependent, changing, mutual, and creative».[34]

6. Die Bedeutung der Gruppe für den Prozeß der Individuation

Bei dem Wort «Beziehung» denkt man vielleicht zunächst an Paarbeziehungen oder aber auch an die Beziehung zur Natur, zu Bäumen, Tieren, Pflanzen … Ich möchte mich hier jedoch auf die Beziehungserfahrung in Gruppen konzentrieren. Meine These ist, daß das, was Carter Heyward auf der Theorieebene beschreibt – *god as power in relation; the relational dynamic of love; right relation; mutuality* – in Gruppen erfahrbar werden kann. Ich möchte im folgenden versuchen zu zeigen, wie sich dies aus analytischer Sicht darstellt.

In der Analytischen Psychologie waren Gruppe und Gruppentherapie lange kein Thema. Jungianer und Jungianerinnen vor allem der älteren Generation schienen sich an Jungs ablehnender Haltung dem Kollektiv gegenüber zu orientieren. Analysiert man Jungs Aussagen zur Gruppe, so wird deutlich, daß er ihnen gar keinen spezifischen Gruppenbegriff zugrunde legt, sondern sich auf Massenphänomene, Staaten, den Nationalsozialismus, Sekten etc. bezieht.[35] Jung unterschied zwar zwischen einer «Bewußtheit menschlicher Gemeinschaft» und einem «anarchische(n) Konglomerat von Einzelexistenzen», das er auch einen «unzulänglichen Kollektivismus» nannte,[36] Gruppenphänomene ordnete er aber kurzerhand letzterem zu; und so kommt es, daß Jung «Begriffe wie ‹Gruppe›, ‹Masse› und ‹Sekte› ziemlich ungeschieden nebeneinander stellt.»[37]

Auf der anderen Seite weist Jung aber ausdrücklich auf die Bedeutung der Bezogenheit zwischen Menschen hin, wenn er zum Beispiel sagt: «Der unbezogene Mensch hat keine Ganzheit, denn er erreicht diese nur durch die Seele, die ihrerseits nicht sein kann ohne ihre andere Seite, welche sich stets im ‹Du› findet.»[38] Es finden sich bei ihm viele Äußerungen, die auf die Bedeutung der wechselseitigen Beziehung zwischen Individuum und Gemeinschaft hinweisen. So sagt er: «Eine positive Beziehung zwischen dem Individuum und der Gesellschaft oder einer Gruppe ist sehr wichtig, da kein Individuum für sich lebt, sondern von der Symbiose mit der Gruppe abhängt.»[39] Diese Aussage führt er sogar noch weiter und zieht eine Parallele zwischen dem Selbst und der Gruppe: «Das Selbst, eigentlich Zentrum des Individuums, ist seinem Wesen nach eine Vielheit. Es ist sozusagen eine Gruppe.»[40]

Den Gedanken, daß Gruppen und Selbst etwas miteinander zu tun haben könnten, verfolgte Jung jedoch nicht weiter. Er befürchtete vielmehr, daß «der einzelne aus der Gruppe Vater und Mutter macht und dabei so abhängig, unsicher und infantil wie zuvor bleibt.»[41] Selbstwerdung in Gruppen war für ihn nicht möglich. Brigitte Dorst meint dazu:

«Daß die Gemeinschaft zu tieferen Einsichten und Erfahrungen führen kann, zu existentiellen Grunderfahrungen, die weitreichende Wandlungen und Veränderungen im Leben des Einzelnen herbeiführen können, ist für Jung unvorstellbar. Sein Gruppenbild bleibt verdunkelt, verschattet durch die eigene individuelle Biographie.»[42]

Für Brigitte Dorst sind Individuum und Kollektiv jedoch keine polaren Gegensätze, sondern aufeinander bezogen und eingebunden in einen gemeinsamen Wachstums- und Reifungsprozeß. Ihre Grundthese ist:

«Gruppen, namentlich die neuen Gruppentypen im Bereich der Psychotherapie und Selbsterfahrung, schränken den Prozeß der Individuation nicht ein, sondern die Gruppe selbst ist der Ort, ist Medium und Katalysator für Ko-Individuation und Ko-Evolution.»[43]

Natürlich ist C. G. Jungs Warnung vor Vermassung und Identitätsverlust berechtigt, vor allem wenn man an die jüngste deutsche Vergangenheit denkt. In diesem Kontext muß wohl auch eine seiner schärfsten Attacken gegen Gruppen gesehen werden, wenn er sagt:

«Der Mensch ist innerhalb der Gruppe immer unvernünftig, verantwortungslos, unberechenbar und unzuverlässig. Verbrechen, die das Individuum allein niemals durchstehen könnte, werden vom Gruppenwesen hemmungslos begangen.»[44]

Auch ist es sicher wichtig, vor Sekten, Psychokulten und ihren pseudotherapeutischen Praktiken zu warnen, doch Wolfgang Kleespies hat meiner Meinung nach Recht, wenn er fragt: «Aber haben diese Gefahren der Verführung und des Verlusts an Selbstbestimmung etwas mit analytischer Gruppentherapie zu tun?»[45] und wenn er zu dem Schluß kommt: «In der Frage der Möglichkeiten der Gruppentherapie hat Jungs sonst so hervorragende Intuition versagt.»[46]

7. Der Archetyp der Gruppe und sein Heilungspotential

Brigitte Dorst kritisiert vor allem, daß Jung die Gefahr von Regression in Gruppen überschätzt, ihre «progressiven individuationsfördernden Kräfte, ihr Transformationspotential»[47] dagegen unterschätzt. Ihre These ist, daß es einen Archetyp der Gruppe beziehungsweise der Gemeinschaft gibt, der die transformierenden Kräfte freisetzt und durch den die Gruppe eine numinose Qualität erhält. Die Erfahrung der Numinosität einer Gruppe ist dabei ein Geschehen, das sowohl mit Transformation als auch mit einem Heilungsprozeß verbunden ist. So sagt sie:

«Die numinose Qualität der Gruppe läßt sich schwer beschreiben. Die Gruppe wird erfahren als Ort der Veränderung, der Wandlung, des Wiederfindens unbewußter Teile, des Loslassens von einengenden Persona-Masken, der Belebung von Ich-Kräften und der Zentrierung auf das Selbst. Die Konstellation des Archetyps der Gemeinschaft setzt in den Mitgliedern der Gruppe Energien frei, die in Austauschprozessen von den Einzelnen zur Wiederbelebung, Heilung und Veränderung genutzt werden können. Daher war der Heilungsvorgang ursprünglich auch an die Mitwirkung einer sozialen Gruppe gebunden.»[48]

Heilung und Gruppen sind seit frühester Zeit miteinander verknüpft, wie uralte schamanische Traditionen zeigen. Das heilende Gruppengeschehen war dabei immer auch in einen religiös-spirituellen Kontext eingebettet. Heilung im umfassenden Sinn hat eine spirituelle Dimension, wie die amerikanische Ärztin Jeanne Achterberg deutlich macht: «Heilen bedeutet ein Eintreten in das transzendente, zeitlose Moment, in dem das Göttliche erfahren wird.»[49] Auch C. G. Jung weist auf den Zusammenhang von Heilung und dem Heiligen, dem Numinosen, ausdrücklich hin:

«So enthalten die Tiefen, die Schichten äußerster Unbewußtheit, ... zugleich den Schlüssel zur individuellen Ganzheit, mit anderen Worten, zur Heilung. Die Bedeutung von ‹ganz› oder ‹Ganzheit› liegt im Heiligmachen oder Heilen (englisch: whole = holy, healing). Der Abstieg in die Tiefe führte zur Heilung. Er ist der Weg zum ganzen Sein, zum Schatz, den die leidende Menschheit dauernd sucht ...»[50]

Heilung als Ganzwerdung ist eine Annäherung an das Numinose, beziehungsweise Heilung selbst hat numinose Qualität. Es ist daher nicht verwunderlich, daß für viele Menschen Numinosität gerade in Therapie- und Selbsterfahrungsgruppen erfahrbar wird. Umgekehrt betont Jung, daß «der Zugang zum Numinosen die eigentliche Therapie ist»[51], und so ist es auch wiederum nicht verwunderlich, wenn Menschen, die an einer spirituellen Gruppe teilnehmen, Heilung erfahren, in einem umfassenden Sinn.

Letzteres ist auch meine eigene Erfahrung aus viereinhalb Jahren Teilnahme an einer spirituellen Gruppe. In dieser Gruppe praktizieren wir eine stille Form der Herzensmeditation, besprechen Träume und tauschen Fragen und existentielle Erfahrungen aus. Die Gruppe orientiert sich dabei an den Erkenntnissen der Transpersonalen Psychologie und der Analytischen Psychologie C. G. Jungs ebenso wie an den Weisheitstraditionen des Sufismus und der christlichen Mystik.

Die Gruppe ist für mich vor allem ein Ort, an dem ich Momente der Heilung erfahren kann, und zwar Heilung auf der physischen, psychischen, zwischenmenschlichen und spirituellen Ebene. Heilung bedeutet für mich das Wieder-in-Beziehung-treten zu mir selbst, meinen abgespaltenen psychischen Anteilen, meinem Körper, meiner Mit-Welt, den Mitmenschen und Mitlebewesen, und dem größeren Ganzen, dem Selbst, der Transzendenz, Gott – wie auch immer er/sie/es genannt wird.

Wieder-in-Beziehung-treten mit mir selbst bedeutet für mich das Wieder-lebendig-werden von Gefühlen, Wünschen, Fähigkeiten, von Freude, aber auch von alten Schmerzen, die in der Vergangenheit nicht hatten sein dürfen. In der Gruppe ist es möglich, daß sie liebevoll-mitfühlend wahr- und angenommen werden, es kann ihnen Raum gegeben werden, sich auszudrücken, um sich zu verwandeln.

Die heilende Kraft der Gruppe erfahre ich vor allem in der Verbundenheit, um die die Gruppenmitglieder sich immer wieder bemühen. Die Gruppe ist für mich wie ein Netz, dessen Fäden auf der bewußten und der unbewußten Ebene miteinander verknüpft sind: auf der Ebene der Freundschaft und kritischen Auseinandersetzung ebenso wie auf der Ebene der Träume und Synchronizitäten. Für mich wird Heilung möglich im Getragen- und Gehaltenwerden durch die Gruppe, in Momenten der Aufhebung von Verlassenheit, Angst und Ungeborgensein. Besonders wichtig ist mir der Austausch in der Gruppe, das Einander-begleiten sowohl durch schwierige Lebenssituationen, als auch durch den ganz gewöhnlichen Alltag; wichtig ist das Aussprechen-können von Zweifeln und Sinnfragen, das Miteinander-teilen der Erfahrung, daß die Dunkelheiten des Lebens gemeinsam getragen, ertragen und verwandelt werden können.

Heilung bedeutet für mich, wieder zu versuchen, mich auf den Fluß des Lebens einzulassen, auf das Leben als Ganzes in seinen hellen und dunklen Aspekten. «Heilen bedeutet lernen, dem Leben zu vertrauen»[52], so Jeanne Achterberg. Für mich ist dies nur möglich in der Erfahrung, daß es etwas Größeres gibt, das das Dunkel umfängt und hält, das durch Angst, Leiden, Sterben hindurchträgt. Um die Wiederanbindung an dieses Größere bemühen wir uns in der Gruppe in der gemeinsamen Meditation.

8. Sehnsucht nach Gott und das Transzendieren von Grenzen

Meditation ist ein Weg der Beziehungsaufnahme zwischen Ich und Selbst, der Seele und dem Göttlichen. In den meisten spirituellen Traditionen ist Meditation eines der wichtigsten Hilfsmittel, mit dem Göttlichen in Berührung zu kommen. Ziel dieser Beziehungsaufnahme ist letztlich die Erfahrung der Unio mystica, das Aufgehen im Nirwana, das Entwerden im Absoluten.

Wenn alles eins ist, gibt es dann noch Bezogenheit? Diese Frage ist wohl nicht zu beantworten, denn die Einheitserfahrung kann mit dem Verstand nicht begriffen werden und entzieht sich jeder Beschreibung und Klassifikation, wie Mystikerinnen und Mystiker immer wieder betonen. Der Weg hin zu dieser Erfahrung kann jedoch als ein Weg der Beziehung zwischen Mensch und Transzendenz bezeichnet werden, es ist die Suche des Menschen nach der Wahrheit, dem Absoluten, nach Gott. Insbesondere in der sogenannten Frauenmystik geht es um die liebende Bezogenheit zwischen der Seele und Gott, wird das Göttliche in der Liebe erfahren, denn «Gott ist Liebe. Liebe ist Gott»[53], und Liebe ist Verbundenheit und Bezogen-sein:

«Die Vielfalt der Erscheinungsweisen des Eros kennzeichnet immer eines: die Macht, Beziehungen entstehen zu lassen. Eros als Lebensprinzip ist das Prinzip der Verbindung; es bündelt alle beziehungsstiftenden und -erhaltenden Kräfte; Eros ist Verbundenheit und Einheit.»[54]

Ken Wilber beschreibt die Einheitserfahrung ganz nüchtern als Ziel einer Bewußtseinsentwicklung, die in Systemen östlicher Psychologie weder pathologisch noch irgendwie besonders ist: «Das Bewußtsein der All-Einheit ist kein von anderen Zuständen verschiedener oder gesonderter Zustand, sondern die Bedingung und wahre Natur aller Zustände»[55], und es ist gleichzeitig der höchste Zustand des Bewußtseins, der einem Menschen zu entwickeln möglich ist.

Ken Wilber versteht Bewußtseinsentwicklung als das fortschreitende Transzendieren von Grenzen. In seinem Modell der Bewußtseinsentwicklung geht er davon aus, daß das menschliche Bewußtsein ein Spektrum von verschiedenen Ebenen umfaßt, auf denen der Mensch durch Grenzsetzung jeweils ein bestimmtes Identitätsgefühl entwickelt.[56] Auf der untersten Ebene, der Ebene der Persona, ist der Mensch mit seiner Persona identifiziert und grenzt sich gegen das ab, was er als sein Nicht-Ich empfindet: den Schatten. Gelingt es ihm, die Projektionen zurückzunehmen und die Grenze zwischen Persona und Schatten zu transzendieren, gelangt er auf die nächste Ebene des Bewußtseins, die Ich-Ebene.

Auf dieser Ebene ist seine Identität durch die Integration des Schattens zum Ich hin erweitert, die Grenze ist hier nun zwischen Ich und Körper: Der Mensch distanziert sich von seiner Körperlichkeit, da er Vorgänge wie Alterung oder Schmerz als eine Bedrohung empfindet. Gelingt es ihm jedoch, seine Identität auf den ganzen psychophysischen Körper auszudehnen, nicht länger nur einen Körper zu *haben*, sondern Körper zu *sein*, kann er auf die nächste Ebene des Spektrums gelangen, auf die existentielle Ebene oder Kentauren-Ebene.

Auf dieser Ebene gilt es, die Grenze zwischen Organismus und Umwelt zu transzendieren und die Identifikation mit dem Körper, den Gefühlen und Empfindungen aufzuheben. So ist es zum Beispiel möglich, der eigenen Bewußtheit gewahr zu werden und das sogenannte Zeugen-Bewußtsein zu entwickeln. Dies ist der Übergang auf die nächste Ebene im Wilberschen Entwicklungsmodell, die Ebene der transpersonalen Schichten.

In diesen Schichten ist sich der Mensch der Einheit mit dem All noch nicht bewußt, hat aber die Grenzen, die seine Identität auf der Persona-, Ich- und Kentauren-Ebene definierten, bereits transzendiert. Joachim Galuska beschreibt die Bewußtheit im Bereich dieser Schichten, die er den transpersonalen Bewußtseinsraum nennt, mit einer Leinwand, auf der der Film des Lebens und unseres Erlebens spielt:

«Und diese Leinwand, dieser Zeuge, diese Bewußtheit, ist in sich selbst rein und klar. Sie besitzt eine Quelle von Unberührtheit und Freiheit von jeder Form. Ja, diese Reinheit und Freiheit ermöglicht erst, daß jeder Inhalt des Erlebens im Licht der Bewußtheit erstrahlen kann. Sie selbst erscheint leer von jedem Einzelnen, und weit, unendlich weit für die unendlich vielen Qualitäten des Erlebens. ‹Bewußtseins-Unendlichkeit› oder ‹leere Weite› nennt man diese Qualität im Buddhismus.»[57]

Die letzte Ebene im Wilberschen Entwicklungsmodell ist die Ebene des *Geistes*. Mit *Geist* meint Wilber das, was in den verschiedenen spirituellen Traditionen Brahman, Tao, Gott, Allah, Absolute Wirklichkeit oder Kosmisches Bewußtsein genannt wird. Auf dieser Ebene gibt es keine Grenzen mehr, die die Identität einschränken und die transzendiert werden könnten. «Auf dieser Ebene ist der Mensch mit dem Universum identifiziert, mit dem All – vielmehr, er *ist* das All.»[58]

Ken Wilbers «Spektrum des Bewußtseins» bildet modellhaft das ab, was auf umfassende Weise als «Transzendenz in Beziehung» verstanden werden kann. So geht es auf jeder Ebene des Spektrums um eine Beziehungsaufnahme, die auf doppelte Weise mit Transzendenz verbunden ist: Zum einen schafft sie Verbundenheit über eine Grenze hinweg, zum anderen ermöglicht gerade das Transzendieren dieser Grenze den qualitativen Sprung auf eine höhere Ebene, es ist also quasi ein «Transzendieren in der Transzendenz». Auf der Persona-Ebene bedeutet dies die Wiederherstellung der Beziehung zwischen Persona und Schatten und die Transzendierung der sie trennenden Grenze, wodurch der Sprung auf die Ich-Ebene möglich wird. Auf der Ich-Ebene geht es um die Transzendierung der Trennung zwischen Ich und Körper, auf der Kentauren-Ebene zwischen Gesamtorganismus und Umwelt beziehungsweise zwischen Grobkörper und dem feinstofflichen Körper. Im transpersonalen Raum, im Bereich der transpersonalen Schichten, sind die Grenzen nicht mehr so scharf; hier geht es um das Transzendieren von Raum und Zeit. Auf der höchsten Ebene gibt es keine Grenze mehr, die transzendiert werden könnte. Hier fallen absolute Verbundenheit und Bezogenheit und absolute Transzendenz zusammen, ist die All-Einheit die Erfahrung allumfassender Transzendenz in Beziehung.

9. Schluß

«Das Bewußtsein der All-Einheit hat keine Grenzen, also gibt es nichts, was es von irgend etwas trennt»[59], so Ken Wilber. Mystische Erfahrung ist also Bezogen-sein und steht immer im Bezug zur Welt. Im Zen-Buddhismus wird dies im berühmten Bild-Zyklus *Der Ochs und sein Hirte* so verdeutlicht, daß der Hirte, nachdem er den Ochsen, sein wahres Selbst, seine Buddhanatur, wiedergefunden und die Erleuchtung erfahren hat, schließlich wieder lachend auf dem Marktplatz sitzt, mitten unter den Menschen.[60]

Transzendenzerfahrung führt nicht aus der Welt hinaus, sondern tiefer in sie hinein, «Transzendenz in Beziehung» ist ein gegenseitiger Prozeß des Liebens und Geliebt-werdens, wobei Liebe nicht nur ein Gefühl ist, wie Martin Buber betont, sondern ein «welthaftes Wirken». So sagt er: «Liebe ist Verantwortung eines Ich für ein Du: hierin besteht, die in keinerlei Gefühl bestehen kann, die Gleichheit aller Liebenden ...»[61]

«Gleichheit aller Liebenden» entspricht dem, was Carter Heyward mit *right relation* bezeichnet: verantwortliches und gerechtes Bezogen-sein, in liebender Verbundenheit mit allem Seienden. Individualität wird dabei nicht ausgeschlossen, sondern bewußte und freie Wahl und die individuelle Entscheidung sind unabdingbare Voraussetzung für echte Gemeinschaft, und beide, Individuum und Gemeinschaft, sind aufeinander angewiesen und stehen in gegenseitiger Bezogenheit. So sagt C. G. Jung:

«Ohne diese Freiheit und Selbständigkeit des einzelnen gibt es keine wahre Gemeinschaft, und ... ohne solche Gemeinschaft kann auch das in sich begründete und selbständige Individuum auf die Dauer nicht gedeihen.»[62]

Ohne das Bezogen-sein zu seinen Mitmenschen, Mitlebewesen, der Erde und dem, was Gott oder Transzendenz genannt wird, kann der Mensch heute nicht nur auf Dauer nicht gedeihen, sondern wird er nicht überleben. «Im Anfang ist die Beziehung»[63], so Martin Buber, und dieser Satz hat wohl auch in seiner Umkehrung Gültigkeit: Unbezogenheit ist das Ende.

Für Carter Heyward ist Menschsein nur in gelebter Bezogenheit möglich und Transzendenz nur in Beziehung erfahrbar. Denn «ohne Beziehung zu sein heißt ohne Menschlichkeit zu sein»[64], und «ohne unsere Beziehung gibt es keinen Gott»[65]. Und sie betont: «In der Beziehung liegt die Macht, die die Welt durch uns und mit uns schafft, du und ich, ihr und wir und niemand von uns allein.»[66]

Literatur

Achterberg, Jeanne (1993), Die Frau als Heilerin. Die schöpferische Rolle der heilkundigen Frau in Geschichte und Gegenwart, München.

Bogdan, Snela (Hg.) (1994), Der Ochs und sein Hirte. Zen-Augenblicke, Kommentierte und ausgewählte Texte von Hugo M. Enomiya-Lassalle, 2. Aufl., München.

Buber, Martin (1997), Das dialogische Prinzip, 8. Aufl., Gerlingen.

Dorst, Brigitte (1990), Der Archetyp der Gruppe. Gruppen als Erfahrungsräume der Individuation, unveröffentlichte Diplomthesis am C. G. Jung-Institut, Zürich.

Dorst, Brigitte (1994), Verzehrende Sehnsucht nach Verbundenheit. Die erotische Sprache der Mystikerinnen, in: Publik Forum Extra, Oktober, 29–31.

Dorst, Brigitte (1996), Ein neues Verhältnis von Spiritualität und Psychotherapie, in: Spiritualität und Psychotherapie, Vorträge zur 10. Arbeitstagung des Wildunger Arbeitskreises für Psychotherapie e.V. (WAP) vom 18.–22. März 1995, hg. von Mario Wernado und Ingrid Olbricht, Schmallenberg, 25–44.

Hark, Helmut (1994), Lexikon Jungscher Grundbegriffe. Mit Originaltexten von C. G. Jung, 3. Aufl., Walter, Solothurn und Düsseldorf.

Heyward, Carter (1989a), Speaking of Christ. A Lesbian Feminist Voice, Pilgrim P., New York.

Heyward, Carter (1989b), Touching Our Strength. The Erotic as Power and the Love of God, Harper, San Francisco.

Heyward, Carter (1992), Und sie rührte sein Kleid an. Eine feministische Theologie der Beziehung, 4. Aufl., Kreuz, Stuttgart.

Jung, C. G. (1991), Vom Leiden und Heilen. Ausgewählt von Franz Alt, Walter-Verlag, Olten und Freiburg.

Jung, C. G. (1998), Über den Menschen. Im Körper verwurzelt, der Seele verpflichtet, Walter, Düsseldorf.

Galuska, Joachim (1998), Die transpersonale Dimension der Psychotherapie, in: Lothar Riedel (Hg.), Sinn und Unsinn der Psychotherapie, Mandala Media, Rheinfelden, 41–60.

Kast, Verena (1984), Paare. Beziehungsphantasien oder Wie Götter sich in Menschen spiegeln, Kreuz, Stuttgart.

Kast, Verena (1994), Die Dynamik der Symbole. Grundlagen der Jungschen Psychotherapie, 4. Aufl., Walter, Solothurn und Düsseldorf.

Kleespies, Wolfgang (1995), Gruppentherapie und Analytische Psychologie: Innerer Gegensatz oder Vereinbarkeit? In: Analytische Psychologie 26.3, 159–180.

Mc. Fague, Sallie (1987), Models of God. Theology for an Ecological, Nuclear Age, Fortress P., Philadelphia.

Riedel, Ingrid (1999),Weibliche Spiritualität bei Hildegard von Bingen, in: Transpersonale Psychologie und Psychotherapie 1/99, 4–14.

Wilber, Ken, (1988) Psychologia perennis und das Spektrum des Bewußtseins, in: Roger N. Walsh, Frances Vaughan (Hg.), Psychologie in der Wende. Grundlagen, Methoden und Ziele der Transpersonalen Psychologie. Eine Einführung in die Psychologie des Neuen Bewußtseins, rororo transformation, Rowohlt TB, Reinbek, 83–99.

Wilber, Ken (1997), Vom Tier zu den Göttern. Die große Kette des Seins, hg. von Edith Zundel, Herder Spektrum 4413, Herder, Freiburg.

Anmerkungen

1 Dorst 1996, 32.
2 Riedel 1999, 9.
3 Ebd., 10.
4 Mc. Fague 1987, 19.
5 Die anderen Metaphern sind «Gott als Mutter», «Gott als Geliebte/r», «Gott als Freund/in», auf die ich hier aber nicht näher eingehen kann.
6 Mc. Fague 1987, 74.
7 Kleespies 1995, 177 (Hervorhebung Kleespies).
8 GW 16, § 448, zitiert in: Kast 1994, 141.
9 Vgl. Kast 1984, 7.
10 Kast 1984, 80.
11 Ebd., 81.
12 Ebd., 175.
13 Vgl. ebd., 175.
14 GW 7, § 266, in: Hark 1994, 154.
15 GW 8, § 557, in: Jung 1998, 94.
16 GW 16, § 502, in: Kast 1994, 134.
17 Vgl. Kast 1994, 134, und Kleespies 1995, 177.
18 Kast 1994, 134.

19 GW 18II, § 1412, in: Jung 1991, 101.
20 GW 16, § 445, in: Jung 1998, 49.
21 Kast 1994, 141/142.
22 Vgl. GW 7, § 266 f., in: Hark 1994, 154.
23 GW 7, § 267, in: Ebd., 154.
24 GW 10, § 580, in: Jung 1998, 51.
25 Ebd.
26 Ebd.
27 Heyward 1989b, 23.
28 Ebd., 34.
29 Heyward 1989a, 30.
30 Ebd., 69.
31 Ebd., 19.
32 Heyward 1992, 167.
33 Ebd.
34 Mc. Fague 1987, 13.
35 Vgl. Dorst 1990, 43–55.
36 Vgl. GW 16, § 227, in: Jung 1998, 58.
37 Kleespies 1995, 162.
38 GW 16, § 454, in: Jung 1998, 52.
39 Zitiert bei Kleespies 1995, 164.
40 Zitiert bei ebd., 164.
41 Zitiert bei ebd., 161.
42 Dorst 1990, 49.
43 Ebd., 6.
44 Zitiert bei Dorst 1990, 53.
45 Kleespies 1995, 162.
46 Ebd., 163.
47 Dorst 1990, 54.
48 Ebd., 67.
49 Achterberg 1993, 274.
50 GW 18I, § 270, in: Jung 1991, 67/68.
51 Briefe I, 465, in: Ebd., 20.
52 Achterberg 1993, 274.
53 Heyward 1992, 97.
54 Dorst 1994, 30.
55 Wilber 1997, 46.
56 Die nachfolgende Darstellung der Entwicklung des Bewußtseins bezieht sich
   auf das Kapitel «Das Spektrum des Bewußtseins» in: Wilber 1997, 19–47,
   und auf Wilbers Artikel «*Psychologia perennis* und das Spektrum des Bewußtseins» in: Wilber 1988, 83–99.
57 Galuska 1998, 42.
58 Wilber 1988, 85.
59 Wilber 1997, 46.
60 Vgl. Bogdan 1994.
61 Buber 1997, 18/19.

62 GW 16, § 227, in: Jung 1998, 58/59.
63 Buber 1997, 22.
64 Heyward 1992, 172.
65 Ebd., 195.
66 Ebd.

Lutz Müller

Der Schatz im eigenen Haus
Transzendenz im Alltag: Ein wundersamer Tag
im All

Ich möchte Ihnen gerne ein wenig von meinem persönlichen Zugang zu diesem Thema erzählen. Vor ein paar Jahren habe ich mich entschlossen, mich nicht mehr verändern zu *müssen* (die Betonung liegt auf dem «Müssen»). Es ist für mich nicht leicht, diesen Entschluß durchzuhalten, denn immer wieder setze ich mich unter den Druck, ich solle irgendwie anders sein, besser, reifer oder bewußter. Aber ich werde doch immer mutiger und entschlossener, diesen Vorsatz durchzuhalten. Wenn ich es recht betrachte, scheint dies der einzige Vorsatz zu sein, den einzuhalten mir einigermaßen gelingt.

In den letzten dreißig Jahren habe ich in vielen psychologischen und religiösen Bereichen, wie die meisten von Ihnen ja sicher auch, eine Menge Erfahrungen gesammelt, auf geraden und krummen, auf legalen und weniger legalen Wegen, wobei die Erfahrungen, die ich auf den krummen und weniger legalen Wegen gemacht habe, meistens die interessantesten und wichtigsten für mich waren. Aber wie auch immer diese Erfahrungen gewesen sind, wie hoch und wie tief, ein paar Tage später war ich im Alltag wieder ziemlich der gleiche Mensch wie zuvor. Nachdem ich dies viele Jahre lang erlebt hatte, stieg in mir allmählich der Verdacht auf, irgend etwas könne da nicht stimmen. Entweder war ich ein besonders veränderungsresistenter Mensch oder meine bisherigen Vorstellungen von Veränderung, Wandlung, Transformation, Reifung und Individuation stimmten nicht. Ich vermute zwar, daß beides zutrifft, aber da ich ein bequemer und uneinsichtiger Mensch bin, neigte ich erst einmal zur zweiten These, nämlich daß meine bisherigen Vorstellungen von Veränderung falsch waren. Diese These wurde glücklicherweise dadurch begünstigt, daß ich auch von vielen anderen Kollegen, die sich auf dem Individuationsweg befinden, nicht den Eindruck habe, sie seien im Laufe der vielen Jahre wesentlich anders geworden, vielleicht ein wenig milder, gelassener, humorvoller, oder auch etwas enger und starrer, aber nicht eigentlich wirklich anders.

Ich habe mich also entschlossen, mich nicht mehr ändern zu *müssen*, und ich kann Ihnen sagen, es ist eine der besten Entscheidungen, die ich jemals getroffen habe. Ich möchte die letzten Jahre meines Lebens nicht mehr durch diese erstaunliche und phantastische Welt gehen mit dem dauernden hintergründigen Gefühl, daß das, was jetzt gerade ist, und daß, wie ich jetzt gerade bin, oder daß, was ich jetzt gerade fühle und denke, irgendwie nicht in Ordnung ist. Ich möchte mir mein alltägliches Leben nicht verderben lassen dadurch, daß ich es als vorläufig oder «noch nicht» ganz richtig empfinde. Ich möchte mich und den anderen Menschen einfach so sein lassen wie ich bin oder wie er ist – so ängstlich und unsicher, so naiv und unbewußt, so einseitig wir auch sein mögen.

Wenn ich an die verschiedenen religiösen, philosophischen und psychologischen Richtungen, mit denen ich mich beschäftigt habe, denke, dann ging von den meisten – für mich – irgendwie der Druck aus, ich solle anders sein, irgend etwas von dem, was ich eigentlich ganz gerne tat, sollte so nicht sein.

Im Buddhismus fragt ein Mönch den Buddha, was er denn tun solle, wenn eine Frau vorübergehe, und er wird belehrt: Nicht hinschauen! Ich frage mich: Was ist das für ein Leben, wenn ich eine der interessantesten Sachen der Welt nicht tun darf? Aber auch in der analytischen Psychologie soll man ja seine Anima nicht so schweifen lassen, sondern integrieren. Ich muß gestehen, daß mir das manchmal recht schwer fällt. Es macht mir viel mehr Spaß, sie auf eine Frau zu projizieren. Manche Richtungen sagen, ich solle mich von allem, was ich phantasiere, fühle, denke und empfinde, «desidentifizieren». Ich glaube schon zu verstehen, was damit gemeint ist, ich habe diese Methode mit gewissen Einschränkungen auch in einem meiner Bücher empfohlen. Aber so ganz glücklich war ich nicht mit ihr, denn sie kann uns auch zu einer recht problematischen Haltung verführen. Ich empfinde es nämlich auch als großes Glück, daß ich Gefühle und Phantasien habe und einen Körper, der halbwegs gesund ist und mir dieses Leben auf dieser Erde ermöglicht. Was bleibt mir, wenn ich mich von allem, was mir Freude macht und was ich genieße, gereinigt und desinfiziert – pardon – desidentifiziert habe? Bekomme ich dann eine Erleuchtung oder eine transzendente Depression?

Nein, ich möchte das, was ist und was ich immer schon in mir empfunden habe, nicht mehr als falsch oder ungenügend ansehen. Ich will mich von dieser ewigen Tyrannei des «Müssens», «Sollens» und des «Noch-Nicht» befreien. Ich will alle die Dinge, die ich gerne mache – nämlich zum Beispiel fernsehen und ins Kino gehen, Krimis lesen, im Internet surfen, in der Stadt herumstöbern, insbesondere in den Computer- und Buchläden, einkaufen gehen, mich um Aktien kümmern, sexuelle Phantasien haben, faulenzen und schlafen, essen und trinken – nicht mehr mit dem hintergründigen Gefühl tun, dies sei doch nicht ganz das Wahre. Ich lebe sehr gerne, ich lerne gerne, ich mache gerne neue Erfahrungen. Wenn diese Erfahrungen mich in irgendeiner Weise verändern – was sie natürlich tun, denn wir verändern uns von Sekunde zu Sekunde –, ist es mir natürlich recht. Aber ich will mich nicht mehr ändern *müssen*. Wenn es das Transpersonale oder Transzendente gibt, dann will ich es nur noch in dem erleben, was ist, so wie es ist, und nicht mehr in dem, was nicht ist.

Nachdem ich mir erlaubt und zugestanden hatte, daß ich mich nicht mehr verändern *mußte*, fiel mir überraschenderweise auf, daß manche der religiösen Texte auch noch eine andere Interpretation zuließen, als ich bisher gedacht hatte, nämlich eine viel lebenszugewandtere und alltagsbezogenere. Ja, ich hatte sogar den Eindruck, daß ich einige von ihnen erst jetzt richtig verstand. Von dieser Interpretation möchte ich Ihnen im folgenden etwas ausführlicher berichten.

Fangen wir gleich mit der höchsten Erfahrung an, von der die mystische Literatur zu berichten weiß. Der amerikanische Religionsphilosoph Alan Watts faßt in einem Artikel mit dem bezeichnenden Titel *Dies ist Es* die mystische Erfahrung, die in manchen Kulturen als Erleuchtung, Satori oder auch kosmisches Bewußtsein bezeichnet wird, folgendermaßen zusammen:

«Dem so erleuchteten Individuum erscheint es als lebendige und überwältigende Gewißheit, daß das Universum, so wie es genau in diesem Moment als ein Ganzes und in all seinen Einzelheiten ist, völlig richtig ist und keiner Erklärung oder Rechtfertigung über das hinaus bedarf, was es ist. Die Existenz hört nicht nur auf ein Problem zu sein; der Verstand, der Geist ist über die selbstverständliche und selbstgenügsame Zweckmäßigkeit der Dinge, so wie sie sind, derart vor Staunen gepackt, daß sich kein Wort finden läßt, die Perfektion und die Wahrnehmung der Erfahrung auszudrücken. Die Klarheit der Erfahrung vermittelt die Wahrnehmung, daß die Welt transparent oder leuchtend geworden ist, und ihre Einfachheit die Wahrnehmung, daß sie von einer höheren Intelligenz durchdrungen und geordnet wird» ... «Der Kernpunkt der Erfahrung scheint die innere Gewißheit oder Einsicht zu sein, daß das unmittelbare Jetzt, wie immer es geartet sein mag, das Ziel und die Erfüllung alles Lebens ist. Um diese Einsicht herum, und aus ihr heraus, fließt eine emotionale Ekstase, das Gefühl einer ungeheuren Erleichterung, einer Freiheit und Leichtigkeit und oft einer fast unerträglichen Liebe für die Welt.»[1]

Als ich den Text vor Jahren zum ersten Mal las, war ich überrascht. Wenn die höchste Erfahrung die ist, daß das unmittelbare Jetzt, wie immer es auch geartet sein mag, das Ziel und die Erfüllung des Lebens ist, dann lag ich mit meiner Entscheidung ja irgendwie ganz richtig. Meine Entscheidung war zwar keine Erleuchtungserfahrung im transpersonalen Sinne, sie war nur ein verzweifelter Versuch, diesen ganzen Ballast des «Ewig-anders-sein-Müssens» loszuwerden. Sie hat mich aber in vielerlei Hinsicht erleichtert und mir ein neues Freiheitsgefühl gegeben, aber eben nur in einem ganz normalen Sinne, so wie es sich anfühlt, wenn man eine Sache, die einen lange bedrückt und belastet hat, endlich los wird.

Dieses Zitat von Watts hat mich lange beschäftigt. Wenn es so ist, daß es immer nur um das «unmittelbare Jetzt, wie immer es auch geartet sein mag», geht – und inzwischen bin ich immer überzeugter, daß dies zutrifft –, dann frage ich mich, wieso wir so viele Schwierigkeiten damit haben? Die Antwort darauf fand ich dann auch in meinen vertrauten religiösen und psychologischen Texten. Wir finden sie beispielsweise angedeutet im Gleichnis vom verlorenen Sohn, in vielen Formen des klassischen Motivs der Heldenfahrt und der Schatzsuche. Hierbei geht es um das Thema, daß wir etwas besitzen, das kostbarer ist, als alles andere, was wir jemals besitzen können, daß wir von diesem Besitz aber nichts wissen und es erst entdecken, wenn wir einen langen Umweg gemacht haben. Augustinus schreibt:

> «Da geh'n die Menschen hin,
> und staunend sehn sie nach den Bergesgipfeln,
> dem breiten Strom gewaltiger Flüsse,
> dem endlos weiten Rund des Ozeans und dem Lauf der Sterne,
> sich selber aber seh'n sie nicht und seh'n sich ohne Staunen.»[2]

Bei Hakuin, dem Zenmeister, heißt es:

> «Alle Wesen sind Buddhas von Anbeginn.
> Es ist wie Wasser und Eis:
> Getrennt vom Wasser kann es Eis nicht geben.
> Wenn nicht in fühlenden Wesen, wo wäre der Buddha
> zu finden?
> Nicht wissend, wie nah ihm die Wahrheit sei,
> Sucht sie das Volk in weiter Ferne ...
> Dem Mann gleich, der mitten im Wasser
> Verdurstend nach einem Trunke schreit.»[3]

In der bekannten Geschichte von Rabbi Isaak, die ich ganz besonders mag, wird es sehr humorvoll folgendermaßen dargestellt:

Eines Nachts wurde dem Rabbi Isaak, der in Krakau wohnte, im Traum gesagt, er solle in das weit entfernte Prag reisen und dort unter der Brücke, die zum Königspalast führt, nach einem verborgenen Schatz graben. Er nahm den Traum nicht ernst. Aber als er ihn fünf- bis sechsmal hintereinander träumte, entschloß er sich, die Suche nach dem Schatz aufzunehmen.

Als er zu der Brücke kam, fand er sie zu seinem Entsetzen Tag und Nacht schwer bewacht von Soldaten. Er konnte lediglich aus der Entfernung auf die Brücke starren. Aber da er sich jeden Morgen dort einstellte, trat der Hauptmann der Wache eines Tages zu ihm und fragte nach dem Grund. Rabbi Isaak war zwar verlegen, daß er einer fremden Seele seinen Traum erzählen sollte, aber da ihm der Mann sympathisch war, offenbarte er sich ihm. Der Hauptmann brüllte vor Lachen und sagte: «Großer Gott! Ihr seid ein Rabbi und ihr nehmt Träume ernst? Wenn ich so dumm wäre, um mich nach meinen Träumen zu richten, würde ich heute in Polen herumwandern. Ich will Euch einen erzählen, den ich letzte Nacht hatte und der häufig wiederkehrt: Eine Stimme sagte mir, ich solle nach Krakau gehen und in der Küchenecke eines gewissen Isaak, Sohn des Ezechiel, nach einem Schatz graben! Wäre es nicht die dümmste Sache der Welt, in Krakau nach einem Mann namens Isaak zu suchen und nach einem anderen, der Ezechiel heißt, wenn dort die Hälfte der männlichen Bevölkerung den einen Namen trägt und die andere Hälfte den anderen?» Der Rabbi war starr vor Staunen, Isaak Ezechiel, das war ja er! Er dankte dem Hauptmann für seinen Rat, eilte nach Hause, grub ein Loch in seiner Küche und fand dort einen so großen Schatz, daß er bis zu seinem Tode ein sorgenfreies Leben führen konnte.

Wenn ich diese Geschichte unter meinem heutigen Blickwinkel betrachte, dann würde ich sie folgendermaßen interpretieren: Bereits jetzt, in diesem und jedem folgenden Augenblick, ohne daß wir irgendwie anders oder etwas Besonderes sein müßten, sind wir ein vollständiger lebendiger Ausdruck des schöpferischen Mysteriums des Lebens. Unser einfaches Da-Sein hier auf dieser Erde ist das Geheimnisvollste und Größte, was uns je passieren konnte. Die größten Wunder, der größte Reichtum und die unfaßbarsten Erfahrungen ereignen sich jetzt hier in jeder Sekunde immer wieder neu und unmittelbar in uns, ohne daß wir es recht bemerken: das Mysterium dessen, daß wir überhaupt hier sind, das Mysterium unserer Lebendigkeit, das Mysterium unserer Liebesfähigkeit, das Mysterium unserer schöpferischen Phantasie und Tatkraft, das Mysterium unseres Bewußtseins, das uns erkennen läßt: «Ich und Du und Wir sind jetzt hier.»

Aus einem bestimmten Grund aber, den ich später ein wenig erörtern möchte, sind wir uns dieses Wunders und dieses unglaublichen Geschenkes nicht recht bewußt. Daß wir die Bedeutsamkeit unseres ganz alltäglichen Lebens nicht bewußt erkennen können, führt zu einem eigenartigen, vielleicht dem letzten großen Tabu unserer Zeit – dem Tabu der religiösen Einstellung – und ist von tiefer Tragik. Wir sehnen uns nach religiöser Erfahrung und dem Gefühl, Anteil an einem größeren Ganzen, an einem Mysterium zu haben, aber dürfen dies nicht zeigen, weil es ja so aussieht, als gebe es dieses Mysterium gar nicht wirklich.

Warum aber können wir das Einzigartige unseres Daseins nicht spüren, fühlen und erkennen? Darauf gibt es eine einfache, aber paradoxe Antwort:

Wir können das Wunder und Mysterium unseres Lebens nicht erfassen, weil wir dieses Wunder und Mysterium selber sind!

Die modernen System- und Erkenntnistheoretiker sagen es einfach so: Kein System kann die Funktion, die das System erzeugt, auf sich selbst anwenden. Das Messer kann sich nicht selbst schneiden, der Toaster kann sich nicht selbst toasten, die Hand kann sich nicht selbst umfassen (man denke auch an das klassische Zen-Koan vom Klatschen der einen Hand!), die Psyche oder das Gehirn, das das Bewußtsein hervorruft, kann sich selbst nicht unmittelbar erkennen. Alles, was wir jemals über uns selbst und das Universum erfahren können, sind Vorstellungen, Bilder, Symbole, Repräsentationen, Konstruktionen. Wir haben es niemals mit einer «objektiven» Wirklichkeit zu tun. Wie hoch und wie tief unsere Erfahrungen und Aussagen über die Natur des Universums und der Seele auch sein mögen, auch die allerhöchsten mystischen transpersonalen Erfahrungen, so überzeugend sie uns als letzte Wahrheit erscheinen mögen, sind doch nur Vorstellungen unserer Psyche. Es scheint, als könnten wir diesen Beschränkungen auf keine Weise entgehen. Sobald wir den letztmöglichen Grad an Innenschau erreicht haben, tritt uns eine eigentümliche Stille und Leere entgegen. Diese Stille und Leere gleicht dem weißen Rauschen des Fernsehers, wenn er keine Bild- und Tonsignale mehr empfängt. Sie zeigt uns an, daß an dieser Stelle unsere Erkenntnis- und Erfahrungsmöglichkeiten ein Ende haben und wir hier an der Schwelle zum Mysterium stehen, die wir aber niemals überschreiten können.

Die Erkenntnis von der eigentümlichen Selbstverborgenheit des durch uns wirkenden schöpferischen Mysteriums ist – natürlich – nicht neu. Das Angesicht Gottes kann nicht geschaut werden, das TAO, das genannt werden kann, ist nicht das ewige TAO, und in den *Upanischaden* heißt es über das innere Selbst als unserem eigentlichen Wesenskern:

> «Das Selbst wohnt in allen Wesen;
> die Wesen aber kennen es nicht;
> alle Wesen sind sein Leib,
> es lenkt alle Wesen von innen.
>
> Es ist ungesehen, aber sehend;
> ungehört, aber hörend;
> ungedacht, aber ‹der Denker›.
> Es ist ungekannt und dennoch der Kenner
> (das innere Prinzip der Erkenntnis).
>
> Es gibt keinen, der sieht außer ihm,
> keinen der hört, außer ihm.
> Es ist das Selbst,
> der innere Lenker,
> der Eine Unsterbliche.»[4]

Wenn man diese Erkenntnisse eine Weile auf sich wirken läßt, wird man davon ganz merkwürdig berührt. Da gibt es einen unfaßbar intelligenten evolutionären Schöpfungsprozeß, der ein unfaßbar komplexes Gebilde wie den menschlichen Organismus mit seinem Gehirn und dem Bewußtsein hervorgebracht hat, und es weiß nicht davon beziehungsweise es kann diese seine eigene Natur niemals ganz erkennen. Alles, was existiert, erschuf sich, entfaltete sich, ohne daß ein Bewußtsein in unserem Sinne beteiligt war. Ich glaube vor diesem Hintergrund besser zu verstehen, was die Phantasien der Menschen über die unheimlichen fremden Wesen aus dem Universum, die «Aliens», bedeuten. Wir selber sind die Aliens, die Fremden aus dem Universum, die sich selbst unbekannt und bedrohlich erscheinen, die gerne ihren Ursprung erfahren würden, aber niemals erfahren werden, die sich zu ihrer Heimat zurücksehnen, aber diese Heimat niemals finden werden, weil sie an einem für unsere Erkenntnis unerreichbaren Ort ist.

Aber diese systembedingte prinzipielle Unmöglichkeit, unseren Ursprung zu erkennen, ist glücklicherweise nur die eine Seite der Medaille. Die andere Seite dagegen ist die phantastische Einsicht, daß wir das Mysterium unseres Seins deswegen nicht erkennen können, weil wir dieses Mysterium *selbst* sind. Damit stehen wir nicht außerhalb des Mysteriums und müssen nun verzweifelt versuchen, von unserem jetzigen alltäglichen und profanen Zustand in einen ganz besonderen und spirituellen zu transzendieren, sondern wir stehen bereits unmittelbar und unvermeidbar und in jedem Augenblick mitten im Mysterium. Wir *sind* das Mysterium. Jeder Versuch, das Mysterium, die Transzendenz, den Schatz irgendwo anders zu finden, vielleicht in einer anderen Zeit, an einem anderen Ort, in einem anderen Bewußtseinszustand, verstärkt nur unser Nicht-Gewahrsein dessen, daß wir es bereits sind. Das scheint ja auch die Kernaussage unserer Geschichte von Rabbi Isaak zu sein.

Diese Zusammenhänge rational zu erkennen, ist eine Sache. Die andere Sache ist, daß wir davon auch emotional berührt werden. Weil wir nicht fühlen können, daß wir mitten in einem unfaßbaren Mysterium stehen, erscheint uns unser Leben trotz allem oft als gar nichts Besonderes, vielmehr etwas nur ganz Alltägliches, ja sogar Langweiliges. Wir können uns nicht wundern, wir können uns nicht freuen, wir können nicht staunen, wir sind nicht fasziniert, wir sind nicht lebendig, nicht neugierig.

Die entscheidende Frage bleibt also: Wie kann uns diese einfache, essentielle Wahrheit vom Wunder unserer Existenz so erfassen, wie können wir uns dieses Geschenkes der Fülle erinnern, wie können wir es uns bewußt machen? Wie können wir das alles wirklich fühlen?

Die Antwort darauf ist nicht leicht zu geben. In der Geschichte von Rabbi Isaak wird gezeigt, daß es dazu offenbar einer längeren Suchwanderung bedarf. Es bedarf wohl eines scheinbaren Umwegs, der zu einer Kontrasterfahrung führt, einer Erfahrung, die uns Menschen aus unserer alltäglichen Routine, unseren Pflichten und Abhängigkeiten herausnimmt, es bedarf eines Spiegels, der uns hilft, unsere Lebenswirklichkeit neu und umfassender wahrzunehmen. Bei Rabbi Isaak waren es ein Traum, der ihn auf den weiten Weg schickte, und die überraschende Begegnung mit dem Brückenwächter, die ihn plötzlich erkennen ließ, wo der gesuchte Schatz verborgen lag.

Solche Spiegel, die uns unseren wahren Schatz zeigen können, finden sich also in unseren Träumen, aber natürlich auch in den künstlerischen Gestaltungen der menschlichen Kultur und in den religiösen Phantasien der Menschheit. Die großen Symbole und archetypischen Bilder der Menschheit sind ja keine willkürlichen Erfindungen, sondern sind spontan auftauchende Selbst-Abbildungen, Versuche unseres Wesens, sich über sich selbst eine Vorstellung zu erschaffen. Wir sind von solchen Symbolen berechtigterweise deshalb fasziniert, weil sie in uns eine Ahnung unserer innersten Wirklichkeit und Wahrheit erwecken. Sie zeigen uns, wie unglaublich großartig und wunderbar unser innerstes Wesen ist, das in einem Prozeß von vielleicht 20 Milliarden Jahren entstanden ist und von dem wir ein Teil, das Endprodukt sind. Das Mandala, der Atman, das Tao, die Große Mutter, der Große Vater, das Göttliche Kind: Diese und viele andere religiöse Symbole und Ausdrucksformen sind Versuche unseres inneren Wesens, sich selbst zu offenbaren und sich selbst zu erkennen.

Im Grunde könnte aber alles, was um uns herum ist und was wir erleben, ein solcher Spiegel sein, das Weltall, die Erde, die Natur, unser Körper, unsere Gefühle und Phantasien, unsere Liebe, unsere Sexualität, wenn wir nur erkennen könnten, wie geheimnisvoll und großartig alle diese Dinge sind. Schließlich kann sich unser Wesen, das Mysterium, das wir sind – da es das Kostbarste ist, was das Universum bisher hervorgebracht hat –, auch in all dem symbolisieren, was uns im Alltäglichen als kostbar und wertvoll fasziniert: Geld und Gold, Diamanten und Perlen, Reichtum und Macht, Ruhm und Ehre, Schönheit und Attraktivität. Ja, letztlich steht hinter allem, was uns wichtig ist, auch hinter unseren Süchten und unserem so neurotisch erscheinenden Narzißmus, unserem Bedürfnis nach Bedeutsamkeit und Großartigkeit, nichts anderes als die Sehnsucht unseres Wesens nach Selbst-Erfahrung. Und es macht unsere Tragik aus, daß wir diesen Sehn-Suchts-Charakter nicht erkennen, daß wir nicht sehen, daß das, was wir beispielsweise im Geld, im Besitz und in der Schönheit faszinierend finden, zu großem Teil etwas ist, das wir in uns selbst tragen und das auf diesem projektiven Umweg nach Offenbarung drängt.

Wir schön wäre es doch, wenn wir uns sagen könnten: Ich trage diese Kleidung, diesen Schmuck, weil ich damit zum Ausdruck bringen will, was für ein kostbares und einzigartiges Mysterium ich bin. Oder wenn wir uns sagen könnten: Es strebt in mir deshalb so sehr nach Erfolg und Anerkennung, weil dieses Wesen, das ich bin, ganz berechtigterweise der allerhöchsten Bewunderung und Anerkennung bedarf. Doch weit gefehlt: Religion und Psychotherapie bemühen sich mit besten Kräften, uns diese Hysterie, diesen Narzißmus, diese Größenphantasien und diese Todsünden auszutreiben und sie auf durchschnittliches Normalmaß zu reduzieren.

Häufig aber reichen auch sehr kraftvolle Bilder und Symbole nicht aus, um uns aus unserer Unbewußtheit zu erwecken. Bei vielen Menschen bedarf es dazu einer krisenhaften, existentiellen Notsituation, einer Trennung, eines Scheiterns, einer Krankheit, eines Unfalls, der Nähe des Todes. Plötzlich werden wir aus dem ewig kreisenden Rad der Gleichförmigkeit herausgerissen und können unser Leben aus einer völlig neuen Perspektive sehen. Auf einmal erkennen wir deutlicher – manchmal oft erst, wenn es fast zu spät ist –, wie bedeutsam unser Leben wirklich ist oder hätte sein können.

Mir hat in den letzten Jahren ein Symbol ganz besonders geholfen, den Wert unseres alltäglichen Lebens zu schätzen. Dieses Symbol paßt auch gut zu unserer Geschichte von Rabbi Isaak, weil es mit der maximalen Distanz zu tun hat, die wir heute einnehmen können, um auf unser Leben zu schauen. Es ist das Bild der Erde, wie sie in der Tiefe des Weltalls schwebt.[5] Fred Hoyle, ein amerikanischer Astrophysiker, prophezeite 1948:

«Wenn es einmal eine Fotografie der Erde geben wird, die von Draußen aus aufgenommen ist, dann wird eine neue Idee um sich greifen, die so umwälzend sein wird, wie nur je eine in der Geschichte gewesen ist.»[6]

Vielleicht handelt es sich hier tatsächlich um eine der bedeutungsvollsten Erfahrungen, die die Menschheit machen kann. Der «Overview-Effekt»[7], der Blick vom Weltraum aus auf unsere Erde, könnte uns wie kaum eine andere Erfahrung dazu verhelfen, aus dem Gefängnis des Alltäglichen heraus-, in die Freiheit und Weite des All-Tags hineinzufinden und das Mysterium des Lebens zu entdecken.

Die Erlebnisse der Astronauten, die die Erde von ihrem Raumschiff aus sahen, geben einen Eindruck davon, was wir vielleicht eines Tages auch erkennen werden. Die Astronauten waren tief beeindruckt von der unglaublichen Schönheit und Majestät unseres blauen Heimatplaneten, sie spürten seine Kostbarkeit und erlebten, daß sie ein einziger atmender, großer Organismus ist, auf dem es keine wirklichen geographischen Grenzen gibt. Und je länger sie sich dem Anblick der ganzen Erde aussetzten, desto mehr erweiterte sich ihre Identität. Während sie anfangs noch versuchten, ihr eigenes Herkunftsland zu entdecken, sahen sie später nur noch die ganzen Kontinente und dann nur noch die Erde als den einen, ganzen, unteilbaren, wundersamen Planeten. Edgar Mitchell, ein amerikanischer Astronaut, schrieb:

«Wo vorher intellektuelle Suche gewesen war, regte sich plötzlich ein tiefes Gefühl in mir, etwas sei ganz anders geworden. Es erwuchs aus dem Anblick der Sonne vor dem samtig tiefschwarzen Kosmos, der nicht nur ahnen läßt, sondern die Gewißheit vermittelt, daß im Strom von Energie, Zeit und Raum im Weltall etwas Zweckvolles liegt, daß dies menschliches Verstehen übersteigt und daß sich dem Verstehen ein nichtrationaler Weg erschließt, der mir in meiner bisherigen Erfahrungswelt unzugänglich geblieben war. Das Universum scheint mehr zu sein als die zufällige, chaotische und sinnlose Bewegung einer Ansammlung molekularer Partikel. Während der Heimkehr staunte ich über 400 000 Kilometer hinweg die Sterne und den Planeten an, von dem ich gekommen war. Da spürte ich mit einem Male die Intelligenz, die Liebe und die Harmonie im Universum.»[8]

Und der Kosmonaut Boris Wolynow sagte:

«Während eines Fluges im Kosmos ändert sich die Psyche eines jeden Kosmonauten. Wenn du die Sonne, die Sterne und unseren Planeten ansiehst, gewinnst du mehr Lebensfreude, wirst milder, bekommst eine innigere Beziehung zu allem Lebendigen und entwickelst ein gütigeres und duldsameres Verhältnis zu deinen Mitmenschen.»[9]

Die Schilderungen der Astronauten machen uns also deutlich: Indem wir uns von der Erde entfernen, können wir uns selbst besser erkennen. Dürrenmatt sagt: «Der Weltraumflug hat nur dann einen Sinn, wenn wir durch ihn die Erde entdecken und damit uns selber.»[10]

Wenn wir Menschen begreifen könnten, daß die Existenz auf diesem Planeten und dieses Bewußtsein, das wir alle haben, eine alles überragende Kostbarkeit sind, wenn wir entdecken, daß jeder Tag ein All-Tag, ein Tag im All ist, dann könnte dies einer wahrhaft kopernikanischen Wende in unserem Leben gleichkommen.

Denken wir nur an die unermeßliche Weite und Tiefe des Universums mit seinen Milliarden von Sonnensystemen und Galaxien, an die unvorstellbaren Zeiträume, in denen Planeten und Sterne in gigantischen Geburtswehen und gigantischen Todeskämpfen entstehen und vergehen. Denken wir dann an unseren blauen Planeten

Erde, der wie eine gastfreundliche Oase in der Dunkelheit, Kälte, Unwirtlichkeit, Einsamkeit, Fremdheit und Dunkelheit des Weltalls aufleuchtet. Denken wir an die Jahrmillionen, die nötig waren, bis Leben auf dieser Erde entstehen konnte, an die unermeßlichen Qualen und Leiden, den unerbittlichen Kampf ums Dasein und ums Überleben, durch die sich das Leben auf diesem Planeten durchgesetzt und fortentwickelt hat. Und denken wir schließlich an uns Menschen mit unserem wunderbaren Organismus, unserem Körper, unseren Sinnen, unseren Empfindungen, unseren Gedanken und Phantasien und unserem Bewußtsein, dem Wunder aller Wunder, das uns in die Lage versetzt, dies alles zu erkennen und zu fühlen.

Was wir heute zu einem bestimmten Zeitpunkt sind, das ist das vorläufige Resultat eines etwa 20 Milliarden Jahre lang laufenden kosmischen Projektes, zu dem unzählige Lebewesen mit ihrem Leben und Sterben, mit ihrem Streben und Versagen, mit ihren Freuden und Leiden beigetragen haben. Und wir haben das Vorrecht, aus diesem unglaublichen Prozeß hervorgegangen zu sein und das Wunder des Lebens genießen zu dürfen!

Stellen wir uns vor: Wenn sich vor unseren Augen aus nebeligem Wasserdampf allmählich eine Gestalt herauskristallisieren würde, diese immer festere, klarere Züge annehmen würde und sich schließlich als menschliches, lebendiges Wesen materialisieren würde, welches mit uns spräche – würden wir das nicht als Wunder bezeichnen? Oder wenn wir uns vor ein Klavier setzen und die Tasten anschlagen würden, und am Ende käme ein Werk wie Beethovens 5. Klavierkonzert heraus – würden wir das nicht für ein ganz und gar unwahrscheinliches, unglaubliches Wunder halten? Diese Dinge und noch ganz andere, viel gewaltigere und größere haben sich im evolutionären Prozeß tatsächlich ereignet, nur eben nicht in so schneller Zeit. Aus Wasserstoff hat sich das ganze Universum gebildet, die Galaxien, die Sterne, die Planeten, die Erde, die Natur, die Lebewesen, die Menschen, das Bewußtsein und der schöpferische Geist. Ein unfaßlicher, unglaublicher Vorgang. Selbst wenn sich dieser ganze unglaubliche Vorgang rein zufällig ereignet hätte, würde dies nichts an seiner Wunderbarkeit ändern, im Gegenteil. Wenn alles «nur Zufall» gewesen ist und alles genauso gut nicht hätte sein können, dann wäre unser Dasein eben wegen dieser «Zufälligkeit» doch nur noch wesentlich kostbarer und schützenswerter.

Die Leistung unseres Organismus und unserer Psyche, die sie in jedem Augenblick in tiefem Schweigen und Nicht-Erkanntwerden vollbringen, ist größer als jedes Kunstwerk, das Menschen jemals hervorgebracht haben, ist ehrfurchtgebietender als der Himalaya, gewaltiger als die Niagara-Wasserfälle, grandioser als der Grand Canyon. Kein Superlativ scheint ausreichend, um diese Leistung gebührend zu würdigen. Ich frage mich: Was brauchen wir eigentlich noch alles, um endlich zufrieden zu sein und uns als kosmische Wesen zu erleben? Die einzig wichtige Frage, die sich daraus ergibt, könnte doch eigentlich nur sein: «Wie kann ich leben, um dieses Wunder unserer Existenz auf diesem erstaunlichen Planeten Erde zu würdigen und zu feiern, wie kann ich mich dieses Geschenkes dankbar erweisen?» Ich habe die Antwort auf diese Frage für mich auf die einfache Formel gebracht, wobei die Idee dazu nicht von mir stammt:

Ich bin!
Du bist!
Er, Sie, Es ist!
Wir sind!
Alles ist ... ein schöpferisches Mysterium!

Diese einzelnen Punkte sind für mich nicht getrennt, sondern nur Facetten, Aspekte *einer* Sache, wie die fünf Finger einer Hand. Ich kann aus Zeitgründen nicht auf alle Punkte eingehen, sondern nur auf den ersten. Es ist ein Teil meines Credos angesichts der Erde.

Ich bin!
Ich bin ein Kind des Universums, ein Kind der Sonne und der Erde. Ich bin uralt, doch kenne ich mich nicht. Ich werde von Kräften

gesteuert, die ich nicht verstehe und niemals ganz verstehen werde. Ich bin und bleibe mir selbst ein Mysterium. Doch lerne ich, mich diesen Kräften, die waren, bevor ich war, anzuvertrauen und mich ihnen hinzugeben. Wenn ich mich des Geschenkes der Schöpfung, einfach nur hier auf dieser Erde zu sein, für würdig erweisen will, werde ich allen Abwertungen und Mißhandlungen dieses geheimnisvollen Wesens, das ich bin und das sich in mir manifestiert, entschieden und mit aller Energie entgegentreten. Ich werde es nicht mehr zulassen, daß andere oder ich selbst entwürdigend und verächtlich mit mir umgehen.

Ich bin!
Ich stehe zu meiner individuellen Eigen- und Einzigartigkeit, zu meinem Geschlecht, zu meinem Aussehen, zu meinem Körper, zu meinem Alter, zu meinem Charakter, zu meiner Intelligenz, wie immer sie auch sei. Ich höre auf, mich mit anderen Menschen zu vergleichen, mich selbst zu kritisieren, abzuwerten oder wegen meiner Eigenart zu verteidigen oder zu rechtfertigen. Ich versuche nicht mehr, jemand anderes zu sein. Ich versuche nicht zu sein, wie «man sollte» oder wie «man müßte». Ich weiß, es ist für mich nicht möglich.

Ich bin!
Einen Menschen wie mich gibt es kein zweites Mal auf dieser Erde. Alle abwertenden Vergleiche bringen mir und anderen Menschen nichts anderes als Leiden und Qual. Meine Einzigartigkeit ist das Kostbarste, was ich habe. Kein anderer Mensch ist in der Lage das zu tun, was ich tun kann, wie gering mein Beitrag zum Leben auch aussehen mag.

Ich bin!
Ich will lernen, meinen spontanen Impulsen zu vertrauen, die aus meinem Selbst kommen. Ich erlaube mir, offen, neugierig, interessiert, engagiert, lernfreudig zu sein. Es soll nichts mehr geben, das ich nicht wissen darf. Alles, was existiert, darf ich auch kennen

lernen. Ich will so viel über das Leben erfahren, wie es mir möglich ist. Ich freue mich daran, zu wachsen und mich zu verändern, auch wenn ich mich nicht mehr verändern *muß*.

Ich bin!

Ich wage es auch, alle jene Seiten meines Wesens wahrzunehmen, die mir Angst machen, derer ich mich schäme und die in mir Schuldgefühle erzeugen. Ich wage es, mir selbst gegenüber aufrichtig zu sein, denn in vielem, was ich aus Gewohnheit ablehne, steckt verborgenes Lebenspotential, das nicht erlöst werden kann, wenn ich es nicht annehme. Ich weiß, daß die meisten wirklich bösen und schlechten Seiten in mir letztlich darauf zurückzuführen sind, daß ich mich nicht geliebt fühle und ich mich selbst nicht lieben kann.

Ich bin!

Ich versuche auch, soweit es mir möglich ist, mich den anderen Menschen so zu zeigen, wie ich bin, auch in meinen ängstlichen und unsicheren Seiten. Ich weiß: Das Leben, die Natur und alles Lebendige in ihr sind ein einziges großes Wunder und Mysterium. Niemand ist in der Lage, sicher zu wissen, was in einem bestimmten Augenblick das Beste und das Richtige ist. Das Leben und die Seele sind zu vielschichtig, als daß ich in irgend etwas sicher sein könnte. Sicherheit existiert nirgends in diesem unaufhörlichen, chaotisch-schöpferischen Prozeß des Wandels. Ich lebe durch Versuch und Irrtum. Fehlermachen ist deshalb unvermeidlich. Aus meinen Erfahrungen kann ich immer nur hinterher lernen. Ich will mich deshalb auch nicht mehr verunsichern lassen von Menschen, die sich sicher und wissend verhalten. Ich weiß: Diese Sicherheit ist oft nur vordergründig und scheinbar und meist sehr teuer erkauft. Wenn ich nicht wage, Fehler zu machen, mich zu irren, unsicher zu sein, kann ich auch nicht lebendig und schöpferisch sein. Als sicherer Mensch bin ich ein toter Mensch.

Ich weiß: Wenn ich mit mir selbst liebevoll umgehe und mir bewußt bin, daß ich Teil eines unbekannten, schöpferischen Mysteriums bin, dann werde ich auch liebevoller mit der Schöpfung, der Natur, den Tieren und meinen Mitmenschen umgehen. Und wenn ich mich auf diese Weise endlich mit mir und meinem Leben versöhne, dann gibt es nur noch eines, was mich unglücklich macht: zu erleben, daß andere Menschen und Lebewesen leiden müssen, daß sie sich nicht lieben können, daß sie nichts vom Wunder ihres Lebens ahnen und daß sie von daher sich selbst und das übergreifende Leben, dem sie angehören, nicht achten können.

Ich möchte meinen Vortrag schließen mit Ramon Lull, einem christlichen Mystiker aus dem 13. Jahrhundert, der seiner Freude über die einfache Erfahrung, daß wir existieren oder, wie er es nannte, «im Sein sind», mit folgenden ekstatischen Worten Ausdruck verlieh:

«Mein Herr und Gott! Sei gelobt und gepriesen, denn große Freude wird dem Menschen, weil er sich im Sein erkennt und nicht des Seins beraubt! Ja, wir dürfen uns freuen, denn unsere fünf Sinne versichern uns, daß wir im Sein sind. Wir haben Augen, die sehen, Ohren, die hören, eine Nase, die Gerüche wahrnimmt, einen Mund, der sich des Geschmackes freut und eine Haut, die fühlt.

Wenn die Menschen mit Freude und Gefallen die belaubten Bäume voller Blüten und Früchte betrachten, wenn ihr Blick über Ufer und Wiesen schweift: wie viel größer muß dann erst die Freude sein, wenn sie erkennen, daß sie im Sein sind. Denn wie sehr muß, wen schon äußere Schönheit erfreut, die Schönheit im Inneren beglücken.

Ach du mein Gott der Herrlichkeit und Wunder! Wenn jemand träumte, er sei tot, und erwacht und findet sich am Leben – wie groß ist seine Freude! So geht es uns, Herr, die wir glücklich sind, weil wir uns seiend sehen. Darum, so wie ein Trunkener kaum noch bei Sinnen ist, wenn ihn die Kraft des Weins ergreift, bin ich ganz außer mir, kaum noch bei Sinnen im Überschwang des Seins!»[11]

Man kann also auch ohne Alkohol und Drogen trunken und ekstatisch sein – obwohl ich damit nichts gegen Alkohol und Drogen gesagt haben will …

Anmerkungen und Literatur

1 Watts, Alan: Dies ist Es. In White, H. (Hg.): Was ist Erleuchtung? Ed. Phönix im Verlag Bauer, Freiburg, 1988, S. 17, 41.
2 Augustinus: Zit. nach Grunow, Alfred: Führende Worte Bd. 3. Lebensweisheit und Weltanschauung von Denkern und Dichtern des klassischen Altertums. Berlin: Haude und Spenersche Verlagsbuchhandlung 1963, S. 279.
3 Hakuin: Meditationsgesang. Zit. nach Watts, Alan: Vom Geist des Zen. Frankfurt: Suhrkamp 1991, S. 38.
4 Zit. nach Zimmer, Heinrich: Philosophie und Religion Indiens. Frankfurt: Suhrkamp 1973, S. 328 f.
5 An dieser Stelle möchte ich Hildegunde Wöller ganz herzlich danken, die mich in bezug auf dieses Thema in vielerlei Hinsicht angeregt und mich auf zahlreiche Textquellen hingewiesen hat.
6 Hoyle, Fred: Zit. nach: Kelley, Kevin: Der Heimatplanet. Frankfurt: Zweitausendeins 1992, Umschlagklappe.
7 White, Frank: Der Overview-Effekt. Wie die Erfahrung des Weltraums das menschliche Wahrnehmen, Denken und Handeln verändert. München: Goldmann Taschenbuch 11 471, 1993.
8 Mitchell, Edgar: Zit. nach: Kelley, Kevin (s. Anm. 6) S. 138.
9 Wolynow, Boris: Zit. nach: Kelley, Kevin (s. Anm. 6) S. 88.
10 Dürrenmatt, Friedrich. Zit. nach: Das große Buch der Weisheiten und Aphorismen. Heyne 1983, S. 126.
11 Lull, Ramon: Die Kunst, sich in Gott zu verlieben. Freiburg: Herder 1985, S. 68 f.

Gerhard Marcel Martin

Mystagogik – die Kunst, die Seele zu begleiten

Was bezeichnet das Wortfeld «Mystagogik», ein bis heute vornehmlich in katholischer Theologie, aber auch in der Religionswissenschaft gebräuchlicher Begriff, der aus dem Griechischen kommt?

mystérion: Geheimnis, Geheimlehre, Geheimdienst;

myéo: einweihen, unterweisen, unterrichten;

mystagogós: Führer in die Mysterien;

mystes: Geweihter.

Der katholische Theologe Karl Rahner und seine Schule klären für mich wegweisend: «Mystagogia» kann sowohl Einführung in *bestimmte* religiöse Mysterien heißen wie auch, allgemeiner: Einführung in die Geheimnisse des Lebens (überhaupt). Mystagogik meint die Wegbegleitung in eine umfassend-ursprüngliche und dabei durchaus auch *persönlich* geprägte religiöse Erfahrung[1], die das Alltägliche über- oder auch radikal unterschreitet. «Mystagogia» ist also keineswegs nur «Sinnerhellung kultischer Vollzüge», in christlicher Tradition der sogenannten «Mysterien» von Taufe und Abendmahl; «mystagogia» ist auch nicht nur die «Befähigung zum liturgischen Akt», auch nicht nur «Information, Belehrung oder Handlungsanweisung», sondern in all dem und darüber hinaus «Zuspruch, Geleit, … Wegweisung und Daseinserhellung» im umfassenden Sinn[2]. Bisweilen meint Mystagogik eine aktive Weg*bereitung*, im Sinne einer An-bahnung und Führung in das, was enge Alltäglichkeit, Lebensroutine aufsprengt und überschreitet («Transzendenz»), bisweilen eher eine zurückhaltendere Weg*begleitung*.

Die meisten gegenwärtigen Wege der Mystagogik kommen zeitlich wie räumlich von weit her. Darum sehe ich einen Teil meiner

Aufgabe auch darin, theologie- und religionsgeschichtliche An-schlüsse an antiken und altkirchlichen Traditionen zu suchen und diese in Verbindung zu bringen mit gegenwärtigen Fragestellun-gen. Denn auch am Ende des 20. Jahrhunderts christlicher Zeit-rechnung tragen wir immer noch an der Erblast der griechischen und vorderorientalischen Antike und der jüdischen und christlichen Religion und spielen bisweilen mit Lust an eben diesem Erbe. Zu diesem Erbe gehört zum Beispiel Heraklits philosophischer Leitsatz, daß «unsichtbare Harmonie stärker als sichtbare» ist (Fragment 54). Dieses Erbe reicht von den vom 6. Jahrhundert vor Christus an bezeugten Mysterienkulten, läuft über die klassische mystagogische Praxis der Alten Kirche, über die Exerzitien des Ignatius von Loyola (1491–1556) aus der Zeit der Gegenreforma-tion bis hin zu liturgischen, rituellen und spirituellen und wohl auch dezidiert therapeutischen Erneuerungsbemühungen dieses Jahr-hunderts – etwa Karlfried Graf Dürckheims Initiatische (Leib)the-rapie; aber keineswegs nur diese.

Wer Mystagogik sagt, muß im Plural, in einer vielstelligen Mehrzahl reden. Es gibt nicht den *einen* Weg in *die* Transzendenz, sondern zahllose Wege, die nicht nur «kleine Fluchten» sind, die schnell in den Alltag zurückbringen, ihn im Grunde gar nicht ver-lassen, sondern Wege, die wirklich entgrenzen, überschreiten, transzendieren. Vom alten Indien an gibt es *verschiedene* Wege, die nicht alle zugleich begangen werden können und die je auf ihre Weise auf Transzendenz abzielen: den Weg der Werke (karma), den Weg magischer Riten (tantra), den Weg der Erkenntnis (jna-na), den Weg leibseelischer Übungen (yoga) und den Weg der Gottesliebe (bhakti)[4]. Kein Weg kann gegen einen anderen ausge-spielt werden! Jeder dieser Wege hat seine mystagogische Logik und Dynamik.

Ist es dann aber überhaupt sinnvoll und möglich, über Mysta-gogik allgemein zu reden? Ist das die Wege konkret Unterschei-dende und das ihnen jeweils Besondere nicht allemal wichtiger als etwas, das ihnen auf hoher Abstraktionsstufe dann doch gemein-sam sein mag? Bei der Sichtung mystagogischen Materials aus

Vergangenheit und Gegenwart bin ich auf Grundthemen, auf bleibende Strukturen und durchgehende Paradoxien gestoßen, die ich aufregend und anregend fand und auf die ich in meinem Vortrag eingehen möchte. Wer immer, auf welchem Weg auch immer, zur Zeit selbst andere begleitet oder begleitet wird, mag am Schluß selbst entscheiden, ob die von mir genannten Punkte hilfreich sind zur Klärung, zur Strukturierung und noch zum Wieder-frei-Werden von Struktur und Einsicht. Denn selbst loslassen läßt sich ja nur, was man zusammengebracht und vorübergehend festgehalten hat.

Durch die folgenden – bisweilen auch abstrakteren – Gedankengänge soll uns eine kurze szenische Textpassage aus der Hebräischen Bibel begleiten.

Im 2. Buch Mose im 33. Kapitel gibt es eine genauso archaisch wie theologisch reflektiert anmutende Erzählung eines Einweihungsweges in das Geheimnis göttlicher Transzendenz. Mose tritt auf als der, der eingeweiht werden möchte, und Gott ist das Mysterion, das Geheimnis selbst, aber zugleich auch der Mystagogos, der Führer. An diesem Text möchte ich Grundfragen historischer und gegenwärtiger Mystagogik entwickeln. (Dieses Material mag auch darum dazu geeignet sein, weil von vornherein klar ist, daß es nicht einfach kopiert, nicht einfach als Modell für die Gegenwart vernutzt werden kann.)

«18 Da sagte (Mose): Laß mich doch deine Herrlichkeit sehen!
20 (YHWH) sagte: Du kannst mein Angesicht nicht sehen; denn kein Mensch kann mich sehen und am Leben bleiben.
21 Dann sagte YHWH: Siehe, diese Stelle da bei mir! Stell dich auf diesen Felsen! (22) Wenn meine Herrlichkeit vorübergeht, stelle ich dich in die Spalte des Felsens und halte meine Hand über dich, während ich vorübergehe. (23) Dann ziehe ich meine Hand ab, und du kannst meine Rückseite sehen. Mein Angesicht aber kann niemand sehen.»[5]

1. Anlaß und Ziel

Was ist der Anlaß von Moses dringlicher Bitte, Gottes Herrlichkeit zu sehen? Seine Situation und die des Volkes auf der herausfordernden Wüstenwanderung zwischen Ägypten und dem verheißenen Land ist desolat. Das goldene Kalb, der Kultgott, ist angebetet und dann mit seinen Anbetern zusammen zerstört worden, die vom Berg herab mitgebrachten Gesetzestafeln sind zerbrochen. Mose redet mit Gott in einem Zelt außerhalb des Lagers der Israeliten, bevor er erneut auf den Berg steigen wird.

Ich generalisiere: In der Mystagogik geht es nicht um ein spirituelles Sonderangebot der Erlebnisgesellschaft, sondern das Verlangen kommt aus tiefster Verunsicherung, aus Sehnsucht und Schmerz[6], aus einer radikalen Defiziterfahrung. Dazu eine bibliodramatische Übung: Acht Menschen sitzen in etwa drei Meter Abstand einander gegenüber. In der einen Reihe verbergen alle ihr Angesicht; die in der anderen Reihe reden dringlich fragend, suchend auf sie ein: Ich will etwas von dir sehen! – Wer bist du? – Wer bist du eigentlich? – Zeig mir dein Gesicht! – Zeig mir dein wahres Gesicht! – Versteck dich nicht! – Nimm die Maske ab! – Ich suche den Rest oder den Neuanfang unserer Liebe! – Mein Blick möchte in deinem ruhen – und sei es nur für einen Augen-Blick!

Was zutiefst – wie in dieser bibliodramatischen Übung – *menschlicher* Wunsch ist – wie unvergleichbar-vergleichbar ist die Sehnsucht, die letzte und erste Wirklichkeit, den Abgrund und Urgrund des Lebens zu sehen – Gott, den Schöpfer und Retter und bisweilen auch den Richter, von Angesicht zu Angesicht. Mystagogik meint einen Weg in der Krise, bisweilen inszeniert sie geradezu eine Krise[7] und führt durch sie hindurch. Spätantik und gnostisch sollte dieser Weg oft gänzlich aus dem Verhängniszusammenhang des Kosmos herausführen in göttliche Sphären weltlosen Lichtes. Aber nicht nur zentrale Strömungen von Judentum und Christentum, sondern auch die antiken Mysterienkulte blieben weitgehend in der Welt, intensivierten die *Lebens*erfahrung, indem sie Kontakt stifteten mit zentralen Todes- und Lebensmächten, die sich an den Geschicken von Demeter und Persephone, von Dionysos, von Kybele, von Isis und Osiris und nicht zuletzt von Jesus dem Christus zeigten und mimetisch darin zugänglich waren.

2. Die extra-ordinäre Erfahrung

Was die antiken Mysterienkulte – jedenfalls auf den ersten Blick – so *modern* erscheinen läßt, ist die Tatsache, daß sie offensichtlich eine persönliche und freiwillige Ergänzung zu einer allgemeineren und öffentlich-verbindlichen religiösen Praxis waren.

«Mysterien sind eine persönliche Option im Rahmen des allgemeinen polytheistischen Systems – vergleichbar in etwa mit einer Pilgerreise nach Santiago di Compostela im Rahmen mittelalterlicher Religiosität … Als Initiationsrituale freiwilligen, persönlichen, geheimen Charakters waren die antiken Mysterien bestimmt, durch Erfahrung des Heiligen einen neuen Status der Bewußtheit zu vermitteln.»[8]

So betrachtet sind die Mysterienkulte extra-ordinär. Sie haben etwas diskontinuierlich Offenes. Sie tendieren nicht zu festen und umfassenden Gemeindestrukturen; auch formulieren und fordern sie keine ins Dogmatische gehenden Bekenntnisse.[9]

«Dadurch, daß die Gruppenidentität so locker bleibt, gibt es auch keine scharfen Abgrenzungen gegen andere, konkurrierende Gruppen; man kennt nicht die Begriffe der ‹Häresie›, des ‹Abfalls›, der ‹Exkommunikation›. Die heidnischen Götter, auch die Mysteriengötter, sind nicht eifersüchtig; sie bilden sozusagen eine offene Gesellschaft.»[1o]

Bei allen Differenzen sehe ich Strukturparallelen zu 2. Mose 33. Auch hier geht es gerade nicht um ein Ereignis im gewöhnlichen kultischen Vollzug einer für eine gegebene Gesellschaft verbindlichen Religion und auch nicht um einen indirekten göttlichen Selbsterweis durch wunderbare oder machtvoll wirksame Taten in der Geschichte des Volkes oder im Leben eines einzelnen. Mose geht es vielmehr um Gottes Herrlichkeit, um die reine Präsenz in einer außerordentlichen Situation im (ästhetischen und abstrakten) Gegenüber zu allem, was sonst religiös und politisch in sein Aufgabenfeld gehört. (Freilich soll Mose dies in unserer Geschichte als einzelnem, nicht in einer Gruppe im Rahmen eines kollektiveren Einweihungsfestes widerfahren.)

3. Inszenierung und Paradox

Mose will Gott selber sehen, eine Manifestation seiner grenzenlosen, gewichtigen und strahlenden Wirklichkeit. Eigentlich müßte so ein Wunsch, wird er erfüllt, zu der Entladung eines Energiepotentials führen, das ungeschützt in Raum und Zeit nur verheerend wirken kann.

Es gibt zahlreiche Varianten von der Geschichte einer Gruppe von Rabbinern, die Gott sehen wollen. Eines Nachts werden sie von einem Engel besucht, der sie auf seinen Schwingen in die siebte Kammer des siebten Himmels trägt. Dort erblicken sie das heilige Rad von Hesekiel, sie erblicken dort die Herrlichkeit Gottes mit eigenen Augen. Der eine fällt auf der Stelle tot um. Ein anderer wird wahnsinnig, denn sein Geist ist dermaßen vom göttlichen Glanz geblendet, daß er fortan nur noch brabbelnd durch die Lande irrt. Ein dritter sagt: «Nie wieder»; und noch ein anderer zeigt sich gänzlich unbeeindruckt und verleugnet, was er im siebten Himmel gesehen hat: «Ach was, das haben wir doch bloß geträumt.»[11]

Gott zu sehen kann ein dringender Wunsch und lebensnotwendig sein; es ist zugleich lebensgefährlich. «Du kannst mein Angesicht nicht sehen; denn kein Mensch kann mich sehen und am Leben bleiben.» Und doch wird Moses Wunsch nicht einfach abgewiesen, sondern enttäuscht *und* erfüllt zugleich. Dies gelingt durch Inszenierung, durch rituelle Dramatisierung, durch die das an sich Unsichtbare schließlich doch dosiert, in erträglichem Maß sichtbar gemacht wird. Das ist ein Teil der Aufgabe der MystagogInnen, in unserem Text die Aufgabe von Gott selbst. Freilich geht das bis an die Grenze spiritueller Ironie. Denn auf den ersten Blick wird hier eine geradezu absurde Inszenierung beschrieben: Mose möchte etwas von Gott zu sehen bekommen, er soll sich aber verstecken und wird dann von dem, den er suchen soll, selbst in sein Versteck, in eine Felsspalte gestellt. Sein Gesicht, seine ganze Person soll von der Hand Gottes abgedeckt werden, bis er, Gott, vorübergegangen ist.

Ich generalisiere abermals: Mystagogik heißt immer auch, jedenfalls von ihren religionsgeschichtlichen Ursprüngen her: Inszenierung dessen, was sich nur schwer in Szene setzen, nicht leicht materialisieren läßt. Der Mystagoge ist immer auch Dramaturg, Theatermacher und Regisseur. Entsprechend *zeigt* der Hierophant in den Mysterienkulten das Heilige, das sich eigentlich im Gezeigten nur selber zeigen kann: die geschnittene Getreideähre, den Phallus in einer Getreideschwinge, Wein, Brot und Wein. Freilich steckt genau darin auch die Gefahr der Mystifikation: daß Menschen Geheimnisse «machen» (lat.: facere), zu Geheimnistuern und Geheimniskrämern werden. «Hocus pocus …»

Unsere Mose-Erzählung hat in ihrem paradoxen Arrangement noch eine besondere Pointe: Mose will Gottes Gesicht, die «Vorderseite», wie sich auch übersetzen läßt, zu Gesicht bekommen; und Gott präsentiert ihm das Gegenteil, die Kehr- und Rückseite, die ihm abgewandte Seite: Gott von hinten. Mose hat das «Nachsehen». Diese Geschichte von Gottes Präsenz und Entzug zugleich hat Theologen und Prediger, von Augustin an, immer wieder fasziniert. Martin Luther hat sie seit der Heidelberger Disputation von 1518 beschäftigt: Gott ist sichtbar, aber oft – wie in den Werken seiner Schöpfung – allenfalls *indirekt* und zentral, im Christusereignis, wesentlich «sub contrario», unter dem Gegenteil der Göttlichkeit und des göttlich Erwarteten: Gott in Jesu Menschheit, Gott in Torheit und Kraftlosigkeit, Gott in Leiden und Kreuz.[12]

Generalisiert: Transzendenzerfahrungen sind nicht nur schwer und oft nur paradox sichtbar zu machen, sondern sie können sich auch im Unansehnlichen ereignen, da, wo man lieber weg- oder vorbeischaut. Wie schon eingangs formuliert: In der religiösen Erfahrung kann das Alltägliche auch radikal *unter*schritten werden. Das heißt auch gegen alle schnellen Selbstläufer therapeutisch-spiritueller Olympiaden: langsamer / tiefer / näher. – Nach jüdischer Legende wird der die Welt erlösende Messias unter den Bettlern vor den Toren in Rom zu finden sein.

4. Körperlichkeit

Aber wie und wo auch immer: Mystagogik bleibt in der einen oder anderen, oft auch in mehreren Hinsichten körperlich. Denn wer Inszenierung sagt, kann nicht absehen von Gegenständlichem, von pflanzlichen Substanzen und von tierischen und menschlichen Körpern. Was zwischen Gott und Mose geschieht, ist (auch) Körpertheater. Das wird überdeutlich in bibliodramatisch-szenischen Proben zu unserem Text: Zu spüren, wie es ist, auf dem Fels zu stehen; die Leiberfahrung in der Felsspalte, bisweilen erlebt wie im Uterus; die fremde Hand vor dem Gesicht; das Spüren des Vorüberziehens, der leichte Windhauch dabei; die Nähe eines anderen Körpers; die Sicht auf den Rücken (Gottes). Insofern «sieht» Mose sehr viel, wenn er nichts sieht. Gott geht an ihm nicht spur- und spürlos vorüber. Es gibt so etwas wie eine unsichtbare, aber durchaus leibhaftig, körperlich spürbare Nähe eines Fremden, eines Anderen, einer «Atmosphäre»[13]. Es gibt numinose Orte, an denen ein «numen» (Name) wohnt. Die Religionsgeschichte ist voll von solchen Hinweisen und Zeugnissen. In schamanistischen Traditionen warten Menschen in ihrer leib-seelischen Ganzheit in Höhlen und wandeln zwischen Felsen, um Göttern zu begegnen. Sie gehen – bis heute – auf Visionssuche (vision quest).

Es gibt Orte und Zeiten der Nähe Gottes. Es gibt Gottesbegegnung an heiligen und nicht heiligen Orten – ein Geschehen, das auch Martin Buber immer wieder beschäftigt hat. Für ihn ist dabei wichtig, «daß der Mensch aus dem Moment der höchsten Begegnung nicht als der gleiche hervorgeht, als der, der in ihn eingetreten ist … Das ist zuweilen wie ein Anhauch, zuweilen wie ein Ringkampf, gleichviel: es geschieht. Der Mensch, der aus … der reinen Beziehung tritt, hat … ein Mehr, ein Hinzugewachsenes, von dem er zuvor nicht wußte und dessen Ursprung er nicht … zu bezeichnen vermag … uns, denen es um die wirkliche Betrachtung des Wirklichen geht, kann kein Unterbewußtsein und kein anderer Seelenapparat (zur hinreichenden Erklärung; GMM) taugen. Die Wirklichkeit ist, daß wir empfangen, was wir zuvor nicht hatten, und es so empfangen, daß wir wissen: es ist uns gegeben worden. In der Sprache der Bibel: ‹Die auf Gott harren, werden Kraft eintauschen.› … Der Mensch empfängt, und er empfängt nicht einen ‹Inhalt›, sondern eine Gegenwart, eine Gegenwart als Kraft.»[14]

Und ich ergänze: All dies ist und bleibt körperlich vermittelt.

Wenige weitere Hinweise auf die Körperlichkeit: In der Alten Kirche werden Menschen nach dem Taufakt mit heiligem Myron an den Ohren, an der Nase und an der Brust gesalbt; und unüberhörbar, unübersehbar und dennoch nicht äußerlich sichtbar, bis hin zur christlichen Abendmahlspraxis heute: «Das ist mein Leib …» Es geht um Inkorporation, um spirituelle «corporate identity». – Und selbst dort, wo mystagogisch nicht mehr inszeniert und symbolisch gehandelt wird, wo mit Körpern nicht mehr aktiv gespielt oder ihnen rituell mitgespielt wird, bleibt der Körper das Instrument, das gereinigt, geleert, vorbereitet, gestimmt werden muß dafür, was in ihm «Resonanz», ein Echo, «Sympathie»[15] finden soll. Der Körper bleibt der Empfangsort und der Aufführungsort des Transzendierenden. Mystagoge und Myste sind immer auch spirituelle Körperarbeiter, bisweilen geradezu performance-Künstler, die ihre Körper üben, sie einsetzen, sie zur Verfügung stellen, sie leeren und öffnen, damit Anderes in ihnen wohnen, sie bewegen, verstören und heilen kann.

Im Grunde liegt auch hier ein Paradox, vielleicht sogar ein sehr ähnliches wie die bisher erwähnten vor: daß es soviel körperlicher Präsenz und Arbeit bedarf, um den individuellen, privaten und gesellschaftlichen Körper zu transzendieren, daß die Materie in den

Prozeß der Transzendenz unumgänglich hineingezogen ist. Das Ich braucht den vollen leiblichen Einsatz, um sich zu öffnen und selbst zu empfangen, und manchmal sogar, um sich auf Größeres hin loszuwerden.

5. Exkurs: Entwicklungslinien der Mystagogik

So weit gekommen, mute ich Ihnen und mir einen kurzen (mehr strukturell als detailliert historisch orientierten) Exkurs zu Entwicklungslinien der Mysterien- und Sakramentsfrömmigkeit mit ihren bis heute bleibenden Profilen von Inszenierung, Paradox und Körperlichkeit zu. Ein Weg, der neuplatonisch-mystische, geht von den Bildern und Szenen fort in die Bildlosigkeit, ins Licht und dann auch in die radikale Dunkelheit Gottes. Man kann das den Weg der Entweltlichung, der Vergeistigung nennen. Wesentliche Stationen sind hier die Werke von (Pseudo)Dionysius Areopagita über die kirchlichen und über die himmlischen «Hierarchien» (d. h.: Rangordnungen) mit der Pointe: Alles Gestaltete ist Gestaltung des an sich Gestaltlosen, insofern abgeleitet und sekundär, ist verschlüsselt, schützt sich selbst und schützt die Unerfahrenen. Der göttliche Ursprung aber ist «über jedem Sein und Leben»[16].

Die brauchbarsten Mystagogen sind hier die Erzengel als Vermittler zwischen dem göttlichen Ursprung und der geschaffenen Welt. Die kirchlichen Rangordnungen sind entsprechend hierarchisch gestuft. Die Gestalt des Feuers bietet noch das unangemessen-angemessenste «Bild des gestaltlosen Seins jenseits des Seins»[17]. Radikal mystische Erfahrung führt zu vergleichbarer Entgrenzung und in den Verlust aller Vorstellungen und Ein-bildungen, bis hin zum Verlust Gottes. – Für die Gegenwart ist damit das mystagogische Aufgabenfeld von Lehrern und Lehrerinnen nicht-gegenständlicher Meditation angesprochen. Diese Wege in die Form- und Inhaltlosigkeit jenseits kultisch symbolisierter und dramatisierter Glaubensgeschichten und jenseits des *symbolisierten* Lebens überhaupt führen nicht nur zu beglückend entgrenzter Freiheit, sondern auch zu den Schrecken dieser Entgrenzung; und sie bedürfen dringend der Leitung und Begleitung durch «Experten» im wahrsten Sinne des Wortes, solchen Menschen also, die auf diesen weglosen Wegen selbst Erfahrungen gemacht haben (lat.: experiri).

Diese Entwicklung zur Vergeistigung kann verbunden sein mit zunehmender Intellektualisierung (Pädagogisierung und Dogmatisierung). Mysterien und Sakramente werden dann allegorisch philosophisch und theologisch gedeutet und erklärt, bis dahin, «daß schließlich im Neuplatonismus der *logos* übrigbleiben konnte, ohne daß dem mehr ein Ritual entsprach»[18]. Die katechetischen Unterweisungen teils vor, teils nach Taufe und Abendmahl sind ihrerseits bereits religionsgeschichtlich Spätformen von Einweihungswegen. Denn die Pointe der Mysterien ist ja nicht Lernen, sondern «erfahren» und «erleiden»[19].

Mystagogik, die sich in Richtung Lehre entwickelt, führt die Stunde der ReligionslehrerInnen herauf (ProfessorInnen der Theologie eingeschlossen). Sie sind zunächst und weitgehend VermittlerInnen im kognitiven Bereich. Deutlich zurück tritt dann das Lernen, das sich über (rituelle) Handlungen und (Alltags)handeln vollzieht und den emotionalen Bereich tiefer mit einbezieht. Aber freilich können LehrerInnen genauso wenig wie TherapeutInnen das zu Thematisierende gänzlich unabhängig von ihrer Person vermitteln; denn Lernen ist immer auch Lernen an persönlichen Modellen[20] und am persönlichen Gegenüber, in dem Sinne ein mimetischer Akt. Und so kann dann auch hier eher Kognitives Anschluß finden an Emotionales und an ganzheitlichere Lebensvollzüge.

Am Schluß des Exkurses sei wenigstens angedeutet, daß im Laufe der Entwicklung die Mysterien und Sakramente nicht nur vergeistigt und intellektualisiert worden sind, sondern daß sich durchaus auch andere Tendenzen finden, etwa der Einbruch gestisch-szenischer Handlungen (sog. Mysterienspiele) in die symbolisch-sakramentalen Handlungen. Das ist ein Weg heraus aus den Mysterien und Mystifikationen, auch aus Entweltlichung und Dogmatisierung zurück in alle kreatürliche Ambivalenz zwischen derbem und heiligem Spiel auf der äußeren Bühne[21]. Jetzt poltern die Teufel durch die Osternacht. Im Osterlachen bricht die Triebdynamik mit allen zur Verfügung stehenden Frühlingsgefühlen durch. – Aber am Ausgang des Mittelalters, zu Beginn der Gegenreformation wird es auch auf der *inneren* Bühne szenisch neu lebendig. Die geistlichen Übungen, Visualisations- und Imaginationsaufgaben des Ignatius von Loyola unter strenger spiritueller Begleitung gehören durchaus in die Geschichte abendländischer Mystagogik und werden mit Varianten bis heute praktiziert. Ganz entsprechend dringt das gegenwärtige bibliodramatische Spiel, wo es radikal verstanden und realisiert wird, tief in den biblischen Text und zwischen die Worte ein und entdeckt Tiefendimensionen in der Überlieferung genauso wie in der eigenen Psyche.[22]

6. Mystagogische Wege ohne äußere BegleiterInnen

Zweifellos könnte man das ganze Feld der Mystagogik von den sich unterscheidenden und überschneidenden Berufsfeldern aus kartographieren, von den allgemeineren Rollen PfarrerIn, SeelsogerIn, TherapeutIn, LehrerIn angefangen zu priesterlichen LiturgInnen, MeditationslehrerInnen, ExerzitiengeberInnen und BibliodramatikerInnen und spirituellen LehrerInnen, wie immer sie heißen mögen: «Führer», «Meister», «Guru», «Seelenfreund» beziehungsweise «nobler Freund»[23]. In unserer Mose-Erzählung aber ist Gott Mysterion und Mystagoge zugleich. Diese Abwesenheit eines eigenständigen kontinuierlichen äußeren Begleiters des Mose nehme ich als Ausgangspunkt für das Faktum, daß es – nicht nur aus (religions)psychologischer Sicht – Instanzen im Menschen gibt, die das bewußte und mehr oder weniger autonome «Ich» ihrerseits stimulieren, irritieren, auf einen Weg schicken und auf einem Weg halten. Dabei geht es keineswegs nur um familiäre und gesellschaftliche Instanzen wie die des «Über-Ichs», sondern um die sogenannten «inneren Führer» und um die Instanz des «Selbst», beides zentrale Größen in der Tiefenpsychologie C. G.

Jungs. Zu diesen anderen, a- beziehungsweise transpersonalen Subjekten und Impulsen gehören alle möglichen und wirklichen Erfahrungen von Engeln und Tieren; zu ihnen gehören göttliche Boten, Schutzgeister, Schutztiere, innere Helfer, gehören auch Träume, Heilige Schriften, die sich in der Lektüre selbst vermitteln und spirituelle Wege (an)bahnen können.

7. Über die selbstbewußte Bescheidenheit der MystagogInnen

Eine letzte Pointe aus dem Setting von 2. Mose 33 zu unserer Frage nach Mystagogik, nach Seelenbegleitung auf Wegen in die Transzendenz: Trotz all der genannten äußeren und inneren schützenden und stimulierenden Begleitung ist der, der auf dem Weg des Geheimnisses Gottes und des weltlichen Lebens ist, nicht von der Aufgabe entbunden, schließlich auch sich selbst zu begleiten, sich selbst Zeuge zu sein, seinen Wahrnehmungen standzuhalten, nicht wegzuschauen oder mit der «Wut des Verstehens»[24] weg zu interpretieren. In dem Sinn hat Seelenbegleitung immer auch ein Moment von Autodidaktischem und von konstitutiver unabwendbarer Ein-samkeit – im Sinne eines Selbstverhältnisses. Leicht ironisch, aber pointiert: Ein Single ist selten allein. Der Platz in der Felsspalte kann der einsamste Ort in der Welt sein. Denn ein (wenn auch verläßlich begleitender) Mystagoge klebt nicht, sondern schickt auf den Weg, auf dem er an entscheidenden Stellen nicht mit-, sondern an dem er allenfalls und bisweilen seinerseits vorüberzieht. Heißt: Die Kunst, die Seele zu begleiten, hat immer auch mit der Kunst zu tun, sie auszusetzen, sie allein, sie gehen zu lassen und erst dann, möglicherweise neu und anders, zurück zu empfangen. Insofern ist auch der Vater des in die Fremde gegangenen sogenannten verlorenen Sohnes (Lukas 15,11ff) ein guter Mystagoge, der seinen Sohn auf der Schwelle des Hauses zurückempfängt, ihn aber hat gehen lassen.

Aus all dem leite ich für MystagogInnen ein großes Maß an selbstbewußter Bescheidenheit ab; es ließe sich auch von Demut im tiefsten und keineswegs selbst-erniedrigenden Sinne sprechen.

Denn Mystagogen sind selbst wesentlich Zeugen, an zentralen Wegschritten eher medial und passiv, jedenfalls nicht besonders aktiv und keinesfalls manipulierend. Sie kokettieren nicht mit ihren Möglichkeiten von spirituellem Interventionismus oder göttlich allzu göttlichen paradoxen Verschreibungen. Mystagogen sind auch darum demütig und manchmal aus gutem Grund verzweifelt, weil sie nicht unbedingt erfolgreich sind. Wenn ihnen etwas gelingt, dann oft im hypnotoiden Zustand, selbst geführt. Sie leiten und begleiten im Bereich des Nichtwissens. Extrem, aber äußerst treffend mag hier das Beispiel des «Stalkers» sein, jenes Führers in eine verborgene und verbotene Zone in A. Tarkowskijs gleichnamigem Film (UdSSR 1979), dessen Aufschrei mitten bei einer einigermaßen erfolglosen und katastrophalen Führung an diesen «einzigen Zufluchtsort, wenn es keine andere Hoffnung mehr gibt», unter anderem lautet:

«Ja, Sie haben Recht, ich bin nur ein Wurm. Ich habe nichts vollbracht auf dieser Welt und ich werde nichts vollbringen können … Auch meiner Frau habe ich nichts geben können. Und Freunde habe ich keine, kann ich keine haben. Aber nehmen Sie mir nicht, was mir ist. Man hat mir schon alles genommen, drüben, hinter dem Stacheldraht. Alles, was ich habe, ist hier. Verstehen Sie doch. Hier, in der Zone. Mein Glück, meine Freiheit, meine Würde … alles ist hier. Und ich führe Menschen, die ebenso unglücklich und geplagt sind wie ich, hierher. Denn sie haben keine Hoffnung mehr. Aber ich kann helfen, verstehen Sie. Niemand kann ihnen helfen, aber ich Wurm, ich kann es. Ich könnte vor Glück weinen, daß ich ihnen helfen kann. Das ist alles. Mehr will ich nicht.»

Mystagogen sind nicht nur Dramaturgen, Körperarbeiter und Religionslehrer usw., sondern sie haben auch notwendigerweise etwas von heiligen Narren. Sie begleiten in Zonen, die sie selber nicht geschaffen und auch nicht hinreichend unter Kontrolle haben, so sehr sie sich selbst darin etwas besser auskennen (sollten) als der Rest der Welt. Insofern und nach allem gehörte noch am ehesten in ihren Mund Woody Allens großartig paradoxer Satz: «Ich weiß viel zu wenig, um inkompetent zu sein.»

So weit gekommen, formuliere ich ganz kurz vor Schluß einige Leitfragen:

- Wo halten wir den Pluralismus des Vorletzten auf dem Weg zum Letzten (nicht) aus?
- Wo ermäßigen wir tendenziell unüberwindbare Paradoxe?
- Wo ignorieren oder überspielen wir die Dimension der unübersteigbaren, unausweichlichen Körperlichkeit?
- Wo reduzieren wir die Fülle der Berufsbilder?
- Wo überschreiten wir die Grenzen unserer selbstbewußten Bescheidenheit – nach unten / nach oben?

Ganz zuletzt noch einmal zurück zu Woody Allens Satz: «Ich weiß viel zu wenig, um inkompetent zu sein.» Das könnte ja nicht nur im sokratischen *main-stream* heißen: «Ich weiß, daß ich nichts weiß», sondern auch: Es gibt ein Wissen, das euer Gerangel um Standards und Kompetenzen radikal transzendiert. Aber wollte ich Ihnen diesen Satz mystagogisch hinreichend erklären, begänne jetzt eine weitere Vorlesung. Darum ende ich hier.

Anmerkungen

1 Karl Rahner: Die Notwendigkeit einer neuen Mystagogik, in: Handbuch der Pastoraltheologie II/1 (1966) 269 ff. Zur neueren Aufnahme und Verwendung dieses Begriffs vgl. Klemens Richter/Arno Schilson: Den Glauben feiern. Wege liturgischer Erneuerung, Mainz 1989, bes. 112 ff., und Stefan Knobloch/Herbert Haslinger (Hg.): Mystagogische Seelsorge. Eine lebensgeschichtlich orientierte Pastoral, Mainz 1991, bes. 15 ff.
2 Arno Schilson: Kulturelle Dimensionen des christlichen Kults, in: Liturgisches Jahrbuch 42 (1992) 150–165; 151, 163.
3 Vgl. gleichnamigen Film von Yves Yersin (CH/F 1979).
4 Friedrich Heiler: Erscheinungsformen und Wesen der Religion, Stuttgart 1961, 148.
5 Arbeitsübersetzung von Aaron Schart: Die «Gestalt» YHWHs. Ein Beitrag zur Körpermetaphorik alttestamentlicher Rede von Gott, in: Theologische Zeitschrift 55 (1999) 26–43; 36 f.
6 Vgl. Henning Luther: Schmerz und Sehnsucht. Praktische Theologie in der Mehrdeutigkeit des Alltags, in: ders.: Religion und Alltag. Bausteine zu einer Praktischen Theologie des Subjekts, Stuttgart 1992, 239 ff.

7 Vgl. Gerhard Marcel Martin: Provozierte Krisen. Rituale in Religion und Gesellschaft, in: Helga Egner (Hg.): Leidenschaft und Rituale – was Leben gelingen läßt, Zürich/Düsseldorf 1997, 19 ff.

8 Vgl. Walter Burkert: Antike Mysterien. Funktionen und Gehalt, München 1994[3], 15 ff.; Zitat 17 f.

9 A.a.O., 47 ff.

10 A.a.O.,51.

11 Die Geschichte von den Rabbinern ist eine zum Teil wörtliche Übernahme aus: Clarissa Pinkola Estés: Die Wolfsfrau, München 1998[19], 44.

12 Zu Martin Luther vgl. Tarald Rasmussen: Posteriora Dei. Ein biblischer Begriff des Redens Luthers von Gottes Verborgenheit, in: Kerygma und Dogma 29 (1979) 209–230.

13 Vgl. Gernot Böhme: Atmosphäre. Essays zur neuen Ästhetik, Frankfurt a. M. 1995.

14 Martin Buber: Das dialogische Prinzip, Heidelberg 1965, 110f.

15 W. Burkert (vgl. Anm.8) übersetzt «sympatheia» mit «Resonanz»; a.a.O., 96.

16 Pseudo-Dionysius Areopagita: Über die himmlische Hierarchie. Über die kirchliche Hierarchie. (Eingeleitet, übersetzt und mit Anmerkungen versehen von Günter Heil), Stuttgart 1986, 32.

17 A.a.O., 64.

18 Burkert (vgl. Anm. 8) 61.

19 A.a.O., 58, 75 und 117 Anm. 13.

20 Vgl. Hjalmar Sundén: Die Religion und die Rollen, Berlin 1966.

21 Zur Unterscheidung von «derbem» und «heiligem» Theater vgl. Peter Brook: Der leere Raum, Berlin 1994.

22 Heike Radeck: Ignatianische Exerzitien und Bibliodrama. Ein hermeneutischer Strukturvergleich, Stuttgart 1998. – Gerhard Marcel Martin: Sachbuch Bibliodrama. Praxis und Theorie, Stuttgart 1995. – Else Natalie Warns/Heinrich Fallner (Hg.): Bibliodrama als Prozeß. Leitung und Beratung, Band 1 und 2, Lüneburg 1999[2].

23 Vgl. Ayya Khema: Meditation ohne Geheimnis, Zürich 1992[2].

24 Jochen Hörisch: Die Wut des Verstehens. Zur Kritik der Hermeneutik, Frankfurt a. M. 1988.

Kurzbiographien

Brigitte Dorst
Münster/Köln. Dr. phil., Dipl.-Psych. Prof. an der Fachhochschule Köln,
Analytische Psychotherapeutin in freier Praxis. Veröffentlichungen und
Arbeitsschwerpunkte: frauenspezifische Therapie, Gruppendynamik,
weibliche Identitätsentwicklung, Beratung und Supervision von Frauen-
projekten, Meditation, weibliche Spiritualität und Sufismus.

Helga Egner
Darmstadt. Verlagslektorin, Dipl. Analytische Psychologin. Seit 1993
Herausgeberin der Jahresbände der Internationalen Gesellschaft für Tie-
fenpsychologie e.V.

Anna Gamma
Teufen. Dr. phil. I, Psychologin, Erwachsenenbildnerin, Leiterin des Bil-
dungshauses Fernblick. Arbeitsschwerpunkte: Spiritualität in Politik und
Wirtschaft, Friedensarbeit, interreligiöser Dialog.

Pia Gyger
Luzern. Dipl. Psych., Dipl. Heilpädagogin, Roshi (Zen-Meisterin), Leiterin des St. Katharinenwerks Basel. Arbeitsschwerpunkte: Spirituell-
ethische Dimension in Politik und Wirtschaft, interreligiöser Dialog,
Globalisierung aus evolutiv-spiritueller Sicht. Publikationen: Die Erde
ruft; Mensch verbinde Erde und Himmel.

Ellis Huber
Berlin. Dr. med. Ehemaliger Präsident der Ärztekammer Berlin.

Verena Kast
St. Gallen. Dr. phil. Prof. für Psychologie an der Univ. Zürich, Dozentin
und Lehranalytikerin am C. G. Jung-Institut Zürich, Vorsitzende der In-

ternationalen Gesellschaft für Tiefenpsychologie e.V. Arbeitsschwerpunkte: Psychologie der Emotionen. Publikationen u. a. in den Bereichen Trauern, Freude, Neid, Angst, Partnerschaft, Grundlagen der Therapie, Symbolik.

Gerhard Marcel Martin

Marburg. Dr. theol., Prof. für Evangelische Theologie an der Univ. Marburg. Universitätsprediger, Bibliodramaleiter. Arbeitsschwerpunkte: Mehrdimensionale Hermeneutik religiöser Texte, Bibliodrama, Spiritualität, Dialog: Theologie/Tiefenpsychologie/Ästhetik. Veröff. zu R. Bultmann, Kunst und Kirche, Fest und Alltag, Apokalyptik/Weltuntergang, Thomasevangelium, Weisheitsliteratur, Bibliodrama.

Lutz Müller

Stuttgart. Dr. phil., Dipl. Psych., Analytischer Psychologe in freier Praxis, Dozent und Lehranalytiker am C. G. Jung-Institut Stuttgart, 1. Vorsitzender der Deutschen Gesellschaft für Analytische Psychologie. Arbeitsschwerpunkte: Symbolik, integrative und transpersonale Psychologie und Psychotherapie, Lebenskunst. Publikationen u. a.: Suche nach dem Zauberwort 1986; Magie 1989; Trotzdem ist die Welt ein Rosengarten 1996; Selbst-Bewußt Sein (in Vorber. für 2000).

Hans-Rudolf Müller-Nienstedt

Kreuzlingen. Dr. med. Spezialarzt FMH für Kinder- und Jugendpsychiatrie und Psychotherapie. Seit 1985 in eigener psychotherapeutischer Praxis, seit 1992 in Gemeinschaftspraxis. Arbeitsschwerpunkte und Interessengebiete: Gestalttherapie, systemische Paar- und Familientherapie, Ericksonsche Hypnosetherapie, Sandspieltherapie, Arbeit mit Bildern, Metaphern, Ritualen. Publikationen: Geliehenes Leben. Tagebuch einer Transplantation 1996; Brief an meinen toten Bruder 1999; Faustrecht unter Schulkindern 1993.

Christiane Nguyen

Bonn. M.A., Doktorandin, Mitherausgeberin und Redakteurin der feministisch-theologischen Zeitschrift «Schlangenbrut». Arbeitsschwerpunkte: weibliche Spritualität, Mystik. Dissertation zum Thema «Heilung und Gruppe».

Wolfgang Paetzold
Hannover. Dr. med. Arbeitsschwerpunkte: Suchtforschung, Klinische Psychiatrie, Philosophie.

Murray Stein
Wilmette, Ill. USA/Zürich. Dr. phil. Analytischer Psychologe in freier Praxis, Gründungsmitglied der Chicago Society of Jungian Analysts, Lehranalytiker am C. G. Jung-Institut in Chicago, seit 1998 Vorstandsmitglied der Internationalen Gesellschaft für Analytische Psychologie IAAP. Arbeitsschwerpunkte: Lebensmitte, Transformation, Selbst; Publikationen u. a. Transformation of the Self 1998; C. G. Jungs Landkarte der Seele 2000.